나의 운명 사용설명서

나의 운명 사용설명서:
사주명리학과 안티 오이디푸스

개정판 3쇄 2024년 3월 20일(甲辰年 丁卯月 癸未日)
초판 1쇄 2012년 8월 22일(壬辰年 戊申月 乙卯日) **초판19쇄** 2022년 1월 14일(辛丑年 辛丑月 丁卯日)

지은이 고미숙

펴낸곳 북드라망 **펴낸이** 김현경
주소 서울시 종로구 사직로8길 24 1221호(내수동, 경희궁의아침 2단지)
전화 02-739-9918 **이메일** bookdramang@gmail.com

ISBN 979-11-92128-16-0 03100

나의 운명 사용설명서

개정판 책머리에

하나—10주년 개정판을 낸다고 하니 솔직히 믿어지지 않는다. 벌써 10년이 되었다는 사실도 그렇고, 여전히 많은 독자를 만나고 있다는 사실도 그렇다. 이 책은 『동의보감』 리라이팅(『동의보감, 몸과 우주 그리고 삶의 비전을 찾아서』)의 '짝꿍'에 해당한다. 『동의보감』 리라이팅의 키워드가 '몸'이라면, 이 책의 키워드는 '운명'이다. 몸이 밟아 가는 생로병사와 희로애락의 리듬이 운명이라면, 운명의 거처이자 무대는 어디까지나 몸이다. 떼려야 뗄 수가 없다는 뜻이다. 처음부터 원고 작업을 같이 했고, 강의도 나란히 진행했다.

10년이 지난 지금도 그렇다. 나의 본거지(!)인 감이당에선

『동의보감』과 사주명리 강의가 거의 동시적으로 진행된다. 수많은 이들이 흘러오고 흘러갔을 것이다. 모두 이 두 책이 만들어 준 운명의 리듬이다! 고전의 지혜야말로 '최고의 플랫폼'이라는 나의 지론을 훌륭하게 증명해 주는 셈이다. 다만 감사하고 감사할 따름이다.

'운명학'을 배우면서 새삼 실감하게 된 건 사람에게만 운명이 있는 것이 아니라는 사실이다. 천지만물, 곧 존재하는 모든 것에는 다 운명이 있다. 지금 이 글을 쓰고 있는 노트북에도 또 이미 우리 신체의 일부가 되어 버린 핸드폰에도. 하물며 책이야 말해 무엇하랴. 운명에 대한 '용법'을 이야기하는 이 책의 운명은 과연 어떨지, 어떤 독자들을 만나고 또 그들의 '팔자'를 어떻게 변용시킬지 궁금하고 또 궁금하다.

둘—서점에 가 보면 명리학에 관한 책들은 넘치도록 많다. 하지만 거의 대부분 초짜들의 입문을 허락하지 않는다. 전문용어가 많아서이기도 하지만, 무엇보다 거기에는 삶이 들어 있지 않다. '삶의 서사'와 만나지 못하면 어떤 학문도 무용지물이다. '구슬이 서 말이라도 꿰어야 보배' 아닌가. 이 책에 담긴 명리학적 내용들은 왕초보 중의 왕초보다. 하지만 이 정도만으로도 각자 자신의 '운명의 지도'를 그리기에는 부족함이 없다. 중요한 건 정보의 양이 아니라, 시선의 전환이다. 시선이 바뀌는 순간, 삶에는 질적 도약이 일어난다. 그런 점에서 '운명학'처럼 고매하면서 또 흥미진진한 공부도 드물다. 자신의 운명을 텍스트로 삼고, 우주적 이치를 내비게이션으로 삼는 것이니 말이다. 이 비전탐구의 장에서 많은 이들이 자신의 운명과 유쾌하게! 조우하기를 기대하고 또 기대한다.

셋—바야흐로 대혼돈의 시대다. 2020년(경자년)에 도래한 코로나 바이러스는 인식의 구조 및 삶의 방식 전체를 다 전복해 버렸다. 지나온 길은 끊어졌고 새로운 길은 운무 속에 가려진 형국이다. 특히 기후재앙의 극복은 더 이상 유보하거나 지연할 수 없는 전 인류적 미션이 되었다. 기후가 요동치면 정치 경제, 나아가 사람들의 내면도 요동친다. 그래서인가. 다들 아프다. 몸도 마음도. 상처 혹은 트라우마라는 말은 이제 흔하디흔한 상투어가 되었다. 그에 병행하여 치유를 위한 프로젝트도 넘쳐난다. 더 서글픈 건 그럴수록 상처 또한 깊고 다양해진다는 것. 왠지 '야릇한' 공모관계가 느껴지지 않는가. 힐링은 상처를 만들어 내고 또 '만들어진 상처들'은 치유의 항목들을 늘려주는 식으로 말이다. 더 끔찍한 건 이런 배치 속에서 사람들은 점점 더 자신으로부터 멀어진다는 사실이다. 상처의 원인도 외부에 있고, 치유의 주체도 외부에 있다. 그러면 나는? 또 나의 삶은? 허깨비나 다를 바가 없다. 힐링이 넘칠수록 삶은 증발해 버리는 이 아이러니 혹은 무지!

그러므로 중요한 건 더 좋은 힐링, 더 많은 치유가 아니다. 힐링과 상처의 공모관계를 해체하고 전혀 다른 시선으로 세상을 보는 것이다. 삶을 일방향으로 이끄는 거울을 깨뜨리고 자신의 삶을 '있는 그대로' 보는 것이다. 그렇게 자신과 세상을 향한 항해를 시작하는 것. 그리하여 감히 자신의 운명을 직면하는 것, 길은 다만 거기에 있을 뿐이다. 강을 건너기 위해선 뗏목이 필요하다. 사주명리학은 아주 힘차고 역동적인 뗏목이 되어 줄 것이다. 강을 건넌 다음엔? 물론 뗏목은 버려야 한다!

이 책과 만나는 모든 이들이 명리학이라는 뗏목을 통해 스스로의 힘으로 자신의 '명'命을 운전하는 '삶의 기예'를 터득하게 되기를 기원하고 또 기원한다.

* * *

이 책은 북드라망 출판사의 첫번째 작품이었다. 그러니까 이 책이 10주년이라는 건 북드라망이 10년이 되었다는 뜻이기도 하다. 역시 감격이다! 그 사이에 북드라망은 '부드럽지만 파격적인' 실험들을 꾸준히 시도해 왔다. 감이당을 비롯한 수많은 공동체들과 교류하면서 책이야말로 세상과 사람을 연결하는 인드라망이 될 수 있음을 보여 주고 있다.

나는 생각한다, 그리고 말한다. 공부란 '밥이고 벗이며 또 길'이라고. 밥과 벗과 길—그것들이 어떻게 공존 가능하냐고? 그러면 이렇게 말하리라. 북드라망이 그 답이라고. 앞으로 북드라망이라는 플랫폼을 거쳐 갈 수많은 이들에게 행운이 함께하기를! 그리고 그들과 함께하는 것만으로도 나는 나의 운명을 사랑한다.^^

2022년(임인년) 가을

남산 자락 아래 '곰숲'에서

고미숙

차례

입구

농담 혹은 아이러니

하나—공동체와 주술

“이제 최후의 수단은 한 가지. 역술원에 가서 물어보자!” 2006년 여름, 내가 몸담고 있던 공동체의 거처를 원남동에서 남산으로 옮길 때의 일이다. 이사는 가야 하는데 건물은 빠지지 않고, 건물주는 보증금을 절대 내줄 수 없다고 버티고, 한마디로 진퇴양난, 오리무중의 상황이었다. 수십 명에 달하는 연구실 식구들이 8월의 불볕더위를 뚫고 사방팔방 뛰어다녔지만 다 허사였다. 마침내 우리가 마지막으로 낸 결론이 바로 저거였다—‘용한 점쟁이’!^^ 농담처럼 말했지만 실은 진담이었다. 명색이 지식인 공동체라 수십 명의 석·박사들이 있었건만 막다른 골목에 봉착하자 결국 역술가밖에는 의지할 데가 없었던 것이다. 농담이라면 이런 상황 자체가 농담인 셈이다.

고백하자면, 이전에도 약간의 전과(?)가 있긴 했다. 오랫동안 공동체를 꾸리다 보면 자의로든 타의로든 공간을 옮겨야 하는 일이 주기적으로 찾아온다. 지나고 보면 다 자연스러운 행보처럼 보이지만 실상은 단 한 번도 수월한 적이 없었다. 매번 시간은 닥쳐오는데 적당한 공간은 찾을 수 없는, 그야말로 한치 앞을 예측할 수 없는 상황이 연출되곤 했다. 적게는 몇십 명, 많게는 수백 명의 생활 리듬이 바뀌는 일이니 대충 정할 수도 없는 노릇이었다. 해서 그런 상황에 처할 때마다 은밀히~ 후배가 소개해 준 역술원에 가서 상담을 받곤 했다. 뭐, 특별한 이야기를 주고받은 기억은 없다. 그저 생년월일을 말하고 나면, 이것저것 아주 기본적인 지침 같은 걸 짚어 주는 게 전부였다. 헌데, 신기하게도 그러고 나면 그 직후에 딱 '이거다!' 싶은 공간이 나타나곤 했다. 마치 알라딘의 램프에서 지니가 '짠' 하고 나타나듯이 말이다. 그다음엔 일사천리! 한동안 혼자만의 비밀로 간직하고 있다가 우연한 기회에 들통이 나고 말았다. 그래서 저런 '대안 아닌 대안'이 제기되기에 이른 것이다.

헌데 알고 봤더니, 나뿐이 아니라 다들 한두 번은 역술원을 찾아다닌 경험이 있었다. 개중에는 '주치의'를 찾듯 정기적으로 드나드는 이도 있었고, 여기저기 용하다는 곳을 찾아 '국토순례'도 불사하는 이들도 있었다. 사연들은 구구하지만, 처녀

총각의 경우는 대개 연애와 짝짓기, 중년 남녀의 경우는 자식교육과 직장이나 사업문제가 주류였다. 연애와 자식교육과 사업—현대인들이 가장 주력하는 항목 아닌가. 얼마나 많은 제도와 서비스가 이 항목들을 위해 존재하고 있는가 말이다. 아니, 국가 전체가 이것을 위해 존재한다고 해도 무방할 지경이다. 그런데, 그걸로도 부족하여 또 역술가의 조언이 필요하다니… 참으로 서글픈 현실이다.

아닌 게 아니라, 종로 거리를 걷다 보면 사주카페에 역술원이 즐비하다. 그뿐인가. 전국 방방곡곡 어디를 가도 점집이나 역술원은 꼭 있다. 현재 활약 중인 역술가만 해도 대략 30만 명 정도라고 한다. 부대 인구까지 합치면 엄청난 숫자다. 우리나라만 그런 것도 아니다. 미국과 유럽은 물론이고 남미와 아프리카, 시베리아 등등 전 세계적으로 주술사들의 약진은 눈부시다. 그만큼 점성술 혹은 운명학은 사람들의 일상과 떼려야 뗄 수 없이 결합되어 있다. 비근한 예로 대부분의 일간지에는 '오늘의 운세'라는 코너가 있다. 이 글을 쓰는 오늘도 모 일간지의 오늘의 운세란이 인터넷 검색어 1위에 올라 있다. 대체 왜? 이렇게 많은 지식과 정보가 흘러넘치는 시대에… 스마트폰으로 이동을 위한 최단거리는 물론 버스 오는 시간까지 파악할 수 있고, 일상의 거의 모든 것을 예측할 수 있는 이 시대에 대체 왜?

궁금한 건 또 있다. 공동체 안에는 왜 그 같은 지혜가 없는 것일까? 『동의보감』을 리라이팅하면서도 밝혔듯이, 공동체는 몸과 몸이 직접 부딪치는 현장이다. 몸에 관한 앎, 운명에 대한 지혜가 반드시 필요한 곳이다. 헌데 왜 공동체는 명분과 이념… 그리고 논리적 공통성만 있으면 된다고 간주하는가? 공동체에서 일어나는 갈등의 대부분은 정서적 균열과 관련되어 있다. 감정보다 더 힘이 센 것은 없다. 많은 경우, 명분과 논리는 감정의 '얼굴마담'에 불과하다. 그리고 그 감정들의 어울림과 맞섬이 사람들의 동선과 리듬을 만들어 낸다. 그것이 곧 인생이고 운명이다. 그렇다면 공동체야말로 운명에 관한 비전이 꼭 필요한 장소가 아닐까? 하나 더. 우리가 배운 그 많은 지식과 정보는 왜 이런 식의 예지력이나 운명학과는 아무런 관련이 없는 것일까? 더 노골적으로 말하면, 그 화려한 언설들은 인생의 결정적 국면에선 어쩜 이리도 쓸모가 없는 것일까?

내친 김에 하나 더. 만약 그것이 그토록 '유용한' 것이라면 우리는 왜 그걸 직접! 배울 생각을 하지 않는 것일까?

둘—불과 정치적 상상력

2008년 2월 11일 밤 12시 30분경 나는 택시를 타고 남대문을 지나고 있었다. "벌써 네 시간째 저렇게 타고 있네요. 허 참." 택시기사의 전언이었다. 택시에 오르자마자 '남대문에 불이 났다'는 말을 들었건만 그 말을 '아이쿠! 남대문 시장에 불이 났구나'라고 멋대로 번역을 해버린 내 눈앞에 '남대문 시장'이나 '남대문 근처 빌딩'이 아니라, 진짜(!) 남대문(숭례문)이 타고 있었다. 오, 세상에! 저런 장면은 두꺼운 고문서나 TV 속 미스터리 역사물에서나 나오는 줄 알았는데. 그때 내가 받은 충격은 충격이라는 말로 결코 환원되지 않는, 이를테면 희로애락의 일반 문법을 송두리째 뒤흔드는 그런 종류의 감정이었다. 그래서인가. 그 불에선 지금까지 내가 본 어떤 불과도 비견할 수 없는 장엄함 같은 게 느껴졌다. 불은 소방차에서 줄기차게 뿜어 대고 있는 물길 따위는 전혀 아랑곳하지 않았다. 오히려 그 물길들이 불의 제단을 엄호하는 근위병들처럼 보일 정도였다. 오행五行의 이치상 불은 물을 이길 수 없다. 수극화水剋火 — 상극相剋의 필연적 법칙이다. 허나, 극을 당하는 오행이 과도하면 하극상이 일어나기도 한다. 우주적 차원의 쿠데타, 화모수火侮水 — 곧 수를 '능멸하는' 화가 바로 저런 것이리라. 대체 어떻게 저런 일이?

방화범은 곧바로 체포되었다. 토지보상금 때문에 불평지기가 쌓인 70세 노인이었다. 하지만 누구도 그가 이 불의 진짜 원인이라고는 생각하지 않았다. 아니, 도저히 그렇게 생각되어지지가 않았다. 600년이라는 시간이 어떻게 그런 이유로 한순간에 소멸될 수 있단 말인가. 게다가 사대문 가운데 왜 하필 남대문일까? 아마 방화범 자신도 알지 못할 것이다. 왜 하필 남대문을 선택했는지를. 그렇듯, 둘 사이의 인과적 간극은 너무도 아득했다. 하여, 수많은 말들이 유령처럼 떠돌았다. 개발에 눈이 멀어 맹목적으로 달려온 때문이다, 사람들 가슴에 불을 질렀기 때문이다 등등. 누구는 엄청난 재앙의 징후를 읽어 냈고, 또 누구는 후천개벽의 징조를 읽어 냈다. 기존의 사건사고에선 절대 동원될 수 없는 온갖 낯설고 이질적인 담론들이 한꺼번에 웅성거리기 시작했다. 어떤 것도 다 말해질 수 있지만, 그 어떤 것도 답이 될 수 없는 사건. 그 어떤 정치가도 예측하지 못했지만, 그럼에도 '정치적인 너무나 정치적인' 사건. 그런 점에서 이것은 일종의 천재지변에 해당한다.

그렇게 생각하자, 문득 떠오르는 장면들이 있었다. "수도에 흙비가 내리고 큰바람이 불어 나무가 뽑혔다. 감옥의 죄수 가운데 사형수 이하를 사면하였다." 『삼국사기』와 『고려사』에는 이런 식의 기술이 수도 없이 등장한다. 천재지변과 정치적 사건이 너무나 천연덕스럽게 연결되는 것을 보고 참으로 당혹스러웠다. 대체 비바람과 죄수들 사이에 어떤 인과관계가 있단 말인가? 정통역사서로 분류되는 『삼국사기』와 『고려사』가 이럴진대, 민간의 구비설화가 대폭 수록된 『삼국유사』야 더 말할 나위도 없다. 거기에는 영화 〈아바타〉를 능가하는 설화적 판타지들로 가득하다. 그것들이 역사라고? 하지만 이런 질문이야말로 얼마나 어리석은 것인지. 인간이란 천지 '사이'의 존재다. 따라서 역사란 인간이 천지 사이를 가로지르면서 일으키는 사건들의 서사다. 그렇다면 역사란 당연히 '천지인'天地人을 함께 아우르는 것이어야 마땅하지 아니한가. 허나 20세기 이후 역사는 천지라는 시공간을 역사의 외곽으로 추방한 채 오직 인간사의 좌충우돌만을 다루게 되었다. 그 가운데서도 특히 권력과 제도를 둘러싼 사건들이 주류를 차지하게 되었다. 그 결과, 정치와 역사의 지평은 한없이 좁혀져 모든 사건들이 산술적 인과의 그물망에 갇히고 말았다.

그날의 불은 바로 이런 표상체계를 간단히 무장해제시켰다. 그날 이후 한동안 사람들의 영혼을 엄습한 저 가없는 허무를 보라. 대체 어떤 제도와 시스템이 저 아득한 심연을 메워줄 수 있을까. 하지만 이 심연에 대한 탐사야말로 진정한 정치이자 삶이라는 것, 우리의 정치적 상상력을 전면적으로 바꾸지 않고서는 결코 그 도저한 심연과 마주할 수 없다는 것을 온몸으로 보여 준 것이 아닐까. 그날, 숭례문에서 내가 목격한 그 불은.

덧붙이면, 그해는 무자년戊子年, 운기상으로 '불의 해'였다. 그래서인가. 남대문이 불타고 난 후, 봄부터 미국산 소고기 수입과 광우병 문제가 불거지면서 촛불시위가 시작되었다. 시간이 갈수록 촛불의 행진은 가열차게 달아올라 거의 100만에 육박하는 시민들이 거리로 뛰쳐나왔고, 그 불길은 여름이 돼서야 겨우 잦아들었다. 그리고 그해 겨울, 끔찍한 화재를 동반한 용산대참사°가 벌어졌다. 말하자면 불로 시작해서 불로 마친 해였던 셈이다(덧붙이면, 남대문의 남쪽은 오행상 불火을 의미한다. 또 불은 '인의예지신'仁義禮智信 중 '예'에 속한다. 남대문의 다른 이름이 숭례문인 건 그 때문이다. 원래 남대문을 지을 때부터 이 점을 감안해 화기운을 제어하기 위한 여러 방책을 마련했다고 한다. 결국 타 버리고 말았지만, 그래도 그 덕분에 무려 600년이나 버텼던 것이리라).

이 일련의 과정을 대체 무엇으로 설명할 수 있을까? 빈부격차 때문이라고? 그렇다면 그 이후 양극화는 훨씬 더 심해졌건만 왜 촛불은 더 이상 타오르지 않았을까? 광우병 문제는 아무것도 해결된 바가 없다. 그런데도 사람들은 '태평하게' 미국산 소고기를 먹는다. 그뿐인가. 고강도의 정치 이슈가 난무하건만 사람들의 마음엔 더 이상 불이 일어나지 않는다. 아니, 일어나도 전혀 '다른' 방식으로 일어난다. 그렇다면, 그때와 지금, 대체 무엇이 달라진 것일까?

° **용산대참사** 서울시 용산 재개발 보상대책에 반발하던 철거민이 용산구 한강로 2가에 위치한 남일당 건물을 점거하고 경찰과 대치하던 중 2009년 1월 20일 새벽에 발생한 화재로 6명이 사망하고 24명이 부상당한 대참사. 서력으로는 남대문이 불탄 해에서 바뀌었으나, 동양 역법상에서는 여전히 무자년인 때였다.

때는 6세기. 달마대사達磨大師가 갈댓잎을 타고 동쪽으로 왔다. 양쯔강 이남 숭산에 있는 소림사에서 7년간 면벽수행을 하던 어느 겨울, 눈 덮인 뜨락에 한 젊은이가 찾아왔다. 이름은 혜가慧可. 달마의 침묵을 깨뜨리기 위해 젊은이는 자신의 팔을 싹둑 잘라 바쳤다. 흰 눈 위로 선혈이 낭자할 즈음, 달마가 비로소 입을 열었다.

"네가 구하는 것이 무엇이냐?"

"제 마음이 이리도 어지럽습니다."

"너의 마음을 내놓아 보아라. 그러면 내가 편안하게 해주겠다."

… "아무리 찾아 보아도 마음이 어디 있는지 모르겠습니다."

"그럼, 내가 이미 너의 마음을 편안하게 해주었다."

순간, 혜가에게 번개 같은 깨달음이 일어났다. 깨달음의 내용인즉 이렇다. 마음이란 본디 평화롭다. 거기엔 어떤 불안이나 동요도 있을 수 없다. 하지만 그것을 하나의 대상으로 놓고 진정시키려고 하면 할수록 마음은 더더욱 요동친다. 그때의 마음이란 마음의 본모습이 아니라 마음의 그림자(혹은 번뇌망상)에 불과하다. 결국, 달마가 혜가의 마음을 편안하게 해준 것이 아니라, 그저 마음의 본래면목을 보게 해준 것일 뿐이다(존 C. H. 우, 『선禪의 황금시대』, 김연수 옮김, 한문화, 2006 참조). 선불교의 첫 페이지를 장식하는 이 장면은 섬뜩하면서도 박진감이 넘친다. 시작이 그래서인가. 선불교의 역사는 이런 식의 경악과 돌발, 상상을 뛰어넘는 서스펜스로 가득하다. '존재의 완벽한 해방 혹은 대자유'를 위해서는 익숙한 통념들을 한방에 날려야 하기 때문이다. 아, 그렇다고 겁먹을 것까진 없다. 이 전복적 여정에는 유머와 위트, 웃음과 역설 또한 늘 함께한다. 선문답을 일러 '우주적인 농담'이라고 부르는 것도 그 때문이다. 물론 이 지독한 '언어도단'의 세계에 진입하기 위해선 존재를 몽땅 걸어야 한다. 팔뚝뿐 아니라 때론 목숨조차도. 너무 심하다고? 하지만 얼마나 많은 사람들이 자신의 삶을 스스로 파괴하는가. 단지 우울하고 불안하다는 이유만으로. 단지 친구들에게 외면당하고 버림받았다는 이유만으로. 그에 비하면 혜가를 비롯한 선사들의 결단은 차라리 진솔하고 소박한 행동이 아닐지.

아무튼 혜가 이후 수많은 세월이 흘렀다. 그 사이 문명은 비약에 비약을 거듭하였다. 인간의 마음을 분석하는 정신분석의 체계 또한 발전을 거듭해 왔다. 최근에는 뇌과학의 진화 속에서 뉴런들의 접속만으로 인간의 심리를 다 읽어 낼 듯 기세등등하다. 그 밖에도 유전공학에 인지심리학까지 마음에 대한 '인식의 지도'는 차고도 넘친다. 게다가 미술치료, 음악치료, 문학치료 등등 각종 치료의 기술 또한 난무하고 있는 실정이다.

그런데 참, 이상하다. 우리는 마음에 대해 아는 것이 너무도 없다. 마음은 어디에 있는가? 어디에서 왔다 어디로 가는가? 내 안에 있는가? 아니면 바깥에 있는가? 마음이란 그저 신경다발들의 이합집산에 불과한가? 아니면 무의식의 희미한 잔영일 뿐인가? 어떤 질문에도 우리의 답은 하나다—오직 모를 뿐! 하여, 마음의 행로에는 온통 아이러니 투성이다.

* * *

사례 하나 지난 2011년 3월 동일본 대지진으로 2만 명 이상이 죽었을 때, 나는 생각했다. 이제 문명과 자연에 대한 거대한 탐구가 시작될 거라고. 또 죽음에 대한 본격적 탐구가 진행될 거라고. 그리고 그때 새삼 확인했다. 죽음에 대한 지혜가 없이는 결코 삶을 제대로 향유할 수 없음을. 하지만 유감스럽게도 내가 기대했던 그런 일은 일어나지 않았다. 탐구는커녕 그 엄청난 죽음들은 빠른 속도로 잊혀져 갔다. 그리고 얼마 후, 전혀 다른 죽음들이 꼬리를 물고 이어졌다. 카이스트 학생들의 자살, 슈퍼모델의 죽음, 해고노동자와 그의 가족들의 자살… 또 주기적으로 들려오는 중학생들의 자살…. 이건 그나마 뉴스에 잡힌 것들이고, 주변 친지들의 말로는 아파트 단지마다 투신자살자들이 없는 곳이 없단다. 거기다 '고독사'라는 단어도 심심찮게 들려온다. 한마디로 천재지변이 아니어도 사람들은 죽고 또 죽는다. 대체 왜?

이 죽음의 행렬에 대한 대개의 진단은 이렇다. 경제가 어렵고, 경쟁에 지치고, 가족관계가 깨어지고 등등. 여기서 끝이다. 솔직히 나는 이 나열된 항목들 중 어떤 것도 선뜻 납득하기 어렵다. 이것들은 죽을 수밖에 없는 조건이 아니라 거꾸로 악착같이 살아야 할 이유가 되기도 하지 않는가. 그렇다면 질문을 이렇게 바꾸어야 하지 않을까? 왜 우리 사회에선 이 항목들이 삶을 종식시키는 쪽으로만 나아가는 것일까? 아니, 그 전에 왜 다들 그게 당연하다고 전제하는 것일까? 결국 문제는 죽음 자체보다 죽음에 대한 '철학적 빈곤'에 있는 셈이다. 즉, 우리에게 죽음은 오직 통계 수치로만 존재한다. 따라서 아무리 죽음의 숫자가 늘어나도 죽음의 지혜는 증식되지 않는다. 죽음을 체험한 이들은 여기에 있지 않고, 여기에 있는 이들은 죽음에 대해 알지 못한다. 무지는 공포를 낳고 공포는 삶을 잠식해 들어간다. 그 결과, 사람들은 아주 조그만 상처에도 존재 전체가 기우뚱! 흔들린다. 타자를 받아들일 수 있는 내적 공감의 지대가 점점 줄어들기 때문이다. "아무리 생각해 봐도, 백 번을 넘게 생각해 보아도 세상엔 나 혼자뿐이다." 한 모델이 죽기 전 자신의 미니홈피에 남긴 글이다. 트위터에 페이스북에 인스타에, 기타 등등, 이 '접속과잉의 시대'에 개인들은 이렇게 '외딴 방'에 갇혀 있다. '고독은 죽음에 이르는 병'이라고 했던가. 과연 그렇다. 디지털 혁명이 이룩한 이 '소셜 네트워크' 시대에 '자기만의 외딴 방'에 갇혀 소리 없이 소멸되어 가는 존재들이라니. 이보다 더한 아이러니가 또 있을까?

사례 둘 쓰나미가 지나간 이후, 쓰나미보다 더 무서운 일이 벌어졌다. 원자력 발전소의 폭발로 인한 방사능 누출이 바로 그것이다. 세슘, 스트론튬, 플루토늄 등 신화에서나 등장할 법한 '화려한' 이름을 가진 방사성 물질들이 오래된 봉인을 풀고 세상 밖으로 탈주한 것이다. 사람들은 아연실색했다. 바람의 방향과 속도가 일기예보가 아닌 뉴스속보로 전해지면서 방사능에 대한 공포가 일상과 영혼을 잠식하기 시작했다. 하지만 이 모든 것을 한방에 날려 버린 사건이 있었으니, '서태지의 이혼소식'이 바로 그것이다. 연애를 한다는 소식도, 결혼을 한다는 말도 들은 바 없었는데, 느닷없이 이혼이라니. 역시 서태지는 파격의 전사다! 그로부터 며칠 동안 전국은 온통 서태지 이야기로 들끓었다. 그런데 놀랍게도 사람들은 홀연 태평해졌다. 여름 내내 집중호우가 내렸건만 아무도 방사성 물질을 걱정하지 않았다. 달라진 건 아무것도 없었다. 아니, 오히려 방사능 오염의 가능성은 더욱 높아졌다. 그럼에도 사람들의 마음의 회로는 완벽하게 달라졌다. 서태지 이혼뉴스로 쓰나미의 공포와 방사능의 불안으로부터 해방되었다!?―이보다 더 '야릇한' 농담이 또 있을까?

* * *

『거의 모든 것의 역사』의 저자 빌 브라이슨은 생명과 우주에 대한 과학적 성과를 흥미진진하게 엮은 다음 이렇게 말한다. "결국 우리는 나이를 정확하게 계산할 수도 없고, 거리를 알 수 없는 곳에 있는 별들에 둘러싸여서, 우리가 확인도 할 수 없는 물질로 가득 채워진 채로, 우리가 제대로 이해할 수도 없는 물리 법칙에 따라서 움직이는 우주에 살고 있는 셈이다." 과학이 아무리 발전해도 아는 것보다는 모르는 것이 더 많다는 걸 토로한 대목이다. 앎이 증가될수록 그에 비례하여 무지의 영역 또한 늘어난다는 '무지의 법칙'이 바로 이것이다. 이 말을 흉내 내어 말해 보면, 우리는 예측도, 측량도 불가능한 제도와 구조에 둘러싸여서, 뿌리도, 근거도 알 수 없는 욕망에 휩싸인 채로, 그저 방향도 흐름도 모른 채 살아가고 있는 셈이다. 그야말로 '무지의 늪'이다.

그래서인가. 다들 아프다. 몸도 마음도. 젊은이도 기성세대도. 부자도 가난한 사람도. 진보도 보수도. 그러고 보면 이 점에선 참, 공평해졌다! 헌데, 진정 놀라운 건 이 무지 자체가 아니다. 이 무지에 대해 아무도 질문을 던지지 않는다는 것, 결코 이 무지의 심연을 주시하려고 하지 않는다는 것이다. 오직 병원을 찾고 의료시스템을 요구하고, 각종 정신분석과 심리치유 프로그램을 섭렵할 따름이다. 몸은 병원에, 마음은 정신과(혹은 종교단체)에 맡겨 버리면 그뿐, 스스로 그 원천을 탐구할 생각은 절대 하지 않는다. 딴은 이런 질문이 가능한 '담론의 공간'이 없기도 하다. 양극화, 주식(코인)중독, 제도와 시스템의 파행, 가족주의라는 신화, 그리고 약간의 통계수치 등 담론의 공간엔 늘상 이 비슷한 말들만이 맴돌 뿐이다. 이 '지루한' 쳇바퀴 속에서 스스로의 힘으로 질병과 번뇌의 원천을 탐구한다는 설정은 원천봉쇄되어 버린다. 마음과 무지가 동의어가 되어 버린 시대, 마음이 곧 '무지의 늪'이 되어 버린 시대다.

그 결과, 혜가는 마음을 찾기 위해 기꺼이 팔 한쪽을 바쳤건만, 사람들은 손가락 '까딱'할 힘도, 용기도 없다. 그 무지로 인해 그토록 많은 질병과 번뇌를 감내하면서도, 그 무지로 인해 그토록 많은 고독과 소외를 겪으면서도, 그 무지로 인해 존재와 운명을 송두리째 박탈당하면서도… 그러면서도 그 무지에 대하여 어떤 질문도 던지지 못한다는 것. 이것이야말로 우리 시대가 연출하는 최고의 '농담'이자 아이러니다!

1부

몸과 우주,
그리고 운명의 비전을 찾아서

"아줌마는 공부를 해야겠네요. 자식이나 재물, 이런 거하고는 영 인연이 없어요."

처음 역술원에 갔을 때였다. 생년월일을 밝히고 나자 역술가의 입에서 나온 첫마디가 바로 저것이었다. 화들짝 놀랐다. 그때 내 나이 40대 초반. 보통 이 나이의 중년여성에게라면 자식과 남편, 돈과 부동산 등에 대한 이야기부터 꺼낼 거라고 생각했는데, 다짜고짜 공부를 하라니. 물론 그때나 지금이나 나는 공부가 직업인 사람이다. 자식도 없고, 정규직을 가진 적도 없다. 헌데, 생년월일만 보고서 어떻게 이 모든 상황을 단번에 알아낸단 말인가. "평생 공부하고, 글 쓰겠어요. 꼬부랑 할머니가 돼서도 글을 쓰겠구먼요." 점입가경. 내가 고전평론가로 먹고살게 될 건 또 어찌 알았지? 와우~ 이게 사주명리학에 대한 나의 첫경험이다.

그로부터 꽤 많은 세월이 흘렀고, 그 사이에 나는 『동의보감』을 통해 음양오행의 세계에 입문하게 되었다. 「내경편」, 「외형편」을 지나 「잡병편」을 공부하다가 마침내 사주명리학을 만나게 되었다. 육십갑자六十甲子와 관련된 아주 초보적인 내용을 배운 뒤 내 사주를 직접 살펴보았다. 하, 이럴 수가! 내 팔자에는 소위 '조직운'(관성)과 '공부운'(인성)밖에 없었다. 자식운도 없고, 재물운도 없다. 조직과 공부, 둘을 합치면, 지식인공동체가 된다. 뭐야? 이렇게 쉬운 거였어? 엄청 대단한 내공이 필요한 줄 알았는데… 웃음이 터져 나왔다. 허탈하다고 해야 하나, 아니면 신기하다고 해야 하나. 그때 나를 감탄시켰던 사항이 왕초보도 알 수 있다는 점에서 좀 허탈하고, 그 정도의 초식만으로 핵심이 한번에 드러난다는 점에서 참, 신기했다. 주지하듯이, 많은 사람들이 연애와 결혼, 입시와 취업문제 등을 묻기 위해 점집이나 역술원엘 간다. 그러고 나선 역술가의 말 한마디 한마디에 촉각을 곤두세우지만, 그들이 내 운명을 좌지우지하는 것은 결코 아니다. 그들은 그저 생년월일을 육십갑자로 바꾼 다음 명리학의 공식대로 풀이를 할 뿐이다. 풀이과정에서 다소 다르게 표현될 수는 있지만, 그렇다고 해서 판 자체가 달라지는 건 결코 아니다. 그러니 흉하게 나왔다고 해서 역술가한테 화를 낼 일도 아닐뿐더러 여기저기 다닌다고 해서 별 뾰족한 수가 있는 것도 아니다. 또 좋은 말을 많이 해준다고 해서 들뜰 것도 없다. 그건 이미 본인이 알고 있거나 누리고 있는 사항을 되짚어 준 것일 뿐이다. 혹여 내가 원하는 걸 다 이룬다는 식으로 말해 주는 역술가가 있다면 그건 '영업용 멘트'일 뿐이다. 그런 식의 팔자란 있을 수 없기 때문이다.

더 중요한 건 그 초식이라는 것이 그렇게 어렵고 난해한 체계가 아니라는 것. 수학으로 치면 2차, 3차 방정식만 알아도 연애운, 재물운, 문서운 등 사람들이 평소에 궁금해하는 사항들은 충분히 유추해 낼 수 있다. 그렇기에 대하소설 『임꺽정』에 잘 드러나 있듯이, 조선시대는 물론 20세기 전반까지만 해도 많은 이들이 귀동냥으로 육십갑자의 원리를 터득한 다음, 궁합·이사·여행·집 짓기·수명 등의 제반사항에 다 운용했던 것이다. 그런데 어쩌다가 명리학은 이렇게 신비주의의 장막 속에 갇히게 된 것일까? 게다가 그걸 알기 위해선 뭔가 심오한 원리가 있거나 아니면 신통방통한 주술적 능력이 필요하다고 생각하게 된 것일까?

오리엔탈리즘

신비와 미신 '사이'

물론 음양오행과 육십갑자의 이치를 통달하려면 아주 수승殊勝한 경지를 필요로 한다. 하지만 그걸 다 깨달은 뒤에 '삶의 기술'로 쓰는 건 아니다. 한글의 원리를 다 터득한 다음에 한글을 쓰는 게 아니고, 디지털의 오묘한 이치를 깨친 다음에야 스마트폰을 쓰는 게 아닌 것과 마찬가지다. 아는 만큼 즐기고, 배운 만큼 쓰면 된다. 문제는 이 앎들의 향유를 가로막는 마음의 장벽이다.

먼저 음양오행 혹은 명리학은 도인이나 무속인들의 전유물이라고 간주하는 습속이 있다. 즉, 사람의 운명을 읽는 일에는 아주 특별한 영적 능력이 필요하다고 여기는 것이다. 이런 표상에는 이중적인 방식의 배제가 작동한다. 사주명리학을 고매하고도 신비로운 차원으로 환원해 버리는 것, 혹은 지식 이하의 저급한 술수로 매도해 버리는 것. 한편으론 『주역』으로 대표되는 동양역학에 대한 신비주의에 가까운 추앙이 있는가 하면, 다른 한편 그런 지식은 결코 지적 시민권을 가질 만한 것이 못 된다는 무의식적인 폄하와 거부감이 동시에 존재한다—신비 혹은 미신. 두 가지 모두 명리학을 지식의 외부로 축출한다는 점에서는 동일하다. 이때 지식의 범주와 경계는 철저히 서구적 인식론과 모더니즘을 기반으로 형성된 것이다. 서구의 시선으로 다른 지역의 문화를 타자화, 하위주체화하는 것을 '오리엔탈리즘'이라고 한다면, 이 또한 오리엔탈리즘의 일종에 다름 아니다.

헌데, 이런 식의 배치에는 놀라운 비밀이 하나 숨어 있다. 이렇게 신비와 미신 '사이'에 묶어 둔 뒤 그 핵심과 정수는 상류계급이 전적으로 독점해 왔다는 사실이 그것이다. 우리나라 정치가들 중에 역술가나 풍수가의 상담을 받지 않는 자가 얼마나 될까. 재벌들 역시 마찬가지다. 거의 모든 재벌들이 전용 역술가들을 거느리고 있을뿐더러, 그들의 노하우를 가문을 지키고 기업을 운용하는 데 적극 활용한다. 좀 이상하지 않은가? 공적인 담론의 장에선 몰아내고 사적으로는 상류층이 독점하는 형국이라니. 초월적 신비의 산물이거나 허무맹랑한 미신에 불과하다면 과연 이렇게 할 수 있을까? 아무런 유용성이 없는데 이토록 오랫동안 적극적으로 활용될 수 있을까? 이러다 보니 뜻하지 않게 역학과 부귀의 유착(?) 현상이 일어나게 되었다. 이 문제에 대해선 뒤에서 다시 논하기로 한다.

다른 한편, 소위 진보적 진영에선 이런 앎에 대해 원초적으로 터부시한다. 비과학적 숙명론에 불과하다고 비판하면서. 어떤 점에서 보면 진보주의가 동양전통사상에 대해선 가장 오리엔탈리즘적 태도를 취하는 경향이 있다. 역학뿐 아니라 유학이나 불교에 대해서도 크게 다르지 않다. 유물론/관념론이라는 이분법적 틀로 사상사를 구획하는 패턴이 여전히 지배적인 것이다. 헌데, 그렇다면 진보의 영역에는 운명이라는 키워드가 불필요한가? 진보단체들이 부딪히는 가장 큰 장벽은 더 이상 권력의 탄압이 아니다. 공동체원들 사이에서 벌어지는 '감정의 틈'이다. 뇌과학적으로 보더라도 감정을 주관하는 뇌는 변연계Limbic System다. 변연계는 호모 사피엔스 이후 발달한 신피질이 아니라, 그보다 훨씬 이전에 형성된 구피질에 속한다. 생명의 역사에서 가장 오래되었다는 뜻이다. 그래서 국가 간 전쟁처럼 거창한 일을 수행할 때도 '빈정'이 상하는 바람에 어느 한쪽에 치명타를 안겨 주는 경우가 적지 않다. 그 유명한 트로이 전쟁 역시 좋게 말하면 사랑싸움이고, 솔직하게 말하면 감정게임이 아니었던가. 그런 점에서 감정의 회로가 운명 혹은 팔자의 키를 잡고 있다고 해도 무방하다. 그래서 합리적으로는 도저히 납득할 수 없는 상황들이 연출된다. 예컨대 사회를 바꾸기 위해 공적인 책임감을 가지고 열정적으로 일을 한다면 마땅히 그의 내면도 평온하고 자유로워야 한다. 그런데 아주 많은 이들이 박탈감과 우울증에 시달린다. 어떤 활동가의 고백이다.

> 80년대엔 학생운동을 했고, 90년대에 졸업하면서 노동운동을, 중년이 되어선 환경운동을 하다가 지금은 생협활동을 하고 있어요. 쉬지 않고 운동을 해왔는데, 왜 이렇게 사람들과 친밀감이 생기질 않을까요? 마음은 늘 급하거나 우울하고… 몸에는 늘 병을 달고 살아요.

이런 식으로 운동의 가치와 명분이 자신의 몸, 그리고 삶의 현장과 동떨어져 있는 이들이 적지 않다. 그 간극을 메우려고 더더욱 헌신적으로 활동을 조직하지만 심리적으로는 조증과 울증이 반복된다. 아울러 내적 충만감이나 존중감 또한 점점 더 무너져 간다. 그러다 보니 자꾸만 아프다. 활동과 일상, 명분과 현장, 이 사이에 대체 무엇이 도사리고 있는 것일까? 이 간극을 통찰하지 못하면 진보든 혁명이든 별무소용이다. 그때의 진보나 혁명은 오직 물질적 분배, 제도적 서비스, 시스템의 문제로 환원되어 버린다. 아니, 그 이전에 단체와 조직은 진화하는데, 거기에 속한 개인들이 불행해진다면 그게 대체 무슨 의미가 있는가? 그럼에도 운동단체들은 이런 문제들과 직접 대면하려 하지 않는다. 노동운동이건 여성운동이건 실무적 투쟁이 중심이지 인생과 자연, 몸과 우주에 대한 공부를 하려고 하지는 않는다. 마치 그것은 노동자나 여성들, 기타 소수자들과는 무관한 것인 양. 또 그런 것을 하면 마치 정치적 의식이 퇴행하기라도 하는 듯이.

『희망의 인문학』의 저자 얼 쇼리스는 이렇게 말한 바 있다. 좌파들이 고전을 부르주아의 산물이라고 외면한 탓에 인류 지성사의 정수인 고전은 고스란히 부르주아의 전유물이 되어 버렸다고. 그가 만든 희망의 인문학 '클레멘트 코스'가 그리스 로마 철학을 주요 커리큘럼으로 삼게 된 연유가 거기에 있다. 음양오행론에 대해서도 마찬가지로 말할 수 있다. 진보세력은 음양오행을 비롯하여 동양 고전의 지혜와 영적 탐구에 대해선 대체로 무관심하다. 그러면서도 사적인 차원에선 다들 점집을 순례한다. 아니면 각종 심리상담 프로젝트에 의존하거나. 진보적이고 합리적인 사유가 세상을 바꿀 수 있다고 믿는다면 정서적 갈등이나 불균형 또한 그 지식에 입각하여 돌파해야 하지 않을까? 혹은 '은밀하게' 점집을 순례하거나 갖가지 치유프로그램에 의존할 바에야 차라리 그에 대한 탐구를 본격적으로 하는 게 낫지 않을까? 하지만 놀랍게도 이런 방향전환에 대해서는 무관심하다. 아니, 이런 식의 간극이 문제라는 생각조차 하지 못한다. 거기에는 무엇보다 자연과 인생의 근원적 단절이 자리하고 있다. 즉, 사회과학적 담론에는 기본적으로 자연 혹은 우주가 결락되어 있다. 하지만 운명이란 인생의 우주적 변곡선에 다름아니다. 따라서 운명을 사유한다는 건 인생과 자연 사이의 상응과 교감을 전제한다.

자연의 이치 속에서 존재와 운명의 비의를 탐색하고자 한 인류의 노력은 아주 연원이 깊다. 애니어그램과 별자리, 수상과 관상, 풍수지리 등등. 아마 어느 문명권이든 원주민들은 다 자기 나름의 운명학을 가지고 있을 것이다. 당연하다. 이런 '앎의 의지' 자체가 원초적 본능이기 때문이다. 사실 어느 패러다임이 더 적중률이 높으냐는 부차적인 사안이다. 이런 앎의 의지와 욕망을 '있는 그대로' 인정하는 것, 어떤 것을 선택하든 자신의 존재를 우주적 인과 속에서 보는 삶의 기술을 닦아 가는 것, 핵심은 바로 여기에 있다.

인류가 고안해 낸 운명론 가운데 음양오행론은 단연 독보적이다. 무엇보다 의학과의 긴밀한 결합이 가능하다는 것이 최대장점이다. 몸과 우주, 그리고 운명을 하나로 관통하는 '의-역학'醫易學이라는 배치. 다시 말해 가장 원대하고도 고매한 비전 탐구이면서 동시에 가장 구체적이고도 실용적인 용법을 지니고 있다는 것. 다른 점성술은 운명을 읽어 낼 수는 있지만 거기서 끝이다. 그다음 스텝이 없다. 그렇다면 알아도 그만 몰라도 그만 아닌가. 운명을 안다는 건 '필연지리'必然之理를 파악함과 동시에 내가 개입할 수 있는 '당연지리'當然之理의 현장을 확보한다는 것을 의미한다. 정해진 것이 있기 때문에 바꿀 수도 있는 것이다. 모든 것이 우연일 뿐이라면 개입의 여지가 없다. 또 모든 것이 필연일 뿐이라면 역시 개입이 불가능하다. 지도를 가지고 산을 오르는 것과 마찬가지다. 주어진 명을 따라가되 매 순간 다른 걸음을 연출할 수 있다면, 그때 비로소 운명론은 비전탐구가 된다. 사주명리학은 타고난 명을 말하고 몸을 말하고 길을 말한다. 그것은 정해져 있어서 어찌할 수 없는 것이 아니라, 그 길을 최대한 누리고 바꿀 수 있음을 말해 준다. 아는 만큼 걸을 수 있고, 걷는 만큼 즐길 수 있다. 고로, 앎이 곧 길이자 명이다!

물론 운명의 능동적 배치 속으로 들어가기 위해선 사유의 적극적인 훈련이 필요하다. 무엇보다 기존의 통념과 표상으로부터 벗어나는. "전제를 바꾸는 데서부터 공부는 시작된다."(정화스님)

이분법의 종말

개와 늑대의 시간

"신새벽 뒷골목에/네 이름을 쓴다 민주주의여"
80년대를 풍미했던 절창, 「타는 목마름으로」의 첫 소절이다. 신새벽은 '아직 동트지 않은', 밤과 아침 사이의 시간이다. 어둠이 더 깊을 수도 있지만, 그렇다고 결코 '헷갈리는' 시간은 아니다. 이제 곧 밤이 가고 아침이 올 테니까. 그러면 모든 것이 다 밝혀지고 이루어질 테니까. 선과 악, 혁명과 반동, 역사와 심판, 그 모든 것이 너무도 자명한 시절, 그것이 김지하의 '신새벽'이었다. 마침내 신새벽이 지나고 동이 터올랐다. 그런데 아무도 예상하지 못했을 것이다. 동이 트면서 동시에 운무가 피어오를 줄은.

밤이 지나면 아침이 온다. 겨울이 지나면 봄이 온다—이것이 소위 근대적(혹은 진보적) 시간관이다. 지구는 탄생 이래 단 한 번도 동일한 날씨를 반복하지 않았다. 그렇다면 똑같은 밤도 동일한 낮도 없었던 셈이다. 겨울과 봄도 마찬가지. 우리가 겪는 밤이 어떤 리듬으로 흘러가는지, 우리의 겨울이 어떤 강밀도를 지니고 있는지 이런 문제에 대해선 생각하지 않는다. 아니, 그런 사유를 위한 지도 자체가 없다. 왜냐하면 이 담론의 배치 속에선 인간만이 유일한 주체이기 때문이다. 이 지구의 주인은 오직 인간이고, 자연·동물·기후·바람 따위는 다 엑스트라일 뿐이다. 이런 인간중심주의의 장에선 아이러니와 농담이 들어설 자리가 없다. 비장하고 엄숙한 테제와 그 실현을 향한 전진만이 있을 뿐! 그 사유의 길이 곧 이분법이다. 인간과 자연, 주체와 객체, 생과 사 등 수많은 길이 두 갈래로 나누어지고 둘 중 하나는 다른 하나에 종속되어 버린다. 하여, 이분법은 선명하다. 하지만 그만큼 빈곤하다. "이분법도 그 자체의 불행한 도식을 가지고 있다. 그것은 가능한 모든 의견이 일직선상에 배열되고 그 양극단에 두 가지 반대 의견이 놓여 있다는 도식이다." 물론 대안이 없는 건 아니다. "그 직선의 중간에 해당하는 위치, 즉 '황금의 중용'을 취"하여 "어딘지 불안스러운 중간에" 던져지는 것이 최선이다. 말이 좋아서 황금이지 실제론 아슬아슬한 중간, 사이비 균형에 불과하다. "나는 우리가 취할 수 있는 선택지들을 하나의 직선상에 배치하고, 양극단에 해당하는 입장 대신 취할 수 있는 유일한 대안이 그 사이의 중간밖에 없다는 식의 모든 개념적 도식을 단호하게 거부한다."(스티븐 제이 굴드, 『생명, 그 경이로움에 대하여』, 김동광 옮김, 경문북스, 2004, 66쪽) 물론 이분법에 대한 저항은 어렵다. 너무 오랫동안 이분법에 길들여져 있었던 탓이리라. 박노해의 시 「시대고독」은 바로 이런 시대적 징후에 대한 음울한 진단이다.

한 시대의 악이
한 인물에 집중되어 있던 시절의 저항은
얼마나 괴롭고 행복한 시대였던가

한 시대의 악이
한 계급에 집약되어 있던 시절의 투쟁은
얼마나 힘겹고 다행인 시대였던가

고통의 뿌리가 환히 보여
선과 악이 자명하던 시절의 결단은
얼마나 슬프고 충만한 시대였던가

세계의 악이 공기처럼 떠다니는 시대

선악의 경계가 증발되어 버린 시대
더 나쁜 악과 덜 나쁜 악이 경쟁하는 시대
합법화된 민주화 시대의 저항은 얼마나 무기력한가

구조화된 삶의 고통이 전 지구에 걸쳐
정교한 시스템으로 일상에 연결되어 작동되는
이 '풍요로운 가난'의 시대에는
나 하나 지키는 것조차 얼마나 지난한 싸움인가

옳음도 거짓도 다수결로 작동되는 시대
진리는 누구의 말에서나 반짝이지만
그것을 살고 실천할 주체가 증발되어 버린 시대
혁명의 전위마저 씨가 말라 가는
이 고독한 저항의 시대는

—박노해, 「시대고독」 전문全文

바야흐로 개와 늑대의 시간이다. 친숙한 개가 늑대처럼 섬뜩하게 느껴지는, 혹은 개와 늑대를 구별하기 어려운 저물녘의 어스름. 개와 늑대만이 아니라, 빛과 어둠의 차이조차 그렇게 선명하지 않은 시간대다. 거의 모든 사건들엔 진眞과 망妄이 '중중무진'重重無盡으로 겹쳐 있다. 그것은 분명 굴드의 표현대로 양극단의 '조화와 균형'이라는 어설픈 타협으로는 불가능한 지대다. 인간이라는 주체, 계급적 적대감이 무너지면서 선악시비의 자명함이 사라져 버린 탓이다. 이 운무 속에서의 길찾기는 어떻게 가능한가?

우주의 척도

리듬과 강밀도

1990년대 중반 이후, 더 확실하게는 IMF 이후 이분법의 둑이 무너지면서 새로운 담론과 가치들이 범람하기 시작했다. 소위 '포스트 모더니즘' 담론들이 백가쟁명을 이룬 것이다. 그 담론들의 핵심을 아주 소박하게 간추리면 다양성과 자율성, 이 두 가지로 수렴될 수 있을 것이다. 국가, 인간, 남성 등으로 이루어진 가부장적 권위를 해체하고 생태주의, 여성성, 로컬리즘을 표방하는 근거 역시 그것이었다. 덕분에 형식적으로는 나름의 성과를 거두었다고 보아도 좋다. 생태주의적 가치가 널리 확산되었고, 입시나 취업 등의 영역에서 남성들이 누리던 특권은 거의 사라져 버렸으며 소수자들을 위한 운동 역시 널리 확산되었다. 수많은 대안학교, 대안운동단체가 생겨난 것도 그런 흐름의 산물이었다.

하지만 형식의 차원을 넘어 내용적 측면으로 들어가면 빈곤하기 짝이 없다. 보다시피, 지금 우리의 삶은 다양하지도, 자율적이지도 않다. 오히려 신자유주의와 금융자본의 무한증식 속에서 삶의 가치는 더더욱 균질화되었고, 디지털 문명의 범람 속에서 주체의 자율성이라는 범주는 더한층 협소해진 실정이다. 신자유주의 혹은 버블경제는 기존의 이분법을 와해시키고 국가와 민족, 인종과 국경 등 온갖 장벽을 다 깨뜨리면서 낡은 사유의 기반을 전복해 버렸다. 어떤 포스트 담론도 해내지 못한 가열찬 위업을 달성한 것이다. 하지만 이 전복적 여정의 배후에는 오직 '자본'이라는 단일한 코드만이 작동한다. 산업자본주의하에선 자본이 국가나 민족, 인종 혹은 휴머니즘 같은 거대담론을 필요로 했지만, 금융자본은 더 이상 그런 장치들이 필요하지 않다. 하여, 금융자본은 그런 경계들을 가차없이 조롱하고 무시하면서 폐기처분해 버렸다. 그리고 이렇게 외쳐 댔다. 상상력을 해방시켜라, 다양한 가치들을 수용하라, 상식을 무너뜨려라… 등등. '포스트 모더니즘'의 담론과 거의 동일한 언표배치가 형성되었다. 박노해의 말대로, 자본의 '안과 바깥'이 모호해진 것이다. 스티브 잡스가 디지털 문명의 화신이자 동시에 전 세계 청년들의 철학적 멘토가 될 수 있었던 것도 이런 맥락의 소산이리라.

그 결과 이제 다양성은 산만함 아니면 중독증과 헷갈리고 자율성은 나태 혹은 이기심과 구별되지 않는다. 다양성과 자율성의 제도적 성과물인 풀뿌리 민주주의는 오직 허울뿐인 시설투자에 올인함으로써 민주주의가 얼마나 무능하고 지루할 수 있는지를 온몸으로 증명해 주었다. 또 스마트폰의 출현으로 SNS의 시대가 더더욱 만개했지만 개인들은 고립과 불안에 시달리고 있다. 그래서 지금 사람들의 삶에는 목적도, 방향도 없다. 어떻게 살아야 하는지, 내가 누구인지, 어떻게 사랑을 하고 우정을 나누어야 하는 건지… 스마트폰의 기술과 정보는 '신의 질투를 부른다'는 광고 카피가 나올 정도로 매혹적이지만 유감스럽게도 이런 질문에는 아무런 답도 하지 못한다. 요컨대, 주류적 가치에서 이탈하고 이분법을 벗어났다고 해서 그 즉시 다양하고 자율적인 삶의 길이 열리는 것은 아니다. 그것은 단지 시작일 뿐이다.

시작이 있으면 중간이 있고, 그다음엔 끝이 있다. 시작과 중간과 끝. 시간적 순서次는 반드시 공간적 질서序와 함께한다. 시간은 공간의 다른 표현이다. 시간과 공간이 합쳐져서 시공간이 만들어지는 것이 아니라, 시간은 공간의 '휘어짐'이고 공간은 시간의 '주름'이다. 시공간의 리듬, 그것이 곧 '차서'°다. 우리가 살아가는 우주에는 차서가 있다. 봄·여름·가을·겨울이라는 차서가. 해마다 이 리듬을 밟기 때문에 우주는 만물을 쉬지 않고 창조해 낸다. 이 생생불식하는 활동을 일러 순환이라 한다. 순환이야말로 생명의 원동력이다. 다양성과 자율성도 이 차서 안에서만 가능하다. 달리 말하면 이 차서를 한 스텝 한 스텝 밟아 갈 때 비로소 이분법을 넘어선 다양성이 가능하고 능동적 개입으로서의 자율성이 가능해진다.

그 과정을 구체적으로 짚어 보면 이렇다. 시작할 때는 봄의 기운을 타야 한다. 꼭 봄에 시작하라는 뜻이 아니라 봄의 시공간이 지닌 기운의 배치를 터득해야 한다. 봄은 살리는 기운이다. 얼어붙은 땅 위에 만물이 소생한다. 이 소생의 출발은 씨앗이다. 씨앗이 여물어야 땅을 뚫고 솟구칠 수 있다. 씨앗은 내적인 응축력이다. 그러니까 처음 시작할 때는 열정이든 분노든 안으로 충분히 수렴하고 응축하는 과정이 있어야 한다. 이때는 겉치레가 필요없다. 소박할수록 땅을 뚫고 나오는 힘이 역동적인 까닭이다. 이것이 자연이 만물을 낳고 기르는 봄의 작용력이다. 하지만 사람들은 이렇게 하지 않는다. 일단 거창한 명분과 물적 토대를 가지고 시작하려 든다. 안으로 곰삭이고 수렴하는 응축력이 아니라 곧바로 화려하게 발산하고자 하는 것이

○ **차서** 시간적 순차와 공간적 질서를 오버랩시킨 개념이 곧 '차서'다. 예컨대, 벚꽃이 피면 봄이다. 그때 봄이란 벚꽃이라는 공간적 표지와 벚꽃이 필 수 있는 절기라는 시간의 흐름과 분리되지 않는다. 이것을 일러 차서라고 한다.

다. 하지만 이렇게 시작해서 좋은 결과를 얻는다는 건 실로 불가능하다. 사업이든 정치든 저항운동이든 다 마찬가지다. 출발부터 형식에 집착하면 그건 봄을 건너뛰고 여름으로 가 버린 격이다. 여름은 화려하다. 안으로 응축했던 열정들이 다 바깥으로 분출되는 단계다. 그래서 속은 비어 버린다. 속 빈 강정! 겉은 눈부시지만 안은 탁하다. 조직은 비대해지고 명성은 높아지는데 그 안에 있는 개인들은 더 이상 고양되지 못하는 단계가 여기에 해당한다. 이렇게 되면 집단과 개체 사이의 간극이 점차 커지게 된다. 그와 더불어 그 무성함은 끝이 난다. 중국 최고의 소설 『홍루몽』紅樓夢에 나오듯이, "좋은 것은 끝이 나고 끝이 있어야 좋은 것"이므로. 무성함이 극에 이를 때 입추가 된다. 여름에서 가을로 가는 금화교역金火交易은 우주의 대혁명이다. 혁명에는 대가가 따른다. 기존에 이룬 성취를 과감하게 버려야 하고 버림으로써 '다른' 존재가 되어야 한다. 대개의 조직이나 사업체가 이 가을의 단계를 견디지 못한다. 아니, 이런 마디가 있다는 것조차 상상하지 못한다. 그래서 명망이든 전통이든 놓지를 못한다. 어떻게든 유지, 보수하면서 미봉을 하려고 든다. 그럴 때 반드시 예기치 않은 갈등과 충돌이 폭발하게 마련이다. 그리고 많은 사람들이 이쯤에서 애초에 품었던 뜻과 의지를 포기해 버린다. 남은 것은 사람과 활동에 대한 깊은 환멸뿐! 하지만 그것이 리듬의 어긋남에서 온 것이라는 사실은 알지 못한다. 각 스텝에 맞는 일을 하지 않을 때, 형식과 내용 사이의 엄청난 간극이 생기고 그 간극은 잉여를 낳는다. 거기에 현대적 자의식과 심리가 중첩되면 그것이 곧 상처 혹은 콤플렉스가 된다. 니체가 말한 원한감정 혹은 양심의 가책이 바로 그것이다. 이 감정들은 결국 기존의 관습과 통념을 강화시킨다. 다양성과 자율성의 범람 속에서 사람들이 온통 심리적 상처로 가득한 이유가 여기에 있다.

더 큰 문제는 그다음에 또 동일한 스텝을 밟는다는 것. 이것이 반복되면 곧 팔자가 된다. 타고난 것이 아니라면 자신이 후천적으로 갈고닦은 팔자가 되는 셈이다. 한마디로 엇박의 연속이다. 스텝이 꼬이면 단지 리듬이 문제가 아니라 강밀도가 현저히 떨어진다. 강밀도는 우주를 움직이는 진동이다. 얼마나 맑고 청정한가가 그 기준이다.

우주적 차원에선 선악시비가 별 힘을 발휘하지 못한다. 선이건 악이건 옳건 그르건 사회적 표상은 모두 습속과 통념의 산물일 뿐이다. 습속과 통념은 무겁다. 어지간해선 절대 바뀌지 않는다. 그래서 중력이라고 부르기도 한다. 따라서 개인이든 집단이든 팔자를 바꾸려면 이 중력장으로부터 벗어나야 한다. 그렇지 못할 경우, 중력이 가중되면서 순환은 더더욱 불가능해진다. 소유와 집착으로 귀결되는 건 더 말할 나위도 없다. 고로, 강밀도가 청정해야 자유로운 행보가 가능한 것이다.

청정하다는 건 잉여가 없는 것. 말과 행동, 명분과 실상, 형식과 내용 사이의 간극이 없는 것, 이것이 강밀도를 결정한다. 발산해야 할 때와 수렴해야 할 때 그 리듬을 조율하는 힘이 바로 자율성이다. 자율성이란 주체와 외부 사이의 관계를 온전히 통찰하면서 그 현장에 개입할 수 있는 힘을 말한다. 인생과 우주, 그 '사이'의 공간이 열리는 것도 그 속에서다. 원칙은 간단하다 — 리듬을 타고 강밀도를 높여라!

음양오행 혹은 매트릭스

이 리듬과 강밀도의 원리를 체계화한 것이 바로 음양오행이다. 음양오행은 존재와 우주를 관통하는 이치다. 태초에 기氣가 있었다! 우주를 구성하는 가장 원초적 요소는 기다. 기가 음양으로 나뉘고 음양이 다시 목화토금수 다섯 개의 스텝으로 분화되었다. 음양을 해와 달로, 오행을 다섯 개의 별로 생각해도 무방하다. 이것이 펼치는 상생/상극의 흐름이 계절을 만들고 만물을 만들고 오장육부를 만들고 칠정七情의 회로를 만든다. 예를 들면, 사람의 몸에는 태어나는 순간 우주적 기운이 프린트된다. 물론 모두가 태과불급太過不及의 상태다. 온전하게 모든 오행을 구유한 '음양화평지인'陰陽和平之人은 드물기도 하고 일단 이 세상에 태어날 자격(^^)이 없다. 이 우주 자체가 얼마쯤은 일그러진 타원형이기 때문이다. 예컨대, 지구는 23.5도 기울어져 있고, 같은 이치로 사람의 몸도 심장과 신장 사이는 일직선이 아니다. 이 어긋남과 간극 자체가 탄생의 동력이다. 따라서 태어나려면 일단은 음양파탄지인이어야 한다.^^ 아파야 산다는 원리도 비슷한 맥락이다. 문제는 어떻게 파탄이 났는가를 아는 것이다. 파탄의 방향과 각도, 스타일과 형태는 다 다를 것이므로. 따라서 음양오행이라는 인식의 프레임으로 생리와 병리에 접근하면 의학이 된다. 사주 구성에 따라 어떤 병을 어떻게 앓게 될지 그 경로를 대략적으로 파악할 수 있다. 운명과 사건에 접근하면 역학이 된다. 어떤 방식과 리듬으로 인생을 살아가게 될지 그 윤곽을 스케치할 수 있다. 산다는 건 관계와 활동이다. 어떤 관계를 맺을지, 또 어떤 활동을 펼치게 될지를 추론할 수 있다. 고로, 의와 역은 하나다. 음양오행론을 '의역학'醫易學이라고 부르는 이유가 여기에 있다.

의역학은 흔히 쓰는 말로는 도교에 해당한다. 동양사상의 또 다른 원천인 유교와 불교 역시 우주론은 동일하다. 주자가 집대성한 '북송오자'의 철학에는 장재의 기철학과 소강절의 역학°이 포함되어 있다. 주자 역시 『주역』을 깊이 음미했고 수시로 점을 치기도 했다. 불교 역시 사람의 몸을 '지수화풍' 사대四大의 이합집산으로 보고, 그 연기법을 집중적으로 탐색해 왔다.

> 역학은 어느 한 종교에 부속되는 것이 아니라네. 특별히 공자가 『주역』을 많이 공부하여 그 원리를 도덕적인 면에서 강조하였을 뿐이지. 공자뿐만 아니라 유·불·선이 다 역학 원리를 응용한 것이네. 주역은 대략 5,000여 년 전 하도와 낙서라는 천출적天出的인 원리를 토대로 하여 우주 창조의 근본 원리와 삼라만상이 변화생멸하는 현묘한 진리를 논리적, 수리적, 또는 추상적으로 이야기한 자연과학적 철학이네.(한규성, 『역학원리강화』, 예문지, 1997, 25~27쪽)

이런 점에서 보면 동양사상만큼 유물론적이고 무신론적인 것도 없다. 이 매트릭스하에선 초월적인 인격신이 들어설 자리가 없다. 또 인간의 존재 자체가 자연이라는 내재적 평면을 떠난 적이 없다. 하긴 유물론이나 무신론이라는 말도 부적절하다. 물질과 정신, 인간과 자연, 혹은 삶과 죽음 '사이'를 구획하는 경계 자체가 없기 때문이다. 본성과 이치, 마음과 우주를 나누는 경계도 없다. 하여, 이 매트릭스에선 누구든 존재와 우주에 대한 비전탐구를 할 수밖에 없다. 모든 존재로 하여금 자

○ **소강절(邵康節, 1011~1077)** 북송 시대의 유학자이자 시인. 도교 연단술에 운용되던 선천도(先天圖)를 재해석해 '선천역학'이라는 역학의 새로운 해석체계를 세운 인물이다. '가일배법'(加一倍法)이라는 원리를 기본으로 하여 두 배(2n)로 분화되는 것이 가장 자연스러운 만물생성의 이치라는 주장을 내세웠다. 이 이론에 따르면 예지력은 초월적 능력이라기보다, 숫자와 숫자에 연결된 이치를 통해 합리적이고 객관적으로 사물을 관찰한 결과다.

신의 구원을 스스로 사유하고 연마하도록 요구하는 '앎의 체계', 그것이 곧 의역학이다. '살아 있는 모든 존재는 우주와의 합일을 이룰 수 있다'는 것이 의역학의 대전제다. 고매한, 너무나 고매한! 그래서 너무 고원하다고? 하지만 그 속에는 대반전이 숨어 있다. 이 고매한 앎은 지독히도 실용적이라는 사실이 그것이다. 『주역』을 예로 들어 보자. 『주역』 64괘는 우주의 모든 현상과 이치를 부호로 표시한 것이다. 하지만 그것은 철저히 실용적인 목적을 위해 탄생된 학문이기도 하다. 오늘 사냥을 나갈 것인가, 말 것인가? 전쟁을 할 것인가, 말 것인가? 왕이 지녀야 할 규범은 무엇인가? 또 인생은 왜 이토록 괴로운가? 어떻게 하면 이 괴로움에서 벗어날 것인가? 이 모든 것을 자연법에서 찾아내고자 했다. 이보다 실용적이고 구체적일 순 없다.

하지만 언급한 바와 같이, 근대 과학의 도래와 함께 이 학문들은 졸지에 추상적이고 모호하며 미신적인 것으로 전락해 버렸다. 근대 과학은 '명석'Clear하고 '판명'Distinct하다. 명석판명해지려면 단일한 요소로 절단·환원되고, 이분법의 도식화를 고수해야 한다. 그런 기준으로 보면 음양오행은 명쾌하지 않다. 끊임없이 변전하기 때문이다. 오행은 어느 한 지점에 머물러 있지 않는다. 정형화된 도식도 불가능하다. 적대적 대립이 아닌 '대대'待對를 구성하기 때문이다. 대대란 음양오행의 전변

轉變의 원리다. 음과 양은 서로 맞서지만 서로를 안에 품고 있다. 음 안에 양이 있고, 양 속에 음이 있다. 불을 품고 있어야 물이 힘차게 흘러갈 수 있고, 물을 안에 간직하고 있어야 불이 장엄하게 타오를 수 있다. 또 음이 극한 상태에 이르면 양이 되고, 그 반대도 마찬가지다. 상생인가 싶으면 상극이고, 상극이 있어야 상생이 가능하다. 일직선적인 목표나 방향도 없다. 목화토금수 다섯 개의 마디가 연출하는 원운동이 있을 뿐이고 64괘의 변화상이 있을 뿐이다. 그래서 코에 걸면 코걸이, 귀에 걸면 귀걸이라는 비판을 듣는다. 맞는 소리다. 음과 양 혹은 오행이라는 다섯 개의 코드로 천변만화를 표현하고 있으니 당연한 거 아닌가. 하지만 지금 디지털 문화도 0과 1로 천태만상을 조작하고 있지 않은가. 그러므로 이런 담론적 배치하에선 고도의 복잡한 공식이 아니라 만상을 관통하는 운용원리를 터득하는 것이 핵심이다. 어떻게 '절단, 채취'하느냐에 따라 전혀 다른 양상이 펼쳐질 터이니 말이다. 인생도, 사회도, 우주도.

그렇기 때문에 그 원리를 익히는 방법도 아주 가까이 있다. 먼저 계절의 변화를 보라. 봄(목)·여름(화)·가을(금)·겨울(수), 그리고 각 사이에 들어 있는 환절기(토). 이것이 오행의 걸음이다. 우리가 사는 태양계는 이 다섯 걸음을 쉬지 않고 반복해 왔다. 낳고 또 낳는 원동력도 거기에 있다. 그렇다면 우리네 인생도 그러할 터, 생로병사의 마디가 바로 그렇다. 청춘(목)은 봄이고 중년(화)은 여름, 폐경 이후(금)는 가을, 육십대 이후(수)는 겨울이다. 각각의 마디를 넘는 시기에 토土 기운이 작용한다. 잘 산다는 건 이 과정을 다 제대로 밟는다는 뜻이다. 청춘은 청춘답게, 중년은 중년답게, 노년은 노년답게…. 고대 인도에서는 바로 이런 원리에 맞춰 인생주기를 설정했다. 학습기/가주기/임서기/유행기가 그것이다. 학습기는 봄이다. 배우고 익히는 청년기를 뜻한다. 가주기家住期는 사랑과 결혼, 가족과 직업을 일구는 중년의 삶이다. 물질적이고 형식적인 것을 번성케 하는 여름에 해당한다. 임서기林棲期는 숲에서 명상을 하는 기간, 곧 가을이다. 자식은 이미 자랐고, 사랑의 폭풍은 잦아들었으며, 직업에서의 성취도 한 마디를 지났다. 이젠 후반의 생 혹은 죽음을 위한 깊은 사색에 들어가야 한다. 그래서 숲으로 들어가 존재와 우주를 통찰하는 시간을 보내는 것이다. 마지막으로 유행기遊行期는 만행기卍行期라고도 하는데 표표히 천하를 떠돌며 지혜를 나누어 주는 시기이다. '나'라는 존재가 하나의 씨앗이 되어 세상에 뿌려지는 시절, 곧 겨울이다. 그야말로 인생과 자연이 고스란히 겹쳐지는 생의 주기다.

그러므로 음양오행론의 틀에서는 미시와 거시의 구분도 무의미하다. 좁쌀 한 톨에 수미산이 있고, 세포 하나에 우주의 정보가 다 들어 있다. 따라서 다음으로 자신과 주변 사람들의 삶을 클로즈업 해보라. 계절과 인생이 이런 단계를 밟는다면 미시의 세계 역시 그러하다. 친구관계도, 애정도, 돈도, 권력도 다 이 스텝을 밟아 간다. 이 단계를 차근차근 밟아 가면 자연스럽다고 하지만 갑자기 도약을 하거나 미끄러지면 위태롭다고 한다. 자연스럽지 않기 때문이다. 천재란 이 차서를 건너뛴 존재다. 그래서 질투와 시기의 대상이 되는 건 불가피하다. 극복하려면 남들보다 몇 배 더 겸손해야 한다. 그것이 자연의 이치다.

자본주의는 기본적으로 이 차서를 어그러뜨리는 체제이다. 순환과 비움이 아니라, 소유와 증식만이 목적이기 때문이다. 가난할 때는 돈을 벌기 위해 노력해야 한다. 돈을 버는 행위 자체가 자기에 대한 존중감이자 타인에 대한 배려이기 때문이다. 하지만 부자가 된 다음에, 먹고살 만해진 다음에도 계속 부를 증식하고자 한다면 그건 바보거나 광인이다. 자연스럽지가 않기 때문이다. 조선시대에는 부를 일구고 나면 선비를 기르기 위해 삼대가 적선을 했다고 한다. 이것이 바로 자연의 지혜다. 뒤에서 배울 터이지만 재성(재물운)이 관성(관운)과 인성(명예와 공부운)으로 순환하는 길을 찾는 것이다. 물질적 풍요는 반드시 정신의 가치와 함께가야 한다는 걸, 그래야 쉬임 없이 만물을 낳을 수 있다는 걸 터득했던 셈이다. "태양은 조건 없이 베푼다"(조르주 바타유) 혹은 "베푸는 것은 하느님과 같은 일이고/쌓아 두는 것은 지옥이라네"(비노바 바베) 등의 경구도 같은 이치의 소산이다. 하지만 지금 우리 시대의 지식인이나 중산층

가운데 이런 삶의 기술을 실천하는 경우는 거의 드물다. '노블레스 오블리주'를 구호처럼 외쳐 대지만 근본적인 차원의 '증여본능'을 일깨우진 못한다. 아니, 증여가 원초적 본능이자 표현이라는 것을 생각조차 하지 못하리라. 그것은 무엇보다 자기 안에 있는 자연 혹은 우주를 억압하는 행위다. 그것을 일러 '탐진치'貪瞋癡(욕심, 성냄, 어리석음)라고 한다. 모든 번뇌의 원천이 바로 이 세 가지 욕망이다. 이 욕망들의 특징은 순환을 거부한다는 것. 특히 재성(재물운)에 붙들린 채 '관인상생'의 길을 스스로 포기해 버린다는 것에 있다.

음양오행이란 인생과 사회, 그리고 우주의 이치를 하나로 관통하는 앎의 체계다. 『주역』「계사전 상上」에 "역은 하늘과 땅에 준한다. 그러므로 천지의 도를 망라한다. 우러러서는 천문을 보고 굽어서는 땅의 이치를 살핀다. 그러므로 유명의 근원을 안다. 시초를 찾아서 종말로 돌아온다. 그러므로 죽고 사는 이치를 안다". 그러므로 "심법과 천법이 다르지 않고 천법과 자연법이 다르지 않으며, 자연법과 창조법이 다르지 않"다.

> 우주를 알고 사람을 알면 자연히 그 운동 변화의 법칙을 알게 될 것 아니겠는가? 미래를 알려는 생각보다 먼저 자신을 알려고 해야 하네. 자기를 모르는 사람이 무엇을 안다고 하는 그 방법이란 꿈과 같은 일시적인 정신 현상일 뿐이네.(한

규성, 『역학원리강화』, 27쪽)

그럼에도 현대인들은 문명의 폭주 속에서 나를 잃어버렸다. 나에게로 가는 길을 잃어버렸다고 해야 맞으려나. 감정, 자의식, 스펙, 대체 무엇이 '나'인가? 그 어떤 것도 허망할 따름이다. 그래서 괴롭고 아프다. "거기엔 그럴 만한 이유가 있다. 우리는 일찍이 자신에 대해서 탐구해 본 적이 없었다. (……) 우리는 필연적으로 우리들 자신에게 있어 이방인인 것이다. 우리는 우리 자신을 이해하지 못하며, 오해하고 혼동할 수밖에 없다. 우리 자신에 대해서 '모든 사람은 자기 자신에 대해 가장 먼 존재'이다."(프리드리히 니체, 「서문」, 『도덕의 계보』, 청하, 1982, 21~22쪽) 결국 자신과의 소외는 자연에 대한 무지와 맞물려 있는 셈이다.

자연에 사계절이 있듯이 삶에도 생로병사가 있다. 고로, 나를 아는 것이 곧 우주의 이치를 아는 것이다. 이렇듯 인생과 우주, 미시와 거시가 중첩·교차되다 보니 음양오행이라는 매트릭스 안에는 '앎들의 향연'이 펼쳐진다. 풍수지리와 관상, 의학과 사주명리, 기문둔갑과 매화역수 등등. 특히 동양의학을 하려면 관상과 사주명리는 필수적이다. 이 둘은 몸에 대한 정보를 가장 잘 표현해 주는 체계이기 때문이다. 사주명리는 생년월일시를 가지고 평생의 운을 읽어 내는 것이고 관상은 얼굴에 드러나 있는 운명의 지도를 읽어 내는 것이다. 오장육부의 기운적 배치는 반드시 얼굴에 드러나고 그 얼굴에 드러난 기운에 따라 일생의 리듬을 밟아 간다는 것이 기본원리다. 그런 점에서 얼굴, 곧 안면성은 존재에 대한 최고의 표현형식이자 우주의 비의가 숨겨진 최상의 텍스트다. "사주는 시간적 관찰이고 관상은 공간적 관찰이라 할 수 있다. 사주가 관상이고 관상이 사주이다. 이는 사주에 나타난 오행의 구성 내용이 관상에 그대로 나타나며 운의 변화에 따라 얼굴의 변화도 나타난다는 의미이다."(노상진, 『돈 많은 얼굴 건강한 얼굴』, 포커스, 2010) 그런 점에서 우리 시대를 휩쓸고 있는 성형술은 실로 미친 짓이다! 얼굴을 소외시키고, 얼굴과 존재의 간극을 더더욱 벌어지게 할 터이니 말이다. 성형천국, 마음지옥!

보통 '점'이라고 할 때는 이렇게 긴 호흡을 보는 게 아니라 사건을 중심으로 보는 것이다. 즉 사업에 투자하거나 시합에 나가거나 이사를 하거나, 아주 구체적인 사건을 놓고 산통을 흔들어서 『주역』의 괘를 뽑아 보는 것이다. 사건과 운명은 서로 연결되어 있지만 일단은 무관하다. 사건에서 길하다고 해서 인생이 잘 풀리는 건 아니다. 오히려 지금 이 사건은 안 풀려도 명이 좋으면 이 보 전진을 위한 일 보 후퇴가 될 수 있기 때문이다. 우리가 보통 '주역'이라고 할 때는 바로 이 사건 위주의 점복을 말한다. 『주역』의 64괘는 점복술의 원천이자 정전이다.

하지만 『주역』을 통해서 사주명리를 터득하려고 하면 아마 '오만 년'(^^;)은 걸릴 것이다. 계보학적으로 보면, 『주역』의 우주론을 바탕으로 하되 명리학은 명리학대로 별도로 발전해 왔다. 명리학命理學은 말 그대로 명의 이치를 탐구하는 학문이다. 사건 중심이 아니라 인생 전체의 지도를 보는 것임을 환기할 필요가 있다.

아, 이 대목에서 꼭 짚고 넘어가야 할 것이 무속과의 혼동이다. 미리 말하지만, 무속인의 '영빨'은 사주명리학과는 일단 무관하다. 소위 영적 능력이란 외부에서 일방적으로 주어지는 것이라 무속인 자신이 통제할 수 있는 바가 아니다. 물론 그렇기 때문에 상당한 신통력이 있기도 하다. 하지만 그것은 운명의 비전과는 아무런 연관성이 없다. 그저 남들이 보지 못하는 현상들을 미리 보는 것뿐이다.(그래서 뭐 어쩌라구?) 더 중요한 건 그 영빨에도 유통기한이 있다는 것. 때문에 초기엔 놀라운 능력을 발휘하지만 상승무드가 꺾이면 그때부터 헛다리를 짚기 시작한다. 그렇게 무리수를 감행하다 보면 졸지에 사기꾼으로 몰려 사회적 물의를 일으키기도 한다. 물론 무속인의 영적 능력과 의역학의 원리가 만나면 아주 탁월한 지혜가 될 수 있고, 그런 경우도 더러 있을 것이다. 하지만 그런 케이스는 참으로 드물다. 보통은 영감이 생기면 그때부터 그 능력에 탐착하게 된다. 그런 점에서 무속과 명리학은 가까운 듯 먼 사이라 할 수 있다. 요컨대 명리학은 결코 기이한 현상이나 심리적 도약을 통해 미래를 예언하는 따위의 술수가 아니다. 음양오행이라는 개념적 도구를 통해 인생의 우주적 비전을 탐구하는 '앎의 체계'라 할 수 있다.

굴드는 말했다. 과학이란 "자료와 편견 사이의 대화"라고. 과학이 이럴진대 운명학은 말할 나위도 없다. 음양오행은 하나의 매트릭스다. 음양오행을 터득하면 세상만사가 다 보일 것 같지만 실상은 그렇지 않다. 딱! 자기의 내공만큼만 볼 수 있다. 또 그만큼만 삶의 현장에 개입할 수 있다. 거꾸로 말하면, 개입할 수 있는 그만큼이 곧 운이고 명이다. 그래서 꼭 도사가 되거나 심령술사가 될 필요도 없다. 문제는 용법이고 발심이다. 내 운명을 우주적 인드라망 속에서 보겠다고 하는. 그 명을 오로지 나의 힘으로 운전해 보겠다고 하는.

혁명과 '구도'는 어떻게 조우하는가?

1997년 이후 제도권 바깥에서 공동체 생활을 해왔다. 처음엔 분과, 학벌, 지위, 성별 등을 벗어나면 모든 것이 가능해질 줄 알았다. 지식의 횡단, 자유롭고 수평적인 연대, 새로운 주체의 탄생 등등. 하지만 오산이었다. 분과를 넘고 학벌, 지위, 기타 등등 사회적 코드를 넘어섰지만 다양성과 자율성은 확보되지 않았다. 사람들은 놀라울 정도로 기존의 가치를 고수했고, 끔찍할 만큼 타율적이었다. 그래서 여차하면 학벌, 자본, 가족의 품으로 되돌아갔다. 말과 글로는 자유와 횡단을 말하지만 일상은 구속과 억압을 열망하고 있었다. 에리히 프롬이 말한바, "자유로부터의 도피"가 바로 이런 것일 터. 그때 건져 올린 화두가 바로 '몸'이었다. 아는 것과 사는 것 사이의 그 엄청난 간극은 세계관이나 이념의 문제가 아니라 몸의 문제였다. 구체적으로는 몸 안에 새겨진 습속의 리듬. 학습과 이론의 힘에 비하면 그것은 실로 엄청난 중력장이었다. 그것을 외면한 채 새로운 삶과 혁명을 꿈꾼다는 건 어불성설이었다.

다른 한편, 외부인들의 통념도 문제였다. 공동체의 명성이 높아질수록 방문객들이 늘었고, 대부분은 한결같이 엄청난 환상을 품고 찾아왔다. 그리고 요구했다. 공동체의 전폭적인 환대와 서비스를. 타이밍이 맞아 환대가 잘 이루어지면 더욱더 환상의 지수는 높아졌고, 그렇지 못하면 실망과 환멸을 안고 돌아갔다. 가장 황당했던 건 한 일본인 중년남성의 방문이었다. 연구실에 관한 책이 일본에서 출간된 적이 있었는데, 그걸 보고 무작정 비행기를 타고 온 것이다. 그러고는 다짜고짜 책에 쓰여진 대로 해달라고 요구했다. 뭔가 함께하는 과정을 일체 생략한 채로 공동체의 환대를 요구하는 이런 사고법을 대체 뭐라고 해야 할지… 난감했다. 아주 극단적인 예지만 다른 많은 이들 역시 각기 자기 나름의 환상을 품고 공동체를 찾아온다. 함께 공부를 한다는 것이 어떤 의미인지를 조금도 생각하지 않는 것이다. 이런 식으로야 공동체가 아무리 번성한다 한들 그게 무슨 의미가 있을까? 그렇게 해서 바꿀 수 있는 것이 대체 있기나 한 것일까?

서양철학을 중심으로 하던 사유에서 '유불도'儒佛道의 스승들과 다시 접속하게 된 건 이런 연유에서다. 공동체는 몸과 우주를 하나로 엮는 운명론적 지혜가 반드시 필요하다. 그게 꼭 음양오행이 아니어도 상관없다. 연원이 무엇이건 운명의 비전에 대한 탐구 없이는 공동체적 유대 자체가 불가능하다. 타자 혹은 소수자와의 연대도 공허하기만 하다. 고작해야 두번째 마디 정도까지만 가능하다. 권력에 저항하고 분노를 일으키는 단계, 곧 목기木氣가 성하는 단계까지다. 목기를 넘어가면 그때부터 내공이 달리기 시작한다. 많은 단체들이 3년의 마디를 넘지 못하는 이유를 이제는 알 것 같다. 마음을 바꾸지 않고 세상을 바꾼다는 것의 무모함, 아니 무의미함에 대해서도.

그런 깨달음과 동시에 몇 가지 질문들이 우후죽순처럼 자라나기 시작했다. 동양의 사상은 하나같이 마음의 혁명, 곧 구도求道를 설파한다. 도란 무엇인가? 마음과 우주가 하나임을 깨달아 존재를 완벽하게 탈바꿈하는 것이다. 이보다 더 파격적이고 전복적인 사유가 어디 있으랴. 그런데 왜 그것은 역사를 뒤엎고 사회를 바꾸는 혁명의 이념과 만나지 못하는가? 만나기는커녕 오히려 서로를 배척하는 관계가 되어 버렸는가? 특히 불교만큼 전복적인 사유는 없다. 어떤 혁명도, 유목주의도 불교 앞에선 부처님 손바닥이다.(헉!) 불교는 이미 2,500년 전에 제국과 소유와 가족의 가치를 벗어나는 존재의 대혁명을 시도한 바 있다. 따라서 자본과 국가, 가족주의의 영토를 벗어나려면 불교적 수행이 반드시 수반되어야 한다. 그런데 왜 불교는 혁명의 담론과 저토록 '멀리' 있는가? 불교의 수행과 혁명의 전복성은 왜 평행선 위를 질주하는가? 그래서 결국 수행을 위해서는 혁명을 포기해야 하고, 혁명을 위해선 수행을 버리는 신파적(^^;) 역설이 연출된다. 유교나 도교의 위상 또한 이와 다르지 않다. 앞에서도 말했듯이, 특히 명리학을 포함한 역학은 부와 권력의 재생산을 위한 것인 양 오인되고 있다. 자연이 부귀를 편애하는가? 결코 그렇지 않다! 우주적 차원에서 보자면 부와 권력은 한 줌의 잿더미와 다를 바가 없다. 이보다 더 전위적인 해체주의는 없다. 문제는 이런 해체와 전복의 잠재력이 원천봉쇄되고 있다는 점이다. 물론 이 또한 근대적 배치의 소산이다. 자연과 역사, 개인과 사회, 실존적 자유와 역사적 해방 등등, 모더니즘은 이런 식의 양분법을 창안해 냈고, 그와 더불어 혁명과 구도는 양극단으로 물러나게 된 것이다. 우리가 넘어서야 할 이분법, 그 최후의 장벽이 바로 이것이리라.

사회를 바꾸는 활동과 소수자를 위한 운동은 아주 종종 헌신과 희생으로 귀결되곤 한다. 혁명을 위해 자신을 내팽개치는 역설이 발생하는 것이다. 하지만, 그것이 과연 혁명인가? 내가 나를 구원하지 못하는 혁명이 대체 누구를 구할 수 있단 말인가? 공적으로 표방하는 명분과 내밀한 욕망 사이의 이중 플

레이를 벗어나지 못하면서 아무리 혁명을 외친들 그게 무슨 의미가 있는가? 나의 욕망은 곧 사회적 인과의 결과물이다. 나의 질병은 곧 시대적 징후의 산물이다. 나의 욕망, 나의 질병을 탐구하고 해명할 수 있을 때 비로소 타자들에게 그것을 전파하고 순환시킬 수 있다. 사람이 할 수 있는 일은 오직 그것뿐이다. 한꺼번에 다수의 삶을 혁명적으로 바꾸고 싶다는 발상은 그 자체로 형용모순이다. 그것은 이미 그 안에 사람들을 도구화하고 자기를 소외시키는 욕망이 꿈틀거리기 때문이다. 사람은 오직 자신만을 구할 수 있을 뿐이다. 너무 협소하다고? 그렇지 않다! 어떤 개인도 홀로 존재할 수 없다. 그의 존재성 자체가 사회적, 우주적 인연의 산물이다.

그러므로 관계의 배치를 바꾸지 않는 구원이란 있을 수 없다. 구원이란 무엇인가? 한마디로 말하면, 운명에 대한 사랑이다. 어떤 조건, 어떤 열악한 상황에 있더라도 자신에 대한 존중감을 버리지 않을 때, 자신을 '있는 그대로' 온전히 받아들일 수 있다면 그보다 더한 저항과 투쟁이 있겠는가. 어떤 권력이나 자본도 그런 존재를 회유하거나 훼손시킬 수 없다. 그러므로 '운명애'야말로 구원과 혁명의 원천이라 할 수 있다. 구도의 열정과 혁명적 분노가 함께 갈 수 있는 길! 그렇다면, 운명을 사랑하는 힘으로 세상을 바꾸는 흐름에 참여할 수 있을 때, 그것이 곧 혁명이 아닐까. 거꾸로 혁명에 대한 열정이 있다면 자신의 운명을 사랑할 수 있어야 한다. 세상을 바꾸려는 투지로 불타는 사람이 자신에 대한 긍지와 존중감이 없다면 그건 '비슷하지만 가짜'似而非다.

혁명과 운명애, 변혁과 영성靈性, 평행선처럼 달려온 이 두 쌍을 음양오행이라는 매트릭스 안에서 조우하게 하는 것이 이 공부의 목표다. 음양오행에는 안팎이 없다. 내가 곧 우주고 자연이 곧 나의 연장이다. 그야말로 '내재적 평면'이다. 개인과 사회, 공적인 것과 사적인 것, 공공연한 것과 은밀한 것이 나누어지지 않는다. 따라서 무의식보다 더 깊은 심연까지 다 탐구의 대상이자 혁명의 과정이다. 아니, 혁명이란 존재의 심연에 대한 탐사, 그리고 그것을 통한 대자유에의 여정에 다름 아니다. 하여, 이 매트릭스는 우주로 통하지만 그것은 곧 '나에게로 가는' 길이기도 하다. 고로, 몸과 우주, 그리고 운명은 하나다!

* * *

다음은 이 장의 주제와 상통하는 내용의 칼럼이다. 인간과 자연, 혁명과 일상, 존재와 우주 등 그동안 각개약진을 해왔던 항목들이 어떻게 마주치고 있는지, 어떻게 마주쳐야 하는지를 생각할 수 있는 단서가 되기를.

쓰나미가 들려준 '나우시카'의 노래

거대 문명이 붕괴하고 천 년의 세월이 지난 후, 지구는 황폐해진 대지와 썩은 바다로 뒤덮인다. 설상가상으로 '부해'라고 불리는, 독기를 내뿜는 균류의 숲이 확장되면서 사람들은 마스크 없이는 단 5분도 견딜 수 없는 처지가 되었다. 짐작하시겠지만, 일본이 낳은 세계적인 걸작 애니메이션 〈바람계곡의 나우시카〉의 배경이다. 2011년 3월 내내, 나는 마치 나우시카를 다시 보는 듯한 환각에 빠지곤 했다. 검푸른 물결이 무지막지한 속도로 밀려오면서 자동차며 선박, 빌딩과 고속도로가 순식간에 뒤집혔다. 그 장면은 마치 〈바람계곡의 나우시카〉에 나오는 오무대군의 질주와 너무나 흡사했다. 오무는 눈이 열네 개나 되는 거대한 몸집의 등각류로 독성의 포자를 실어 나르는 생물이다. 이 대군이 휩쓸고 지나가면 사방은 삽시간에 죽음의 땅이 되어 버린다. 영화에선 이 오무떼들을 다 태워 버리기 위해 지하 깊이 잠들어 있는 불의 악령 거신병을 불러낸다. 맙소사! 이런 기막힌 우연의 일치라니. 쓰나미가 휩쓸고 지나가자 후쿠시마 원전이 폭발하면서 방사성 물질들이 세상 밖으로 흘러 나온 것이다. 대기 중으로, 또 바닷속으로. 아, 그렇다면 우리는 이미 바람계곡에 살고 있었던 것인가? 아니면, 천 년 뒤의 그 미래가 이제 막 시작된 것인가?

영화에서 오무떼가 그랬던 것처럼 진정 두려웠던 건 쓰나미가 아니었다. 공포의 원천은 자연의 소리를 외면하고 오직 문명을 구축하는 데만 골몰했던 인간의 탐욕이었다. 그리고 그 탐욕의 뿌리에는 '지독한 무지'가 똬리를 틀고 있었다. 빌딩을 올리고 고속도로를 만드는 기술은 그토록 민첩하면서 재난에 빠진 사람들을 구하고 돕는 일에는 어찌 그리도 더디고 어설프단 말인가. 방사성 물질을 추출하는 데는 첨단의 기술력을 자랑하면서 그것이 불러올 재앙에 대비하는 시스템은 어찌 그리도 원시적일 수 있단 말인가. 천안함 침몰 때, 또 구제역 바이러스 때 충분히 확인했듯이 문명이란 빼앗고 파괴하는 일에는 신의 능력을 압도하지만, 살리고 구원하는 일에는 원시인들보다도 미력했던 것이다. 세계 최고의 재난대비국가인 일본이 이럴진대 다른 나라의 경우야 말할 나위가 있으랴. 그러므로 이건 일본 열도의 문제만이 아니다. 지진과 해일에 국경이 있는가? 플루토늄과 세슘에 국적이 있는가? 그것은 바람이고 공기고 물이다. 말하자면 그 자체로 '전 지구적'이다. 하여, 역설적이게도 이번 재난은 인간이 무엇인지를 리얼하게 보여 주었다. 인간은 지구의 주인이 아니라 다만 일부에 불과할 뿐이라는 것, 우리의 몸 또한 탄소, 수소, 질소 같은 원소들의 집합체에 불과하다는 것. 인간의 생물학적 위상, 물리학적 좌표를 이보다 더 확연히 보여 줄 수 있을까.

이제 우리가 해야 할 일은 우리의 마음을 지배하고 있는 무수한 경계들을 해체하는 것이다. 자연의 침묵을 전제로 인간의 독주를 가능케 했던 모든 표상의 격자들, 나아가 보이는 것과 보이지 않는 것 혹은 삶과 죽음 사이의 견고한 철책을 거두고 새로운 에콜로지의 지혜를 터득해야 할 때다. 저 바람계곡의 사람들이 그랬던 것처럼. "그 사람 푸른 옷을 입고 황금의 들판에 설지니/그때 잃어버린 대지와의 끈을 다시 맺고서/저 푸른 청정의 세계로 우리를 인도하리라." 눈 먼 할머니의 입을 통해 전해지는 이 예언의 주인공이 바로 나우시카다. 징그럽기 짝이 없는 오무떼들에게 진심으로 마음을 열고 바람을 가르며 하늘을 나는 용감무쌍한 소녀, 나우시카! 그녀는 죽음을 향해 질주하는 오무대군과 거신병을 통해 천하를 지배하려는 제국의 군대 사이를 누비며 존재와 세계의 '절대적 상생'을 온몸으로 증언한다. 이제 우리에게도 이런 노래가 필요한 것이 아닐까. 문명과 자연, 바이러스와 인간, 방사능과 생물, 이 적대적 이분법을 가로지르는 '에코소피아'ecosophia를 향한 대서사시가.(『경향신문』, 2011년 3월 28일)

2부

사주와 팔자:
8개의 '카드'에 담긴 비밀

"올해(2012)가 무슨 해죠?"

"임진년이요!"

"임진년이 무슨 띠예요?"

"흑룡띠!"

"근데 왜 흑룡이죠?"

"……???"

최근 『동의보감』 관련 강연을 할 기회가 많아졌다. 『동의보감』이 '몸과 우주, 그리고 삶의 비전탐구서'라는 내용을 말하다 보면 자연스레 올해의 간지에 대한 이야기로 이어진다. 그러면 위와 같은 식의 대화가 반복되곤 한다. 사람들의 상식은 띠

(용), 그리고 간지(임진壬辰)의 명칭까지가 전부다. 자축인묘진사오미신유술해子丑寅卯辰巳午未申酉戌亥—12지지의 동물에 대해선 비교적 잘 아는 편이다. 그런데 왜 흑룡인가?를 물으면 깜깜하다. 그걸 결정하는 것이 바로 천간이다. 그런데 천간의 속성에 대해선 대체로 무관심하다. 왜 그럴까? 참 쉬운 건데….

천간은 갑을병정무기경신임계甲乙丙丁戊己庚辛壬癸를 말한다. 이 중에서 2012년의 천간은 '임'壬이다. 임은 목화토금수에서 수, 곧 물이다. 물 중에서 바닷물에 해당한다. 물은 생명의 근원이다. 다큐멘터리 〈남극의 눈물〉을 보면 물이 생명의 원천임을 사무치게 깨닫게 된다. 영하 5,60도의 혹독한 추위와 무시로 휘몰아치는 눈폭풍에도 불구하고 남극은 뭇 생명들의 모태이자 귀환처다. 물은 본디 그렇게 차다. 극도로 응축되는 기운이기 때문이다. 계절로는 겨울, 색깔로 표현하면 검은색이다. 거대한 파도를 일으키며 솟아오르는 용의 기세, 그것이 바로 임진이라는 간지의 형상이다. 이 간단한 이치만 알아도 임진년의 운기 혹은 운세에 대해 많은 것을 추론할 수 있다.

그걸 몰라도 사는 데 지장이 없으니 모르고 사는 거 아니냐고? 뭐, 그럴 수도 있다. 그럼 이런 상황은 어떻게 해석해야 하는가? 요즘은 산부인과에서 제왕절개를 하기 전에 역술원 가서 수술 날짜와 시간을 잡아 오라고 한단다. 말하자면 사주팔자를 뽑아 오라고 하는 것이다. 그러면 젊은 부모들은 당황한다. 그래서 이렇게 묻는다. “사주팔자, 그거 믿을 만한 거예요?” 믿자니 꺼림칙하고, 안 믿고 ‘그냥 아무 때나 해주세요’, 이러자니 더 찜찜하고. 그간 현대과학을 우상처럼 떠받들던 병원에서 아예 공개적으로 사주를 뽑아 오라고 하는 것도 어이없긴 하다. 하긴, 이뿐이 아니다. 연애 때도 궁합은 필수요, 결혼할 때는 사주단자를 공식적으로 주고받지 않던가. 정말 인생사 곳곳에 개입하지 않는 대목이 없다. 이쯤 되면 이제 생각을 바꿀 때도 되지 않았을까? 이렇게 늘상 찜찜해하면서 끌려다닐 바에야 직접 배워서 운용하는 게 훨씬 낫지 않은가 말이다.

“밤하늘의 별을 보고 길을 찾아가던 시대는 복되도다!”— 루카치가 『소설의 이론』 첫머리에서 했던 말이다. 우리가 사는 시대는 이 ‘길’이 끊어진 시대다. 통계와 수치가 길을 대신하고 그 길에는 ‘홈’이 깊게 파여 있다. 오직 소유와 증식을 향한 사다리만으로 이어져 옆을 볼 수도 전체를 볼 수도 없다. 하여, 타자의 삶을 대신 살아가고 타자의 욕망을 자신의 것으로 착각한다. 그래서 모두가 불안하다. 이 불안의 늪에서 탈출하는 방법은 아주 간단하다. 밤하늘의 별과 인생의 길을 하나로 이어줄 지도를 찾아내면 된다. 사주명리학이 바로 그것이다.

인생 혹은 팔자

사주명리학의 기본개념은 음/양이다. 음과 양으로 모든 것을 포괄할 수 있다. 음과 양이 함께 있으면 태극이다. 태극기의 가운데 문양이 그것이다. 태극이 음양으로, 음양이 다시 목화토금수로 분화하고 거기에 각각 음양이 붙으면 열 개의 천간天干이 탄생한다. 갑을甲乙(목)/병정丙丁(화)/무기戊己(토)/경신庚辛(금)/임계壬癸(수). 이것이 하늘을 움직이는 기운이다. 하늘과 땅은 서로 상응하지만 동일하지는 않다. 이미 언급했듯이 천지 사이엔 어긋남이 있다. 그래서 땅의 기운인 지지地支는 두 개가 덧붙어 도합 열두 개다. 그럼 오행이 육행이 되었나? 그건 아니다. 오행 중에서 두 개가 늘었을 뿐이다.

다행히도(?) 목화나 금수처럼 자기 개성이 뚜렷한 오행이 아니라 매개와 조화를 담당하는 '토'가 두 개 늘어났다. 부연하면, 목과 화는 발산하고 뻗어 나가는 기운이다. 이게 더 늘어났다면 땅은 폭발하고 말았을 것이다. 반대로 금과 수는 수렴하고 응축하는 기운이다. 이 기운이 더 첨가되었다면 땅은 얼어붙거나 쪼그라들고 말았을 것이다. 토는 목화와 금수를 조정하는 매니저에 해당한다. 그래서 12지지는 '자**축**인묘**진**사오**미**신유**술**해'子**丑**寅卯**辰**巳午**未**申酉**戌**亥다. 강조한 항목이 '토'에 해당한다. 이것을 계절의 순서로 재배열하면 인묘**진**(봄)/사오**미**(여름)/신유**술**(가을)/해자**축**(겨울)이 된다. 결국 계절의 끝, 곧 환절기마다 토土가 끼어 있음을 알 수 있다. 10간과 12지지. 이것들이 결합한 것이 간지干支다.

천간의 첫번째가 '갑', 지지의 첫번째가 '자', 이 둘의 결합인 갑자甲子가 출발점이 된다. 전체의 리듬을 갑자라고 통칭하는 것도 이 때문이다. 천간인 '갑을병정무기경신임계'를 지지인 '자축인묘진사오미신유술해'에 하나씩 대응해 보라. 이런 조합이 등장하게 될 것이다. 갑자/을축/병인/정묘/무진/기사/경오/신미/임신/계유/갑술/을해…. 갑자에서 다시 갑자로 돌아오려면 60년이 소요된다. 만 60세를 '환갑'이라고 하는 건 60갑자를 한 번 돌았다는 의미다. 그래서 '인생은 환갑부터!'라는 말은 그저 듣기 좋은 사탕발림이 아니다. 왜냐하면 그때부터 갑자는 다시 거꾸로 돌아서 처음으로 되돌아오는 순서를 밟기 때문이다(앞의 60갑자가 선천의 흐름이라면 뒤의 60갑자는 후천의 흐름이다. 하여, 『동의보감』에서 말하는 인간의 자연스러운 수명은 120세다. 정신줄 놓고 근근이 연명하는 것이 아니라 맑은 정신으로 건강하게 일하면서 사는 것을 전제로 한 숫자다).

아무튼 이런 간지의 순환을 가지고 한 사람의 인생살이를 풀이하는 것이 사주명리학이다. 사주四柱란 네 개의 간지(생년/월/일/시), 명리란 운명의 이치라는 뜻이다. 네 개의 기둥을 통해 내 운명의 지도를 그린다는 의미인 것. 아주 간단한 내용이지만 그래도 초보자들은 다소 헷갈릴 것이다. 그럴 땐 만세력을 구입해서 그냥 펼쳐 보면 된다. 양력이든 음력이든 상관없다. 만세력은 양력/음력/절기력이 다 표시되어 있기 때문이다. 사실 만세력이 없으면 아무리 도통한 역술가라도 사주팔자를 뽑을 수가 없다. 이 또한 사주명리학이 철저하게 역법에 기반한 학술체계임을 말해 주는 사항이다(물론 만세력은 가까운 서점 어디엘 가도 다 구입할 수 있다.^^ 게다가 요즘은 스마트폰에서도 쉽게 확인할 수 있다. 아래의 큐알코드를 스캔해 보시라).

만세력 사이트들

"아이구, 내 팔자야!", "무슨 팔자가 그렇게 사나워?" 많은 이들에게 상용화된 말 '팔자', 그래서 아주 통속적인 어휘라고 생각하기 쉬우나 사실 이 말은 고도의 전문적이고 지적인(!) 언어다. 네 개의 기둥에 담긴 글자는 모두 여덟 개, 그래서 팔자八字다. 요컨대, 사주팔자란 의역학의 전문용어인 셈이다. 2011년 지금 이 시간(이 원고를 처음 작성할 때)에 태어난 아기를 예로 들어 보자. 2011년은 신묘辛卯년이고 이번 달(5월)은 계사癸巳월이다. 오늘은 을축乙丑일, 시간은 갑신甲申. 그럼 이 녀석의 팔자는 요런 모양이 된다.

	시	일	월	연
천간	甲	乙	癸	辛
지지	申	丑	巳	卯

한자는 오른쪽에서 왼쪽으로 읽는 것이 원칙이다. 신묘, 계사, 을축, 갑신, 이렇게 네 개의 기둥에 신과 묘, 계와 사, 을과 축, 갑과 신 모두 여덟 글자가 된다. 이 아이의 이름을 '곰진'이라 하고, 틈틈이 등장시켜 보자.

그럼 대체 어떤 원리에 의해 이런 도식이 나오게 되었을까? 태아 적엔 엄마와 심장이 연결되어 있어서 단전호흡을 한다. 그런데 엄마 뱃속을 나오면서, 다시 말해 선천에서 후천의 세계로 넘어오는 순간 폐호흡으로 바뀐다. 태어나자마자 처음으로 으앙~ 하고 울음을 터뜨리게 되는데 그때 우주의 기운이 호흡을 통해 아기의 신체에 각인되는 것이다. 한마디로 존재와 우주 사이의 첫번째 마주침, 그 '인증 샷'이라고나 할까. 사주의 기준이 되는 달력은 태양력과 태음력이 결합된 '절기력'이다. 즉, 달의 변화로 날짜를 계산하고 태양의 움직임을 기준으로 절기의 변화를 읽는 방식이다. 하늘에서 태양이 움직이는 길을 황도라고 한다. 황도 360도를 15도씩 나누면 24개의 마디가 생긴다. 24절기가 바로 이 마디에 붙인 이름이다. 절기의 변화에 따라 천지의 기운 혹은 물리적 배치가 달라진다. 그 중에서도 특히 달과 태양, 그리고 지구에 직접적으로 영향을 미치는 다섯 개의 별, 그것이 곧 목성, 화성, 토성, 금성, 수성이다. 이들의 밀고 당기는 역학적 배치가 사주의 구성에 결정적인 역할을 한다고 보는 것이다.

> 탯줄을 자르는 순간에 우주의 기운이 몸으로 들어온다고 본다. 우주의 기운이란 바로 별들의 기운이다. 인간이 별의 영향을 받는다는 전제는 서양 점성술이나 동양의 명리학이나 같다. 점성술이 명리학이다. (……) 우주에는 수많은 별들이 있지만 육안으로 관찰할 수 있는 별들은 태양계 안의 별들이

고, 이를 다시 간추리면 해와 달, 그리고 수화목금토성이다. 사주팔자는 이들 일곱 별의 기운을 어느 정도 받았는가를 표시하고 있는 것이다.(조용헌, 「한국의 역학」, 『한국학의 즐거움』, 휴머니스트, 2011, 363쪽)

요컨대, 아기가 울음을 터뜨리는 순간 후천의 매트릭스 안으로 들어오게 되는데, 사주팔자란 그 입구에서 부과되는 '시크릿 카드'에 해당된다. 모든 존재는 이 여덟 개의 '시크릿 카드'를 가지고 생로병사의 마디를 넘게 된다. 그런 점에서 사주명리학은 일종의 천문학과 생리학의 결합이라 할 수 있다. 서양의 점성술인 열두 별자리 역시 이치는 비슷하다. 추론의 과정과 해석의 체계가 다를 뿐. 천지의 기운은 반드시 존재의 생리와 상응한다. 물론 상응이 곧 상생을 뜻하는 건 아니다. 서로 어울릴 수도 있고, 어깃장이 날 수도 있다.

특히 인간은 오행을 스스로 조율할 수 있는 '신기지물'神氣之物이라고 한다. 예컨대 사람은 손이 없이 태어나도 치열하게 훈련을 하면 발이 손이 하는 모든 활동을 해낸다. 심지어 전신장애인인 경우도 신체의 한 기관을 통해 삶을 충분히 영위할 수 있다. 이것이 바로 신기지물로서의 특이성이다(식물은 자신의 토양을 떠나지 못하는 점에서 기립지물이고, 동물들은 신기지물이지만 오행 가운데 한두 가지를 편향적으로 타고나기 때문에 생존 자체가 환경적 요인에 크게 영향을 받을 수밖에 없다). 따라서 외적 요인에 영향을 받으면서 동시에 그에 대응하는 힘 역시 막강하다. 자연의 영향력을 벗어나 문명을 구축한 토대도 여기에 있다. 하지만, 아무리 문명이 발달한다 한들 존재 자체의 우주적 원천을 벗어나는 건 불가능하다. 우주가 곧 모태고 또 귀향처이기 때문이다.

이것이 인간이 자연에 대하여 상생과 상극을 변주할 수밖에 없는 원리이다. 문명이 진화할수록 천지와 상응하는 지혜와 능력을 키우지 않으면 안 되는 이유이기도 하다. 문명이나 제국, 아주 평범한 개인의 운명도 그 점에서는 마찬가지다. 즉, 모든 존재는 생로병사한다. 곧 목화토금수의 스텝을 밟는다. 어떻게? 각각의 조건과 개성, 기질에 따라. 그 리듬이 곧 사주팔자다. 사주명리학을 믿든 안 믿든 그건 자유다. 더 좋은 이론체계가 있다면 그걸 활용해도 상관없다. 하지만 사주명리학의 토대가 되는, 우리가 살아가는 우주를 움직이는 힘들의 원리가 있고 그것이 곧 각 개체들의 운명에 깊은 영향을 미친다는 이 '앎의 법칙'에는 이론의 여지가 있을 수 없다.

여덟 개 카드 가운데 가장 쉽게 파악할 수 있는 건 온도다.○

○ **불과 물, 마오와 김연아** 김연아는 수기운이, 아사다 마오는 화기운이 두드러진다. 외모상으로도 김연아는 눈매가 강하고 야무지면서 배짱이 두둑한 형상이고, 마오는 귀엽고 외향적이며 그래서 다소 덤벙거린다. 김연아가 검은색과 간결한 패션이 어울리는 데 반해 마오는 레이스가 있는 드레시한 옷이 잘 어울리는 것도 수기운과 화기운의 차이이다.

즉 어떤 계절, 어떤 시간에 태어났는가가 결정적 단서다. 예를 들어 한여름의 정오에 태어난 경우, 몸 안에 불기운이 이글거릴 수밖에 없다. 반대로 한겨울 새벽에 태어난 경우는? 차가운 수기운으로 충만하다. 우리 '곰진'이의 경우 초여름에 태어났으니 아주 심하지는 않지만 기본적으로 '불의 아이'인 셈이다. 이 정도만 가지고도 많은 유추가 가능하다. 불기운이 세면 자신을 외부로 드러내는 기운이 강하고 물기운이 강하면 속으로 갈무리하는 성향이 강하다. 달리 말하면, 전자는 벌여 놓고 뒷수습을 잘 못하는 대신 뒤끝이 없고, 후자는 마무리를 잘하는 편이지만 대신 뒤끝이 길다. 물론 이 사이에 위계나 서열은 없다. 다만 다를 뿐이다.

이건 시작에 불과하다. 이걸 바탕으로 몸의 구조와 생리, 성격과 인생관 등 다양한 항목들이 계열화된다. 그것이 관계를 만들고 사건을 일으키고 인연을 불러온다. 관계와 사건과 인연, 그 접속과 변이—이것이 바로 인생, 아니 팔자다.

존재의 축, 일간(日干)

"나는 누구인가?" 혹은 "누구냐, 넌?" 살다 보면 이런 질문에 종종 부닥친다. 불가에서 널리 쓰이는 대표적 화두 가운데 하나인 "이 뭐꼬?" 역시 '대체 너란 물건은 뭐냐?'라는 물음의 일종이다. 답은 수도 없이 많다. '나는 가수다!' '나는 아바타다!' '나는 바보다!' '나는 식충이다' 아니면 주민번호, 신분, 직업과 주소, 성별, 기타 등등. 좀더 범위를 좁혀 보면 의식과 감정, 무의식 등이 나라는 존재의 정체성을 구성한다. 나의 사유, 나의 신념, 나의 노선… 그런데 이것보다 훨씬 강력한 파워를 지니고 있는 것이 다름 아닌 감정이다. 희로애락의 흐름이 곧 나다. 이것은 신념이나 정치적 노선보다 훨씬 힘이 세다! 그럼 그때그

때 일어나는 감정이 곧 나인가? 그렇다고 말하기엔 좀 거시기하다. 왜냐하면 감정은 변화가 무쌍하기 때문이다. 어제는 이것이 좋았다가 오늘은 저것이 좋고, 작년에는 이 사람에게 끌렸다가 올해는 이 사람에게 끌리고, 오전에는 평화로웠다가 오후엔 짜증이 폭발하고…. 한마디로 변덕이 죽 끓듯 한다. 이 중에서 무엇이 나의 '진정한' 모습인가? 참 헛갈린다.

어디 그뿐이랴. 거의 대부분의 일들이 '나도 모르게' 일어난다. 즉, 내가 '한다'기보다 그렇게 '되어지는' 일들이 압도적으로 많다. 생리적 차원에서 보더라도 우리의 행동에는 자율신경계가 스스로 알아서 처리하는 신진대사와 감각반응이 대부분이다. 일일이 뇌에서 생각을 거쳐 명령을 내린다면 아마 하루를 버티기도 어려울 것이다. 자, 그렇다면 나는 '나도 모르게' 이루어지는 활동들의 총합인 셈이다. 심리적 영역에선 무의식이 여기에 해당한다. 그럼 감정은 이 자율신경계와 무의식의 발로인가, 아닌가? 이 둘 사이엔 어떤 함수가 작동하는가? 또 의식과 감정 사이는? 둘 사이의 관계는 무엇인가? 이런 식으로 따져 들어가면 존재는 미로이거나 심연이다. 그래서 결국 '내 마음 나도 몰라', '내가 누구인지 말할 수 있는 자 누구인가?' 같은 언술들이 나올 수밖에 없다. 이런 식의 '미로게임'을 하지 않으려면 일단 출발의 포인트를 잘 잡아야 한다.

출발의 첫번째 조건은 관계다. 즉 내가 누구인지 알려면

'너', '그'를 알아야 하고, 나를 둘러싼 관계와 욕망의 배치를 알아야 한다. 물론 그 배치를 이루는 항목들은 가지런히 정렬되어 있는 것이 아니라, 잡다하게 엉켜 있다. 엉킨 실타래를 풀기 위해선 실마리가 중요하듯 여기서도 단서가 아주 중요하다.

그럼 명리학에서는 이 단서가 무엇일까? 일단 여덟 개의 카드 전부가 다 '나'라고 할 수 있다. 처음 우주의 기운과 마주쳤을 때 바코드처럼 찍힌 것이니까 모두가 내 안에 깊이 새겨져 있는 것은 지극히 당연하다. 오행을 두루 가진 경우는 드물고 대개는 어느 두세 개의 오행으로 편중된 편이다. 그래서 역술원에 가면 불이 세 개야, 목이 네 개야 등의 말들을 주워듣게 되는 것이다. 하지만 그건 별로 특별한 이야기가 아니다. 전체 글자 수는 여덟, 오행은 다섯. 그러니 숫자의 조합상 어느 하나의 오행이 서너 개가 되는 거야 당연한 소치 아닌가. 오히려 그게 더 자연스러운 편이다. 실제로 어느 한두 가지의 오행이 뚜렷하게 자리를 잡고 있으면 나의 정체를 탐색하는 데는 훨씬 더 유효하다. 팔자의 개성과 색깔이 뚜렷이 드러날 테니 말이다. 오행이 두루두루 섞여 있으면 무난하긴 하지만 특징이 명료하지 않아 오히려 더 헷갈릴 수도 있다. 일단 여기까지.

다음, 그러면 그 여덟 개를 기계적으로 플러스하면 내가 되는가? 그건 아니다. 음양오행론뿐 아니라 동양의 사상은 기본적으로 '관계가 존재에 선행한다'. 즉, 중요한 건 항목들 자체의 본성이 아니라, 각각의 항목들이 어떻게 조합, 배치되느냐이기 때문이다. 일단 여덟 개의 카드는 각기 다른 위상과 힘을 지니고 있다. 그 가운데 가장 중심이 되는 것을 일러 '명주'命主라고 한다. 운명의 리듬을 주관하는 키워드라는 뜻이다. 여덟 개의 글자 중에 오른쪽에서 세번째 기둥을 일주라고 한다(85쪽 그림 참고). 태어난 날의 갑자인 셈이다. 이 일주에서 위에 있는 글자(천간), 다시 말하면 '일간'日干이 나다. 우리 '곰진'이의 경우, 을축일에 태어났으니 을축 가운데 천간인 을乙이 이 아이의 명주라 할 수 있다. 말하자면, 일간은 동양식의 별자리에 해당하는 셈이다. 을은 음양으론 음陰이고, 목화토금수 중에서는 목木에 해당한다. 음의 기운을 가진 목. 보통 '을목'이라고 부른다.

일간이란 본질이라기보다 하나의 척도에 가깝다. 즉, 나라는 존재의 근원을 찾아 들어가는 기준점에 해당하는 셈이다. 병으로 따지면 맥점이고, 철학적으로 말하면 존재의 축이라 할 수 있다. 운명은 흐름이고 변화다. 어떤 고정된 속성들을 양적으로 '플러스(+)'하는 상태로 전유하는 것이 아니라, 오행들 사이의 '리듬과 강밀도'로 규정된다. 이것을 어떻게 절단, 채취하느냐에 따라 수많은 버전이 탄생한다. 바로 그렇기 때문에 '개운'開運이라는 개념도 가능한 것이다. 만약 모든 것이 이미 고정되어 있다면 주어진 속성과 코스를 고스란히 밟아 갈 수 있을 뿐 운을 "연다"는 설정은 불가능하다.

운명의 지도를 파악하기 위해서는 가장 먼저 이 일간의 오행적 속성을 파악하는 것이 중요하다. 물론 오행 이전에 음양이 먼저다. 음양이 오행으로 분화되고, 이 오행에 음양이 결부되면 모두 열 개가 된다. 예컨대, 목화토금수에 음양이 덧붙여지면 양목/음목, 양화/음화, 양토/음토, 양금/음금, 양수/음수, 이렇게 나누어진다. 음양오행론은 이 사이의 갈등과 조화, 대립과 융합을 중심으로 존재와 삶의 흐름을 파악하는 패러다임이다.

"운명은 오행으로부터 도망갈 수 없다."命莫逃於五行(『삼명통회』三命通會, 권삼卷三)

팽창을 하며 물질과 에너지가 흩어지는 과정이 양의 과정이며, 물질과 에너지를 모으는 과정이 음의 과정이다. 여기 팽창의 과정에서 처음에 한 방향으로 뚫고 나오는 힘이 목木이며, 목을 통해 한 방향으로 뚫고 나온 힘이 사방팔방으로 무질서하게 흩어지는 과정이 화火이다. 또한 수축의 과정에서 한없이 흩어져 더 이상 흩어질 수 없는 상태까지 분열된 화를 거두어 수렴시키는 과정이 금金이며, 금을 통해 수렴되면서 외부만 굳어진 것을 그 속까지 단단하게 응고시켜 한 점으로 통일시키는 과정이 수水이다. 팽창하는 목과 화, 수축하는 금과 수는 제각기 자기의 운동 상태를 고수하려는 성질이 있기 때문에, 이런 목화금수를 부드럽게 달래 주며 중재하는 것이 있는데 그것이 바로 토土이다.(허훈, 『마음은 몸으로 말한다』, 이담, 2010, 55~56쪽)

이 정도면 음양오행의 기본성격은 충분히 이해될 것이다. 이걸 바탕으로 십간을 살펴보자. '갑을'甲乙은 목木이다. 앞의 것이 양, 뒤의 것이 음. 목은 봄의 뻗어 나가는 기운을 의미한다. 흔히 갑목, 을목이라고 부른다. 목기란 만물을 살리는 동풍東風이자 푸르름을 의미하는 기운이다. 갑목일 경우는 위를 향해 뻗어 가는 자작나무나 소나무의 기운을, 음일 경우는 좌우로 뻗어 가는 화초나 들풀에 가깝다. 이런 속성을 사람의 기질이나 성격에 적용하면 된다. 갑목은 자신을 표현하는 속성이 아주 강하다. 일단 나서고 보는 사람의 기질이라고 할 수 있다. 그에 비하면 을목은 나서기는 하지만 주변의 여건을 좀 살핀다. 눈치라고도 할 수 있고 처세술이라고도 할 수 있다. 주변의 분위기를 잘 활용하며 뻗어 가는 것, 옆에 갑목이 있으면 엉겨붙거나 칭칭 감으며 위로 올라가는 것이 을목이다. 사람살이에서도 이런 방법과 태도를 취하면 그것이 곧 을목의 속성에 해당한다.

'병정'丙丁은 화火다. 역시 병이 양이고, 정이 음이다. 병화는 태양의 이글거림을, 정화는 촛불의 그윽함을 떠올리면 된다.

자신을 태워 주변을 밝혀 주니까 예의와 배려의 기술이 뛰어나기도 하지만 자칫하면 형식과 외부(폼)를 밝히다 정작 자기 내부는 탁해질 수 있다. 병화는 엄청 센 불이라 열정이 지나쳐 못 말리는 수준이 되기 십상이다. 문체적으로 본다면 미셸 푸코의 글이 병화에 가깝다. 스케일이 크면서도 화려하기 그지없는 언술, 아주 낯설고 새로운 사유에 눈뜨게 하지만 절대 친절하게 대안을 제시하지는 않는…^^ 하긴 푸코의 얼굴도 병화의 속성을 닮았다. 불기운이 치성하면 대머리가 될 확률이 높다. 푸코의 경우도 대머리인 데다 눈빛이 엄청나다. 존재 자체가 불꽃이라는 말이 절대 수사적 농담이 아님을 그를 통해서 알 수 있다. 그에 비하면 정화는 아주 착하다. 조용히 타오르면서 꼭 필요한 열기와 빛을 전파하는 불이기 때문이다. 열 개의 기운 가운데 정화가 가장 타인에 대한 봉사와 배려의 기술이 뛰어나다고 평가한다. 그래서인가. 우리 연구실에는 정화들이 많다. 감이당의 주술사 장금이가 그렇고, '문탁네트워크'를 이끌고 있는 문탁여사가 그런 경우다.

'무기'戊己는 토土, 대지의 기운이다. 양의 기운인 무토는 화기를 머금은 산이다. 그래서 우뚝 치솟아 있다. 포용력과 시야가 넓지만 고집 또한 엄청나다. 많은 걸 흡수하려다 보면 자신을 낮추는 능력을 잃어버리기도 한다. 마르크스와 들뢰즈의 문체가 무토에 가깝다. 횡단성계수가 높은 데다 목표와 지향점도

분명하다. 엄청난 화력을 지닌 채 새로운 시대를 연 존재들과 잘 어울리는 일간이다. 음에 해당하는 기토는 습지, 평야를 의미한다. 낮은 대신 사방을 넓게 포용하는 일종의 '오지라퍼'다. 인맥이건 활동방식이건 망라하는 범위가 넓은 편이나 그러다 보면 산만해지기 쉽다. 평야에는 솟대가 필요한 법, 그래서 기토는 뚜렷한 지향점을 갖는 것이 중요하다.

'경신'庚辛은 금金이다. 양기인 경금은 바윗돌이다. 단단하고 파워풀하다. 정의와 규칙, 의리 같은 덕목을 목숨처럼 소중히 여긴다. 남들에게 신뢰를 얻을 수 있는 대신 지나치게 엄격해서 상황을 경직되게 끌어갈 수도 있다. "군대에 있을 때가 제일 편했어요." "대학 때 별명이 선 긋기의 달인이었어요."—규칙대로 움직이고 복잡한 상황을 명쾌하게 정리하지 않으면 직성이 안 풀리는 스타일, 이런 사람이 경금이다. 한편 십간 중에서 가장 음기가 강한 신금은 칼과 보석에 해당한다. 정교하고 세심한 일에 능하다. 당연히 매사에 예민할 수밖에 없다. 그 잣대가 내면으로 향하면 자신을 들들 볶는 스타일이 된다. 남들의 시선을 열 배쯤 확대해서 내면화하고 때론 그걸 타인에게 적용하기도 한다. 한마디로 잘 삐치고 한번 삐치면 오~래간다. 하지만 시선이 정교하다 보니 재주가 많다. 재주가 많으면 당연히 일복도 많다.

'임계'壬癸는 물水이다. 임수는 바닷물처럼 크고 힘찬 물이고, 계수는 계곡물이나 옹달샘처럼 스케일이 작지만 투명한 물이다. 둘 다 수렴하는 기운이 강하다. 물은 생명의 원천이자 지혜의 근원이기도 하다. 아이디어와 독창성이 번뜩이고 물의 속성답게 주변의 환경에 따라 유연하게 자신을 바꾼다. 자칫 꼼수가 많을 수도 있다. 상대적으로 임수가 훨씬 더 속에 꿍치는 게 많다. 절대 자신을 드러내지 않는 신비주의의 속성도 지니고 있다(내가 기억하기론 서태지가 임수가 줄줄이 있는 사주였다). 계수는 계곡의 물이 그러하듯 주변환경에 따라 자신을 변화시키는 유연성이 강하다.

결국 명리학은 존재의 축을 열 가지로 나누고 있는 셈이다. 애니어그램이나 점성술의 별자리와 비슷한 구조다. 하지만 후자는 그 속성들이 고정되어 있지만 명리의 일간은 고정되어 있지 않다. 십간 가운데 하나에 속하지만 이것들은 철저히 관계와 운동의 산물이다. 목이 목인 것은 화토금수라는 이웃항들이 있기 때문이다. 그래서 이것이 포괄하는 범위는 아주 넓다. '갑을병정무기경신임계'라는 항목에는 정서와 행동, 관계 맺는 방식 등을 포함하고 나아가 무의식의 영역까지를 총망라한다. 음양오행론이 돋보이는 지점이 바로 여기다. 일간이 규정되는 순간, 이걸 중심으로 몸과 우주 그리고 삶의 동선이 새롭게 배열된다. 말하자면, 일간은 나와 우주, 생명과 자연 사이에 존재했던, 하지만 그동안 잃어버리고 있었던 대칭성(나카자와 신이치)

을 회복시켜 주는 기제인 것이다—대칭성의 화려한 부활! 그만큼 일간들이 담고 있는 정보의 양은 엄청나다. 생리적 기전과 심리적 회로, 존재의 속성과 양태 등등. 그리고 이것들은 사회적 배치를 넘어 우주적 인연으로 이어진다.

그래서 일단 이 앎의 체계에 들어오면 자연과의 왕성한 대화를 시도해야 한다. 입산하거나 은둔하라는 의미가 아니다. 산이나 바다는 물론이려니와 도시의 모든 현상들에도 오행이 다 들어 있다. 도시의 기계문명은 당연히 목기와 금기가 태과다. 화려한 스펙터클은 화기에 속한다. 그 덕분에 사람들의 영혼은 불안과 고독에 사로잡혀 있다. 화기의 치성으로 수기가 불급한 것이다. 이런 배치하에선 우울증이 만연할 수밖에 없다. 한편, 현대사회는 지식정보화 사회로, 전 방면에 걸쳐 여성들의 약진이 두드러진다. 일종의 후천개벽이 진행 중인 것. 여성 안에 있는 남성성, 곧 양기가 밖으로 발현되고 있는 것이다. 그에 비례하여 남성들은 점차 여성화되어 간다. 남성 안에 있는 음기가 작용하는 까닭이다. 헌데, 그렇게 되면 안정된 가정을 꾸리기란 점점 더 어려워진다. 아니, 어려워진다기보다 남녀 모두 결혼과 가족을 둘러싼 욕망들이 희박해져 간다는 표현이 맞을 것이다. 결국 음양오행론적으로 볼 때, 가족의 해체는 필연적이다.

자연이라고 하면 보통 산, 바다, 나무 등을 떠올리지만 더 중요한 건 시간의 리듬이다. 사실 공간이 따로 있는 것이 아니라, 시간이 형상으로 펼쳐진 것이 공간이다. 즉, 시·공간은 하나인 셈이다. 따라서 계절은 더할 나위 없이 좋은 스승이 된다. 내가 태어난 순간의 시공간적 특성—절기와 운기, 지역적 특성 등등—을 안다는 것도 큰 선물이다. 그 정도만으로도 자신이 이 우주적 인연의 결과물이라는 사실을 리얼하게 실감할 수 있다. 그런가 하면, 사람을 보는 시선과 태도도 달라진다. 예컨대, 곰진이의 일간인 을목 하나만 보자. 을목은 몸의 생리로 보면 간담의 기운이 된다. 오장육부를 오행으로 배속하면 간담이 목기운에 속하기 때문이다. 이 사람은 간담의 기운이 생리의 축이다. 그것은 당연히 성정으로 이어진다. 목기가 발달한 사람은 성품이 부드러우면서도 생명력과 적응력이 뛰어나다. 을목은 잣나무나 자작나무 같은 큰 나무가 옆에 있으면 끈기있게 타고 올라간다. 화초나 들풀을 닮아서일까. 보기에도 나름 괜찮은 편이다(내 주변에 있는 을목들은 대체로 예쁘다. 물론 어디까지나 '대체로'^^;). 자, 이 정도는 시작에 불과하다. 이제 계절과 자연 속에 담긴 을목들을 격물치지 해보라. 을목의 양태와 속성을 파악하기 위해선 갑목은 물론 기토와 계수, 병화와 신금 등 을목과 깊은 관계가 있는 다른 일간들을 탐구해야 한다. 을목이 을목다우려면 그들과의 좌충우돌, 이합집산(명리용어로는 충沖과 합合)을 감당해 내야 하기 때문이다. 다른 일간들도 마찬가지다.

그리고 이것이야말로 진정한 에콜로지에 다름 아니다. 나를 알기 위해선 자연의 속성을 알아야 한다. 그들과의 공통기반을 추론해야 하고 궁극적으론 공감의 지대를 넓혀야 한다. 막연히 자연과 생태계를 아끼고 보호하는 것이 아니라 내 존재와 구체적으로 연동되어 있는 우주적 지평을 체득하는 것. 에콜로지가 도달해야 할 지점은 여기가 아닐까. 개인적인 이야기를 하자면, 나는 명리학 공부를 한 이후부터 나의 생일에 대해 깊은 관심을 갖게 되었다. 생일이 그저 무미건조한 날짜가 아니라, 어떤 절기에 속한다는 사실이 몹시 감동적이었다. 나는 진월辰月 생이고 곡우 이후에 태어났는데, 곡우穀雨는 말 그대로 오곡을 적시는 촉촉한 비라는 뜻이다. 실제로 그 시절이 되면 촉촉한 봄비가 내린다. 그때 산에 오르면 산 곳곳에서 대지가 꿈틀거리는 기운을 느낄 수 있다. 아, 내가 이런 기운 속에서 태어났구나. 내 안에 이런 기운이 아로새겨져 있겠구나… 내 몸속에 새겨진 자연의 리듬과 진동을 생생하게 느낄 수 있다.

세시풍속을 복원할 수는 없다. 다시 농업경제로 돌아갈 수도 없다. 하지만 그렇다고 자연을 저 멀리 아마존이나 북극에다 밀어넣고 자신은 마치 자연과 아무 연관도 없는 듯이 살아가는 건 실로 끔찍하다. 자연과 단절되는 순간, 모든 존재는 고립무원의 불안과 소외를 감내해야 하기 때문이다. 어디 그뿐인가. 상상력과 창조력도 고갈되어 버린다. 상상력과 창조성은 다 물의 기운이다. 깊은 산속 옹달샘이 그렇듯이 몸 안에서도 수기운이 작동해야 새로운 지혜가 퐁퐁 '샘솟게' 되어 있다. 그 지혜는 다 자연으로 연동되어 있다. 〈아바타〉, 〈해리 포터〉, 〈트와일라잇〉 등 할리우드 대작들이 모두 마법과 동물의 세계로 귀환하는 이유가 거기에 있을 것이다. 상품과 자본으로 인해 왜곡된 형태긴 하지만, 이런 경향 자체는 분명 '대칭성'에 대한 향수이자 동경에 다름 아니다. 그에 비하면, 사주명리학은 훨씬 더 직접적이고 역동적이다. 음양오행이라는 기호를 통해 몸과 자연을 매끄럽게 이어 주기 때문이다. 그런 점에서 음양오행론이야말로 뉴-에콜로지적 대안이 될 수 있지 않을까?

그럼, 일간이라는 축은 어떻게 탄생했는가? 앞에서 짧게 언급했듯이 자평명리학子平命理學으로부터다. 자평명리학이란 서자평이라는 인물이 정립한 패러다임이다. 서자평은 대략 10세기 무렵의 인물로 화산에서 도를 터득한 인물이라고 한다. 그가 출현하기 이전에는 당사주唐四柱가 널리 통용되고 있었다. 당사주는 12지지를 중심으로 하고, 그림을 통해 운명을 예견하는 방식을 취한다. 지금도 이 방법을 고수하는 이들이 꽤 있는 편이다. 서자평은 거기에 10간을 결합하여 명리학의 새로운 체계를 구축하였다. 당사주가 주로 띠(연지)를 중심으로 나머지 일곱 글자를 읽어 낸다면, 자평명리학은 일간을 중심으로 나머지 일곱 글자의 의미를 해독해 낸다. 해석의 축이 전혀 다른 것이다. "우리나라에 서자평의 명리학이 들어온 것은 고려 후기로 보이며, 조선 초기의 『왕조실록』에도 명리학에 대한 기록이 나온다. 조선조의 법전인 『경국대전』에도 과거를 통해 명리학 전문가를 채용하였다."(조용헌, 『한국학의 즐거움』, 365쪽) 초기에는 주로 상류계층에서만 전유되다가 점차 서민들에게로 흘러가 보편적인 생활지가 되었다. 이미 언급했듯이, 조선 중기를 배경으로 하는 대하소설 『임꺽정』을 보면 사주명리학이 전 계층적으로 널리 활용되고 있음을 확인할 수 있다. 특히 갖바치는 사주명리학의 최고경지에 오른 인물이다. 그가 도달한 경지를 알고 싶다면 『임꺽정』 2권 '피장편'을 보시라. 물론 그걸 보고 나면 나머지 권도 읽지 않고는 못 배길 테지만.^^

아무튼, 이후 역사적 굴곡을 거치면서 명리학 내에도 수많은 분파와 학파가 형성되었지만, 자평명리학의 위상은 결코 흔들리지 않았다. 해석적 체계가 "고도의 유동적 지성"을 갖추고 있을뿐더러 거기에다 수백 년에 걸친 임상사례들이 결합하면서 더더욱 힘을 발휘하게 된 탓이다. 일간을 존재와 운명을 통찰하는 해석의 기준점으로 삼게 된 건 이런 맥락의 소산이다.

팔자, 생극의 동그라미

애니어그램이나 별자리 점성술 등은 사람의 유형을 분류하는 데서 끝난다. 그다음엔 유형별 정보들이 쏟아진다. 물론 그것을 통해서도 자신이 지금 어떤 상태에 처해 있는지를 파악할 수는 있다. 상식과 통념의 경계를 넘어서 더 넓은 인과의 그물망 속으로 들어갈 수 있기 때문이다. 핵심은 거기에 있다. 나라는 존재를 감정이나 신념의 '내부'에서가 아니라 전혀 다른 좌표 속에서 볼 수 있는 것, 출구는 오직 그것뿐이다. 자기 안에선 자기를 볼 수 없다. 오직 타자라는 거울을 통해서만이 자신을 알 수 있다. 심리분석이나 치유 프로그램에 적극 운용되는 건 그 때문일 것이다. 하지만 명리학은 거기서 더 나아간다. 일단 일간이라는 축이 결정되고 나면 그걸 중심으로 나머지 일곱 개의 카드들이 움직이기 시작한다.

팔자는 내 안의 우주다. 고로 팔자의 운동 역시 우주의 원리를 고스란히 따른다. 리듬과 강밀도를 중심으로 재배열되는 것이다. 리듬, 곧 차서가 먼저다. 일간을 중심으로 오행의 상생 운동이 동그라미를 그린다. 예컨대 곰진이의 경우, 일간인 을목을 중심으로 목생화→화생토→토생금→금생수→수생목의 방식으로 동그라미를 그리면 아래의 형상이 된다.

보다시피 이 동그라미 안에는 상극의 별이 있다. '목극토, 화극금, 토극수, 금극목, 수극화'로 이어지는. 상생과 상극을 합

갑 甲 (木)	을 乙 (木)	계 癸 (水)	신 辛 (金)
신 申 (金)	축 丑 (土)	사 巳 (火)	묘 卯 (木)

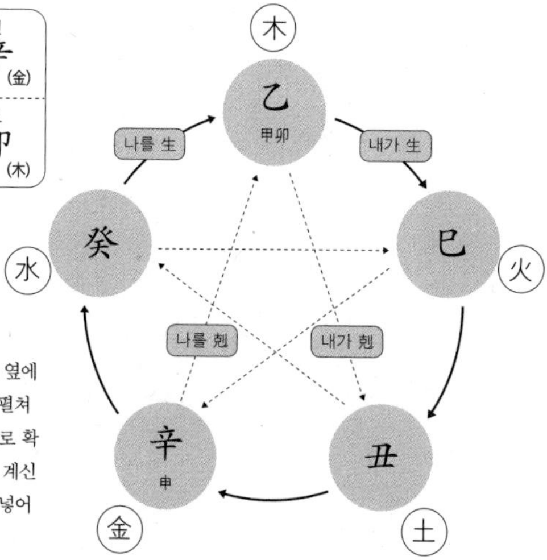

* 이 책 표지의 뒷날개를 펼치면, 안쪽에 옆에 있는 곰진이의 상생상극도가 있습니다. 펼쳐 두고 책을 읽으며 필요할 때마다 바로바로 확인해 보세요. 또 그 아래는 이 책을 읽고 계신 독자님의 일간을 기준으로 빈칸을 채워 넣어 상생상극도를 작성해 보셔요!

쳐 생극生剋이라 한다. 모든 사람의 팔자는 이 생극의 동그라미 안에 포섭된다. 상생의 흐름이 부드럽고 매끄럽다면 상극의 노선은 터프하고 역동적이다. 매끄러움과 역동성의 어울림과 맞섬! 이것이 인생이다—쎄라비(c'est la vie)!

보통 역술원에 다녀오면 귀동냥한 말들이 있다. "수水가 많대", "화火가 세 개라더라" 등등. 역술가가 사주를 보면서 중얼거리는 말을 들은 것이다. 오행들의 개수가 중요하지 않은 건 아니다. 하지만 중요한 건 개수 자체가 아니라, 그것들이 어떤 생극적 관계 속에 있느냐이다. 그래서 '일간'이라는 축이 필요한 것이다. 기준점이 있어야 선분들이 만들어질 수 있으니까. 또 그래야 다른 오행에 대한 정보를 유용하게 쓸 수가 있다. 예컨대 일간이 화인데 나머지 자리에도 화가 많다는 건 일단 자신의 '명주'에 해당하는 기운이 강하다는 뜻이 되지만 일간이 수인데 화가 많다면 이 사람은 자신의 명주인 수기운이 화기운에 의해 잠식당한다는 뜻이 된다. 이렇듯, 화가 많다는 사실은 동일하지만 그것이 내 운에서 작용하는 방식은 정반대인 셈이다. 헌데, 참 이상하게도 역술가들은 일간을 알려 주질 않는다. 전문용어라고 생각해서일 텐데, 그래도 그게 그렇게 어려운 일일까? 인터넷에서 인기 연예인이나 유명인사들의 프로필을 검색해 보면 생년월일 옆에 띠와 별자리가 적혀 있는 경우가 많다. 호랑이띠 물고기자리, 이런 식으로. 그래서 뭐 어쩌라구?

모르기는 매일반이다. 그저 참조사항일 뿐이다. 그런 점에서 본다면 일간은 훨씬 더 유용한 정보가 될 수 있다. 예를 들면, 조용필 – 을목, 유재석 – 정화… 이런 식으로. 오행에 대한 기본 사항만 알고 있어도 상당한 유추가 가능하기 때문이다. 기질과 성향은 물론이고 그해의 운세까지.

우리 연구실에선 이걸 아주 적극적으로 활용한다. 예컨대, 여름이 되면 다들 몸과 마음이 늘어지는데, 특히 '화' 일간의 사주를 가진 경우(병화/정화)가 특히 두드러진다. 그 친구들의 손을 잡아 보면 완전 불덩어리다. 손바닥이나 발바닥에 땀이 끈적하게 배어 있는 경우도 많다. 그러니 여름나기가 얼마나 어렵겠는가. 원래 뜨거운 체질인 데다 계절의 열기마저 치성하니 당연한 노릇이다. 공부에 대한 집중력도 현저히 떨어질뿐더러, 이런저런 부적절한 사건(주로 연애와 관련한)도 많이 발생한다. 그게 아니면 괜스레 넘어지거나 부딪히거나. 그야말로 좌충우돌이 벌어지는 셈이다. 그럴 때 일간을 안다는 건 여러 모로 유용하다. 일단 그럴 경우, 당사자는 저준위로 몸을 낮추어야 한다. 절대 '오바'하지 말고 낮은 포복으로 무심하게 하루하루를 버티면 된다. 그것만으로도 충분히 수련이 된다. 설령 그 과정에서 이런저런 사고가 난다 해도 부질없는 망상을 덧보태지 않는 게 중요하다. 다른 사람들 역시 그런 관점에서 지켜볼 수 있어야 한다. 자신 안에 있는 불기운을 주체하지 못하는 건 자신이 감당해야 하는 몫이지 다른 사람들이 비난해야 할 사항은 아니다. 타인의 행동을 시비선악을 떠나 '있는 그대로' 지켜볼 수 있는 것도 아주 좋은 공부가 된다. 물론 그 모든 것은 거울처럼 반사되어 나에게로 온다. 나의 행동, 나의 인생을 보는 시선도 전혀 달라지게 된다.

음양오행론뿐 아니라 동양의 사유는 이렇듯 철저히 관계의 사유다. 정화스님의 말씀에 따르면 불교에서 '안다'는 건 이웃과 더불어 교류한다는 뜻이다. 세포 하나의 의미와 역할은 이웃한 세포들에 의해서 결정된다는 것이다. 이웃들과 분리되어 있을 땐 자기가 무엇인지를 알지 못한 채 동일성을 증식하게 되는데, 그것이 곧 암세포다. 암세포란 쉽게 말하면 이웃과 단절된 세포의 표현형식인 셈이다. 따라서 암세포를 이기는 건 근본적으로 항암제가 아니라 다른 세포들의 능동적 활성화다. 암이 고립에서 탈주하여 이웃세포들과의 관계 속에 들어오는 것. 같은 이치로, 자본의 무한증식을 제어하려면 중앙집중에서 로컬리즘으로, 서열과 위계에서 수평적 네트워크로, 정착에서 유목으로 '패러다임 전환'이 일어나야 한다. 병리학적 프레임과 정치적 프레임이 오버랩되는 지점이 바로 여기이리라.

그런 점에서 팔자를 본다는 건 내 안의 우주적 흐름을 보는 것이다. 따라서 운명의 동그라미를 그린 다음엔 내 팔자의 구체적 리듬을 파악해야 한다. 상생이 많은지 상극이 많은지 아니면 상생과 상극이 뒤섞여 있는지 혹은 차서 가운데 뭘 건너 뛰고 있는지 등등. 이것만 해도 탐구할 사안이 무궁무진하다. 만약 일간이 '계수'인데, 화와 토가 많다면, 이건 그냥 수, 화, 토로 구성된 팔자가 아니라, 수를 중심으로 상극의 운동성이 강한 팔자가 된다(→수극화, 토극수). 상극이 강하다는 건 몸과 마음이 고달프다는 뜻도 되고, 일복이 많다는 뜻도 된다. 이렇게 말하면 좀 부정적으로 들리지만, 이건 달리 말하면 재주가 많고 능력이 있다는 뜻이기도 하다.

반대로, 일간이 '신금'인데 토와 수가 많다고 하면 이것 역시 금, 수, 토로 구성되었다는 것 못지않게 상생의 흐름이 강하다는 사실이 아주 중요하다(→금생수, 토생금). 상생이 강하면 아무래도 충돌은 적다. 대신, 일의 매듭이 없이 설렁설렁 넘어갈 소지가 많다. 상대적으로 고생을 덜 겪는 대신 이루는 바도 별로 없는 팔자라고나 할까. 상생은 내가 내는 기운이거나 나를 낳아 주는 기운이다. 따라서 무형의 운동이다. 상극은 극을 당하든 극을 하든 간에 구체적 결과를 산출하는 활동이다. 그래서 유형의 작업에 해당한다. 이런 식으로 팔자를 구성하는 오행의 종류와 유형뿐 아니라 그것들이 어떤 운동을 하고 있는지를 음미해야 한다. 무언가를 안다는 건 이런 연기緣起조건을 아는 것임을, 그래서 사주명리학을 배운다는 건 무엇보다 이 연기법을 훈련하는 것임을 명심할 일이다.

차서의 동그라미를 그린 다음엔 이제 각 리듬별 단계가 지닌 바의 특이성, 곧 강밀도를 살펴봐야 한다. 우리 '곰진'이는 을목을 포함하여 목은 3개→화는 1개→토는 1개→금은 2개→수는 1개(105쪽 그림 참조). 오홋! 아주 드물게도 오행이 다 있는 카드다. 대개는 오행이 고루 있지 못하고 한두 개는 결락되어 있다. 그래서 없는 오행에 대한 집착이 심해지기도 한다. 하지만 오행이 다 있다고 해서 더 좋은 건 결코 아니다. 언급했듯이, 만약 오행을 두루 조화롭게 갖춘 '음양화평지인'이 있다면 그는 이 세상에 태어나지 않는다. 우리가 사는 세상은 상극의 매트릭스라서, 이 세상에 태어났다는 건 기본적으로 음양의 균형이 깨진, 다시 말해 어느 쪽으로든 치우친 존재들이자 그것들을 기꺼이 '감내한' 존재들이라는 뜻이다. 그래서 오행이 다 있다고 해서 더 유리하거나 우월한 건 아니다. 그것 자체가 하나의 특이성일 뿐이다. 혹은 경우에 따라서는 아주 답답한 형국이 될 수도 있다.

강밀도를 파악할 때 유념해야 할 것은 일곱 개 카드 사이의 파워와 진동수가 서로 다르다는 사실이다. 가장 막강한 힘을 가진 것은 월지와 시지다. 월지는 내가 태어난 계절을 보는 것이다. 봄·여름·가을·겨울 가운데 언제 태어났는가, 더 구체적으로는 24절기 가운데 어떤 절기에 태어났는가가 가장 중요하다. 이미 언급했듯이, 태양이 황도 몇 도를 지나고 있는가, 그

때 지구에 보내는 빛과 열의 강도가 얼마인가가 관건이다. 그것이 일간이 놓인 시공간적 조건을 규정하기 때문이다. 극단적인 예로 봄의 을목과 겨울의 을목, 다시 말해 봄에 피어나는 들풀과 겨울의 나목은 분위기가 완전히 딴판이다. 거기에 덧붙여지는 게 시지다. 하루 중 언제인가. 겨울 밤인가 아침인가 여름 한낮인가 새벽인가. 또 다른 예로 일간이 병화와 정화인데, 한여름 대낮에 태어났다면? 생각만 해도 후끈거린다. 당연히 온몸이 불구덩이다. 외모에서 풍기는 포스도 강렬하기 이를 데 없다. 하지만 자연의 잔칫상에는 거저가 없다고, 이런 사주의 경우 물이 현저하게 모자랄 테니, 뼈나 치아가 부실할 수밖에 없다. 뼈를 만드는 건 신장이고, 신장은 오행상 수기운이 주관하기 때문이다. 반대로 병화와 정화라고 해도 겨울 새벽에 태어났다면 사정이 전혀 다르다. 물기운을 충분히 받기 때문에 대체로 단단하고 야무진 편이다. 또 이 시절의 불은 어둠을 밝히고 추위를 덥히는 역할을 톡톡히 할 터이니 존재 자체가 영롱하다(만약 그렇지 못하다면 자신의 팔자를 제대로 살고 있지 못한 것이다). 이런 식으로 월지와 시지만 가지고도 수많은 유추가 가능하다. 우리 '곰진'이의 경우, 을목인데 여름 오후에 태어났다. 입하가 지난 절기니 초여름에 막 진입하여 녹음이 싱그럽게 우거지기 시작한 때다. 을목으로선 자기의 재량을 맘껏 뽐내는 시기라 할 수 있다. 게다가 오후에 태어났으니 태양과 바람의 기운을 한껏 받는 시간에 해당한다. 흠, 멋진 을목인걸.

이제 남은 카드는 다섯 개다. 이 중에서 주목해야 할 것은 일지다. 즉, 나의 일간이 깔고 앉은 땅. 그것은 내가 지향하는 바를 가장 일차적으로 규정해 준다. 곰진이의 일주日柱는 을축乙丑이니까 을목이 축토를 깔고 앉았다. 을목과 축토의 관계는 을목이 축토를 극하는 관계다(→목극토). 그래서 을목은 상극의 운동성을 기본으로 지니고 있고, 이것은 뒤에 말하겠지만 사회적으로는 재성(재물운)에 해당한다. 명주에 해당하는 일간이 지지에 재성을 타고 앉았다는 건 '자립성이 강하다, 일복이 많다, 돈을 잘 번다, 돈을 잘 모은다, 돈을 잘 쓴다, 돈 문제가 많다' 등등 수많은 의미망을 지니고 있다. 재성을 가졌다고 해서 부자가 되는 건 결코 아니다. 하지만 뭐가 됐건 내가 극하는 기운을 많이 쓰는 사주인 건 틀림없다. 상극은 유형有形이라고 했다. 고로, 내가 극하는 기운을 많이 쓴다는 건 구체적이고 유형적인 활동을 주로 한다는 뜻이다. 그래서 '일복이 많다'고 보는 것이다.

다음, 차서별로 강밀도를 살펴보면, 일간이 목인데 다른 목이 두 개나 더 있다(→묘목, 갑목). 들판에 홀로 핀 나무가 아니라, 주변에 크고 작은 나무들이 함께 있다는 뜻이다. '저만치 홀로' 피어 있는 팔자는 아닌 것. 다음으로 화는 하나지만 월지니까 아주 기운이 센 화기에 해당한다. 다음 토는 하나, 금은 둘, 수는 하나. 축토는 일지라, 월지 다음의 힘이 있고, 신금과 계수는 강밀도가 비슷비슷하니까 두 개인 금이 더 센 편이다. 초짜들은 헷갈리겠지만 알고 보면 억수로 간단하다. 아무튼 이렇게 해서 오행들 사이의 강밀도와 그 차이가 드러났다. 여기서도 단순히 어느 오행이 더 강한가가 아니라 '일간'과의 관계가 더 핵심이다. 요컨대, 상생과 상극의 운동성과 오행의 강밀도가 결합해야 힘의 배치와 지도가 그려지는 것이다.

이렇게 해서 만들어진 팔자의 지도, 그 의미를 읽어 내는 첫번째 코드는 오장육부다. 목은 간담, 화는 심/소장, 토는 비위, 금은 폐/대장, 수는 신/방광 등으로 연동되어 있다. 따라서 팔자의 배치는 곧바로 내 안의 오장육부의 흐름을 반영한다. 따라서 사주명리학이 주는 첫번째 메시지는 나를 움직이는 생리기전이다.

초보자들도 이 정도의 사항은 숙지하고 있어야 한다.(잘 모르면 지금 바로 외우시라! 얼마나 쉬운가?) 운명은 어디까지나 몸을 통해 자신의 비의를 드러낸다. 그래서 운명을 바꾸려면 몸의 습속을 바꾸어야 한다. 주기적으로, 습관적으로 앓는 질병들, 얼굴의 형태, 몸의 구조, 생리적 기전을 알면 이제 기질이나 개성도 드러난다. 기질의 핵심은 사건을 대하는 태도와 심리적 회로에 있다. 심리기전 또한 생리적 오행과 연동되어 있다. 예컨대, 목(간/담)은 분노, 화(심/소장)는 기쁨, 토(비/위)는 생

팔자를 읽는 첫번째 코드: 오장육부

오행	木	火	土	金	水
오장	간肝,담	심心,소장	비脾,위胃	폐肺,대장	신腎,방광

각, 금(폐/대장)은 슬픔, 수(신장/방광)는 두려움의 정서를 담당한다. 그래서 해당 장기에 문제가 있으면 감정의 균형이 깨어지게 마련이다. 예를 들면, 간담의 목기운이 태과불급이면 분노의 감정에 쉽게 휘둘리게 되고, 심소장의 화기운에 문제가 있으면 기쁨의 정서가 조절이 안 된다. 그래서 기뻐했다 슬퍼했다를 반복하게 된다. 비위의 토기운에 불균형이 생기면 쓸데없는 망상이 멈추질 않는다. 신경성 위장병이 많은 건 이 때문이다. 폐대장의 금기운에 균열이 있으면 슬픔에 쉽게 노출된다. 작은 일에도 우울증에 걸리기 십상이다. 또 폐는 호흡과 피부를 주관하기 때문에 아토피나 비염 등도 폐기와 깊은 관련이 있다. 신장·방광의 수기운에 문제가 있으면 늘상 불안에 시달리게 된다. 모든 사건을 부정적으로 해석하는 습관에 빠질 수도 있다. 감정은 곧 물질적 대사로 연결된다. 감정의 흐름이 깨져도 장부에 병이 생기고, 거꾸로 장부에 문제가 있어도 감정의 자연스러운 리듬이 깨지게 된다. 두려움이나 슬픔 같은 정서만이 아니라, 기쁨과 즐거움 역시 마찬가지다. '좋아 죽는다'

는 말은 결코 허언이 아니다. 특히 요즘처럼 과도한 볼거리와 이벤트 만능 시대에는 빠른 비트의 춤과 노래에 노출되는 청소년들이 아주 많다. 당연히 심장기능에 항진이 올 것이다. 그런 점에서 갑상선 항진증, 공황장애, ADHD 등의 질병은 지난 10여 년간 과도하게 화기를 부추긴 결과라는 점에서 일종의 시대적 돌림병에 해당한다. 요약해 보면, "자꾸 화를 내면 간장과 쓸개가 병들고, 지나친 쾌락에 빠지면 심장과 소장에 병이 생긴다. 또한 지나친 걱정은 비장과 위장을 병들게 하고, 커다란 슬픔은 폐와 대장에, 섬뜩한 공포는 신장과 방광의 병을 만든다".(허훈, 『마음은 몸으로 말한다』, 63~64쪽)

이걸 바탕으로 사주팔자의 오행 구성을 보면 자신의 감정적 회로를 입체적으로 파악할 수 있다. 어떤 사람을 만났을 때 처음 느끼는 분위기나 첫인상 등도 이와 무관하지 않다. 아주 단단하고 야무지게 느껴지는 이도 있고, 뭔가 모호하고 느슨한 분위기를 풍기는 이도 있고, 어질게 보이기도 하고, 모질게 보이기도 하는 등등. 물론 거기에는 선악시비 혹은 우열이 부과되지 않는다. 목이 금보다 더 좋은 것도 아니고 수가 화보다 우월한 것도 아니다. 다만 오행의 다채로운 흐름과 속성이 있을 뿐! 이 오행의 향연을 충분히 음미하고 즐길 수 있을 때 팔자의 조건 없는 긍정이 가능하다. 오행 및 생극에 대한 어떤 선입견도 갖지 않는 것, 그러기 위해선 우리가 무의식적으로 고수하고 있는 소위 정상성과 상식적 통념에 대한 재검토가 필요하다. 선악시비, 그리고 우열로 이루어진 우리의 척도들은 거의 모두 외부에서 주입된 것이다. 그리고 그런 식의 표상의 진정한 배후조종자는 부와 권력이다. 특히 우리 시대의 척도는 전적으로 자본이다. 따라서 그걸 기준으로 내 운명을 읽게 되면 팔자 속의 '자연'은 침묵해 버린다. 문명과 자연 사이의 대결과 긴장이 벌어지는 국면이 바로 이 지점이다. 문명의 척도가 강고하게 작동하는데 자연이 대체 어떻게 그 비의를 드러낼 수 있겠는가. 자연과 소통하기 위해서, 더 구체적으로 내 팔자의 잠재력을 읽어 내기 위해선 무엇보다 나를 지배하는 표상의 덫에서 탈주해야 한다. 탈주를 향한 고투, 그것이 이 앎의 향연에 참여할 때 치러야 할 가장 일차적 대가다.

덧붙이면, 네 개의 기둥을 따로따로 파악하는 방법도 있다. (오른쪽부터) 순서대로 초년·청년·중년·노년 순서로 읽기도 하고, 초년은 조상의 운, 청년은 부모의 운, 중년은 배우자의 운, 노년은 자식의 운, 이런 식으로 생로병사를 읽어 내기도 한다. 한편, 천간 따로 지지 따로 분리해서 전자는 존재가 지향하는 가치와 욕망의 흐름으로, 후자는 존재가 부닥치는 구체적인 삶의 현장이라고 보기도 한다. 예를 들어 천간에 재성이 있는 것과 지지에 재성이 있는 것은 전혀 다르게 작동한다. 전자는 재물을 향한 지향이 있다는 의미이고(물론 그래서 재물과의 인연이 깊을 수 있다), 후자는 나의 지향과는 무관하게 삶의 구체적 현장이 재물운과 깊은 관련이 있다는 뜻이다. 이밖에도 수많은 방식의 독법이 가능하다. 팔자의 동그라미에는 작용과 반작용의 파노라마가 무궁무진한 까닭이다. 12운성법, 격국론, 백호대살과 괴강살, 천을귀인 등 카리스마 넘치는 용어들도 모두 거기에서 비롯된다.

태과와 불급, 그 원초적 평등성

"무자식 상팔자", "팔자도망은 못한다더니" 같은 말들의 뉘앙스가 보여 주듯, 팔자라는 낱말의 용법은 대개 부정적이다. 하긴 팔자타령 자체가 이미 자신의 팔자를 한탄하는 것을 내포하고 있다. 아닌 게 아니라, 대부분의 팔자는 '사납다'. 오행을 두루 갖춘 경우는 거의 없고, 있다고 해도 그런 경우는 상극으로 꽉 막혀 있다. 어떤 오행은 사방이 꽉 막혀 차라리 없는 것만 못하고, 또 어떤 경우는 지나치게 많아서 도무지 다음 스텝으로 넘어갈 엄두를 내지 못한다. 그뿐인가. 도처에 그 무섭다는 '살'들이 득시글거린다. 도화살, 역마살, 명예살, 귀문관살 등등. 명리의 기초를 배울 때 처음 드는 생각 — 세상에는 참 좋은 팔자가 드물구나, 아니, 좋은 팔자라는 게 있기나 한 것일까.

다른 한편, 이렇게 험한 팔자로 용케 잘들 산다는 생각도 든다. 그 정도로 팔자의 동그라미에는 태과와 불급이 넘친다. 전작 『동의보감, 몸과 우주 그리고 삶의 비전을 찾아서』에서도 누누이 강조했듯이 "태과, 불급을 벗어나라!" 우주의 원리는 오직 이것뿐이다. 그런데 이토록 태과불급이 넘치다니. 아니, 태과불급이 없는 것이 오히려 더 이상할 지경이다. 그런데 그럼에도 불구하고, 아니 그렇기 때문에 모든 팔자는 평등하다! 이것이야말로 우주적 역설이다. 세상의 모든 팔자는 험궂은데, 바로 그렇기 때문에 모두가 평등하다는 이 기막힌 진리! 이 진리를 깨달을 수 있어야 비로소 '팔자타령'에서 벗어날 수 있다.

첫번째 근거. 누구든 여덟 개의 카드뿐이라는 사실. 왕후장상이건 농민이건 브라만이건 수드라건 혹은 그 누구건 여덟 개보다 많은 카드를 가질 수는 없다. 현실을 보면 슈퍼맨이나 영웅 혹은 대자본가가 있지만 운명의 차원에선 그들 역시 '팔자' 그 이상을 누릴 수 없다. 만약 그들의 부와 권력이 타고난 것이라면 대신 다른 것들을 포기해야만 한다. 세상을 온통 애플로 만들어 버린 스티브 잡스, 그의 재산은 8조 달러쯤 된다고 한다. 우리 시대에 부와 명예에 있어 그를 따라갈 자는 없다. 세계 최고의 부자이면서 동시에 정신적 구루 역할을 했던 존재. 하지만 그도 결국 2011년 가을 췌장암으로 길지 않은 생을 마감하고 말았다. 그의 재산도, 그의 명예도, 그의 탁월한 상상력도 이 병과 죽음 앞에선 그저 무력할 따름이다. 또 전 세계인들의 사랑을 받았던 마이클 잭슨. 마이클 잭슨만큼 성공한 가수가 세상에 또 있을까. 하지만 그는 성형중독으로 평생 자신의 몸을 학대했고, 지독한 외로움 속에서 결국 약물중독으로 죽음에 이르렀다. 그래서 결국 모든 인생이 다 허무하다…는 말을 하고자 하는 것이 아니다. 스티브 잡스와 마이클 잭슨, 그들이 지닌 능력과 질병은 분리될 수 없음을 말하고 싶은 것이다. 능력만 얻고 질병은 버리면 될 것 같지만 운명의 세계에서 그런 편법은 통하지 않는다.

그런 점에서 고스톱의 원리와 비슷하다. 고스톱을 해본 이는 알 것이다. 광이 많다고 패가 더 잘 풀리질 않는다는 걸. 오히려 광이 많으면 괴롭다. 판을 포기할 수도 버릴 수도 없게 하는 게 광이다. 광이 좋은 건 광을 팔 때뿐이다. 판에 끼지 못하는 대가로 개평을 뜯는 것. 뭔가 의미심장하지 않은가. 그런가 하면 최고의 패는 '피'다. 껍데기라 부담이 없고 게다가 뭐든 될 수 있다. 피로 가득한 패는 그냥 치기만 해도 쌍피를 불러오거나 아니면 뭔가 다른 알맹이들을 물고 들어온다. 그러다 보면 전혀 뜻하지 않게 멋진 작품을 만들 수도 있다. 한마디로 다양한 변용이 가능하다. 이 또한 의미심장하지 않은가. 요컨대 패가 좋다는 건 패가 잘 풀리는 데 있는 것이지 무엇을 가지고 있느냐는 부차적인 사항이다.

팔자 또한 그러하다. 여덟 개의 카드로 음양오행이라는 기운을 표현해야 하기 때문에 골고루 다 갖춘다는 건 불가능하다(아니, 무의미하다는 게 더 맞을지도). 결국은 어느 쪽으로든 치우칠 수밖에 없다. 넘치거나 모자라거나. 그리고 더 중요한 사실은 그래야만 태어난다는 점이다. 미리 밝혔듯이 천간과 지지 사이엔 두 개의 잉여가 있다. 천지는 태초부터 서북쪽으로 기울어져 있고, 자전의 축 또한 23.5도 기울어져 있다. 말하자면 우주는 완전한 원형이 아니다. 타원형이거나 아니면 약간 일그러진 형태의 원형이다. 이런 상태로 또 계속해서 돌아간다. 돌고 돌아 멈추지 않는다. 그럴수록 간극들이 쌓이고 쌓여 주름투성이가 된다. 결국 이 우주 속의 모든 존재는 이 주름의 산물이다. 당연히 넘치거나 부족할 수밖에 없다.

태과와 불급은 같다. 오히려 태과가 불급만 못하다. 지나친 것이 잉여의 차원에선 더 무겁고 탁하기 때문이다. 무거우면 탁하고 탁하면 흐르지 못한다. 다음 단계로 넘어가지 못한다는 뜻이다. 그래서 넘치는 데서 오는 번뇌가 더 힘든 법이다. 그렇게 보면 우리 시대의 문제도 확연해 보인다. 물질적 문명의 진보에도 불구하고 정신적 가치가 모자라는 것이 아니라 기술 문명의 태과가 정신의 빈곤과 고립을 자초한다고 봐야 한다. 인류학적으로 보면 모든 시대와 문명 또한 팔자의 주름을 벗어나지 못하고 있는 셈이다. 그렇게 보자면, 더 좋은 시대도 더 나쁜 시대도 없다. 물질과 정신 사이의 관계와 배치에 따라 좋게도 되고 나쁘게도 될 뿐이다. 그런 점에서 역사의 진보란 '만들어진 표상'에 불과하다. 물질적 풍요를 누리면서 동시에 정신적 자유도 만끽하는 시대가 대체 어떻게 가능한가? 그것도 전 세계인들이 모두. 만약 그런 시대가 온다면 지구의 생태적 자산은 완전히 거덜나고 말 것이다. 이런 이치를 터득하는 것이 바로 명리학이다. 천지만물의 원리를 바탕으로 욕망의 배치를 근원적으로 바꾸는 것, 이보다 더 능동적인 실천은 없다. 아울러 역사가 '모두가 다 잘사는' 유토피아를 향해 나아간다는 관념은 '지금, 여기'는 물론, 이전의 모든 시대를 과도기요 이행기로 간주하는 사유를 낳게 된다. 이거야말로 소외의 극치가 아닐까. 스티븐 호킹이 말했듯 우주에는 중심이 없다. 우주의 끝을 향해 가다 보면 결국 자신이 출발한 지점으로 되돌아온다. 그러므로 중요한 건 자신이 선 자리에서 한 걸음을 내딛는 것뿐이다. 역사적 실천의 원리 또한 이와 다르지 않다. 해방을 '향해' 달려가는 것이 아니라, 자신이 선 그 자리를 해방의 공간으로 전환시키는 것—이보다 더 혁명적인 실천은 없다!

개인의 경우야 더 말할 나위도 없다. 사주팔자를 뽑아 보면 오행상 어느 쪽으로든 다 기울어져 있다. 심한 경우 한 오행이 고립이거나 아니면 아예 없기도 하다. 한두 개의 오행만으로

된 경우도 있다.(윽!) 고스톱으로 치면 한두 종류의 패만 들어온 셈이다. 그럼 판을 포기해야 하나? 그렇지 않다. 좀 위험성이 있긴 하지만 또 패가 골고루 들어온 경우에는 누릴 수 없는 스릴이 있다. 그 스릴이 오히려 인생역전의 발판이 되기도 한다. 불급의 극단인 고립의 경우에도 마찬가지다. 고립은 다른 오행에 가로막혀서 순환이 불가능한 경우다. 하지만 그 카드는 존재의 무게중심이 된다. 엉? 어떻게? 아픈 곳이 몸의 중심이 되는 것과 같은 이치다. 손가락이건 발톱이건(자식이 깊은 병이 들면 그 자식을 인생의 축으로 삼는 부모가 그런 것처럼). 그렇기 때문에 그 카드들이 야기하는 파장은 크다. 즉, 가장 문제적인 곳이지만 동시에 그것이 구원처일 수 있다. 왜냐하면 이것이 문제와 사건의 중심이 된 건 다른 일곱 개의 카드 때문이다. 즉, 그것 자체가 일으키는 것이 아니라, 다른 카드와의 관계가 그렇게 만드는 것이다. 그런데 다른 카드에 대해서는 당연하게 받아들이고 이것만 쏙 뽑아 버리겠다는 생각은 그야말로 무지의 산물이다. 만약 어떤 비책을 동원하여 그것을 제거해 버린다면 그 순간, 나머지 일곱 개의 카드도 다 위치를 바꾸어 버릴 것이다. 그러면 또 다른 카드가 고립이나 태과에 처하게 될 게 뻔하지 않은가.(카드 돌려막기의 비애?^^)

팔자가 원초적으로 평등하다는 두번째 근거는 바로 이것이다. 모두가 태과불급의 처지로 세상에 온다는 것. 그래서 그것 때문에 괴롭지만 그것이 또 삶을 살리기도 한다는 것. 원수로 여겼는데 은인이 되고, 은인이라 여긴 것이 원수가 되는 아이러니! 결국 지금의 나의 몸, 그리고 내 삶의 조건은 우주적으로 볼 때 '최선'이다. 브리콜라주°가 그렇듯이, 있는 재료를 가지고 최선을 다해 만들다 보니 이렇게 된 것이다. 그리고 이것들 사이엔 어떤 위계도 없다. 인간이 만물의 영장인 이유는 오행을 자체적으로 조율할 수 있는 능력 때문이다. 뭔가가 심각하게 결핍되면 아무것도 못할 것 같지만 절대 그렇지 않다. 몇 해 전, 4월 20일 장애인의 날 특집으로 방영했던 'MBC 스페셜' 〈승가원의 천사들〉에 '두 발 꼬마'가 나온 적이 있었다. 승가원에 살고 있는 이 열한 살 짜리 꼬마는 팔이 없이 두 발로만 살아간다. 두 발로 밥도 먹고 옷도 갈아입고, 춤도 추고 달리기도 하고… 못하는 게 없다. 두 발이 우리의 사지를 합친 것보다 더 활발했다. 그뿐인가. 학급 회장선거에도 나가고 여자친구도 있다. 꼬마는 활짝 웃으면서 말한다. 팔이 없어도 괜찮다고, 두 발로도 충분하다고. 무엇보다 놀라웠던 건 승가원의 동생한

° **브리콜라주(bricolage)와 브리콜뢰르(bricoleur)** 인류학자 레비 스트로스가 사용한 용어로 그는 원시부족사회의 문화에 큰 관심을 가지고 '브리콜뢰르'(손재주꾼)의 역할을 규명하고자 했다. 브리콜뢰르는 '여러 가지 일(직업)을 능숙하게 처리하는 사람', 브리콜라주를 수행하는 사람을 가리키는 말. 부족사회의 문화 담당자 브리콜뢰르는 한정된 자료와 용구를 가지고 최고의 솜씨를 발휘해 낸다. 어쩐 조건에서도 사물들 속에 숨어 있는 다양한 가능성을 끌어내는 그와 같은 기예를 브리콜라주라고 한다.

테 한글을 가르치고 있는 장면이었다. 동생은 뇌병변으로 인지 능력이 한참 떨어진다. 한글은커녕 자기 이름자 하나를 깨치는 데도 무지막지한 시간이 걸린다. 그렇지만 이 두 발 꼬마는 가르치고 또 가르친다. "내가 너 때문에 미쳐, 미쳐!"를 외치면서도. 이것이 바로 신기지물의 진정한 의미이자, '오체대만족'의 지극한 경지다.

팔자가 차별상이 되는 건 어디까지나 사회적 조건과 통념으로 인해서다. 무엇보다 '부귀는 당연히 누리고 빈천은 무조건 피하고 싶은' 욕망이 가장 큰 장벽이다. 원초적 간극에다 이런 식의 탐욕이 중첩되면서 차별이 이중 삼중으로 증폭되는 것이다. 이런 과정을 통찰하지 못하면 마치 모든 차별상이 타고난 운명 탓이거나 아니면 외적 조건 탓이라는 전도가 일어난다. 그렇게 되면 한편으론 자신의 존재를 통째로 부정하거나 아니면 자신이 운명의 주인이라는 사실을 망각하게 된다. 한마디로 태과불급을 더더욱 심화시키는 셈이다. 승가원 꼬마와는 정반대로, 많은 것을 가지고 있으면서도 아무것도 하지 못하는 신세가 되어 버린다.

팔자에는 주/객이 없다. 누가 나에게 부과한 것이 아니라는 말이다. 선천적으로 주어진 것이지만 그것 역시 어떤 노력과 훈련의 결과일 것이다. 하지만 우리는 그 유래를 잊어버렸다. 그래서 '팔자타령'을 하며 하늘과 부모 혹은 사회를 원망한다.

그런데 그것이 그들의 탓이라면 마땅히 그 굴레로부터 벗어나려는 행동이 수반되어야 한다. 그런데 그렇기는커녕 더더욱 팔자를 꼬는 데 몰두한다면 그건 대체 누구의 탓인가? 자업자득, 자작자수!

요컨대, 팔자는 용법이다. 여덟 개의 카드를 어떻게 쓸 것인가? 운명의 키는 여기에 달려 있다. 이미 주어진 것은 과거의 산물이라고 치자. 이것은 과거를 말해 주는 것이지 미래를 말하는 것은 아니다. 과거로 인해 불행하다고 생각한다면 그 과거를 버리거나 바꾸어야 하지 않을까. 그러기는커녕 계속 그 과거를 붙들고 늘어진다면 그거야말로 숙명론이다. 앞으로도 그 과거의 리듬처럼 살아갈 테니까. 즉, 여덟 개의 카드들을 어떻게 접합하고 변용할 것인가는 철저히 '지금, 여기'에 달려 있다. 과학적 운명론이기도 한 유전생물학에서도 이치는 다르지 않다. 유전자를 밝혀내면 인간적 특별함의 근거를 찾아내리라는 예상과는 달리 인간은 침팬지와는 거의 전부, 심지어 초파리하고도 60% 이상 유전자를 공유하고 있음이 밝혀졌다. 하지만 중요한 건 그 같은 공통점이 아니다. 그 유전자로 무엇을 하느냐이다. 그에 따라 "이제 과학자들은 유전자를 개별 명령의 집합이 아니라 변화에 반응할 수 있는 총체적인 조절 구조를 갖춘 복잡한 정보망으로 인식하기 시작했다".(샤론 모알렘, 『아파야 산다』, 김소영 옮김, 김영사, 2010, 171쪽) 그런데 새로운 연구에 따르면 이 유전자 자체도 고정된 것이 아니라고 한다. 특정화합물이 특정 유전자에 달라붙어 그 유전자가 표현되지 못하도록 억제하는 스위치 역할을 한다는 사실이 밝혀진 것이다. 다시 말하면 후천적 형질이 선천에 깊이 개입할 수 있음이 드러난 것이다. 이것을 'DNA 메틸화'라고 한다. 그것은 "메틸기methyl group라는 화학물질이 유전자와 결합하여 해당 유전자의 발현 방식을 변경하되 DNA는 바꾸지 않을 때 발생한다".(같은 책, 200쪽)

마찬가지로, 운명의 지도 역시 카드 자체의 '자성'自性이 아니라, 그것들이 결합, 배열되는 방식에 따라 전혀 다르게 작용한다. 문제는 이런 원리가 사회적 조건과 통념에 의해 가려진다는 데 있다. 부귀를 향한 집착, 정상성이라는 척도, 다다익선의 논리 등등에 의해. 이런 통념으로부터 벗어나지 않는 한 모든 사람들은 자신의 팔자를 원망하거나 저주할 수밖에 없다. 어떻게 하면 이 '팔자타령'의 고리를 끊고 자기 운명의 본래면목을 볼 것인가?—이것은 빈부귀천, 남녀노소를 막론하고 모든 사람들이 풀어야 할 숙제이자 소명이다. 고로, 모든 팔자는 평등하다.

'숨은 조커'를 찾아라!

카드게임의 묘미는 뭐니뭐니 해도 조커다. 고스톱에도 조커가 있다. 판이 큰 경우엔 조커가 세 장 이상 숨겨져 있는 경우도 있다. 조커란 원 카드에는 속하지 않는 패다. 어디에도 속하지 않지만, 여차하면 꼭 필요한 카드로 바뀔 수 있는 패. 한마디로 숨어 있는 비장의 무기다. 조커가 있으면 일단 안심이다. 여차하면 필살기로 쓸 수 있으니까. 팔자에도 조커가 있다. '지장간'地藏干이 바로 그것이다. 지장간은 말 그대로 '지지에 숨어 있는 천간'이라는 뜻이다. 하늘과 땅은 끊임없이 서로의 기운을 주고받는다.

> 하늘은 어디에 의지하는가? 땅에 의존한다. 땅은 어디에 의존하는가? 하늘에 의존한다. 그렇다면 하늘과 땅은 어디에 의존하는가? 자연에 의존한다. 하늘은 형에 의지하고 땅은 기에 의지하는데, 형은 끝이 있으나 기는 끝이 없다.(『동의보감』, 「잡병편」, '천지운기' 중)

이른바 천지감응이 바로 이것이다. 땅에 비추어진 하늘의 기운은 땅이 소중하게 감추어 둔다. 그것이 곧 지장간이다. 지장간의 조견표는 아래와 같다.

지장간이 구성되는 원리도 뚜렷한 체계를 지니고 있다. 그것에 대해서는 전문역학서를 통해 터득하도록 하고, 여기서는 인문의역학적 내용만 다루기로 한다. '곰진'이의 경우 지지가 묘, 사, 축, 신인데, 이 오행들의 지장간을 찾아보면 묘卯는 갑목과 을목, 사巳는 무토와 병화, 그리고 경금, 축丑은 기토와 계수

지장간 조견표

지지	子	丑	寅	卯	辰	巳	午	未	申	酉	戌	亥
지장간	癸	己	甲	乙	戊	丙	丁	己	庚	辛	戊	壬
	壬	癸	戊	甲	乙	戊	丙	丁	戊	庚	辛	戊
		辛	丙		癸	庚	己	乙	壬		丁	甲

와 신금, 신申은 무토와 경금과 임수 등이다. 상당히 풍성한 편이다. 십간 중 아홉 개가 포함되어 있다. 곰진이 같이 원국 자체가 오행을 두루 갖춘 경우야 덜 아쉽겠지만 원국이 한두 가지 오행으로 편중된 경우 지장간은 실로 요긴하다. 물론 원국만큼 파워풀하진 못하지만 그래도 상당한 서포트가 가능하다. 숨은 조커가 있다는 것, 생각만 해도 기막힌 행운 아닌가.

처음 명리학을 배웠을 때 이 지장간이라는 개념이 가장 흥미로웠다. 천간은 하늘의 기운인데, 지지에도 하늘의 기운이 잠복하고 있다니. 그리고 그것이 사람의 몸에도 고스란히 투영된다니. 내 운명 안에 천지가 서로 교차하면서 감응하고 있음을 실감할 수 있었다. 아울러 조커는 내가 결정적인 순간에 꺼내 쓸 수 있는 히든 카드다. 지장간은 강력한 파워를 발휘하지는 못하지만 타이밍이 잘 맞으면 국면을 전환하는 데는 그만이다. 예컨대 나의 경우는 원국 사주에 '목'과 '화'가 없다. 그럼 간/담과 심장/소장의 기운이 별 볼 일 없다는 뜻이고, 겉보기에도 좀 '없어' 보일뿐더러 몸도 찬 편이다.(그래서 도수가 센 빼갈을 좋아한다.^^) 하지만 다행히 지장간에 목과 화가 숨어 있다. 그렇다면, 목/화는 내 몸과 활동을 주도하는 힘은 아니지만 잠재하고 있는 힘이라는 뜻이 된다. 목화지기가 없으면 뭘 해도 폼은 좀 안 난다. 대신 대책 없이 일을 벌이거나 산만하게 늘어놓지는 않는다. 좋게 말하면 신중하고, 솔직하게 말하면 소심하다. 하지만 그래서 기운을 쓸데없이 낭비할 염려는 없다. 잘 간직하고 있다가 필요할 때 적절하게 꺼내 쓰면 된다. 그러면 오히려 원국에 목화지기가 있는 경우보다 더 유용하게 쓸 수도 있다.

이렇듯 지장간이라는 개념은 팔자의 운용법을 대폭 넓혀 준다. 지지에 자기와 다른 오행이 담겨 있듯이 각각의 오행에도 다른 힘이 내재하고 있다. 목화토금수는 끊임없이 변전한다고 했다. 목은 화를 낳고(목생화) 토를 극하면서(목극토) 금에 극을 당하고(금극목) 수에 의해 생겨난다(수생목). 목 자체로 고고하게 홀로 있는 순간은 없다는 뜻이다. 이 말은 목이 목으로 작용하는 것은 화토금수의 힘들이 함께 작용해야만 가능하다는 뜻도 된다. 다른 오행도 마찬가지다. 따라서 한 가지 오행으로만 된 경우에도 그 안에서 자체적으로 다른 힘들을 만들어 낼 수 있다. 사주명리학의 '꽃'(^^;)인 충합살, 12운성, 격국론, 허자론 등이 모두 이런 '히든 카드들'의 화려한 경연장에 다름 아니다. 원국 사주의 오행을 배우고, 그다음에 상생과 상극을 배우고, 그다음에 배우는 것이 충합의 원리다. 다시 강조하거니와 천간과 지지는 변화, 운동하는 오행이다. 충합은 그 과정에서 생겨나는 변화의 국면들이다. 모든 변화는 다이내믹하다. 그것이 사회적 조건과 만나 길흉이라는 통속적 판단을 낳긴 하지만 그 자체로는 시비선악이 있을 수 없다. 살 또한 마찬가지다. 충합보다 변화와 이동, 충돌의 양상이 격렬한 것이 바로 살이다. 살 중에 최강급은 백호대살(백호白虎를 만나 피를 철철 흘린다는 살)과 괴강살(괴강이라는 별에서 뿜어 나온다는 살로 모든 사람을 제압하는 강력한 살)이다. 이름만으로도 카리스마가 넘치지 않는가. 사주에 이런 살이 있으면 기세가 강렬하다. 절대 호락호락하게 살 수가 없다. 그러니 당연히 가족관계를 벗어날 가능성이 높고, 그러다 보면 인생이 파란만장할 수밖에 없다. 하지만 결국 그것도 스스로 불러들이는 운일 뿐이다.

보통 많이 알려진 것으로는 도화살(자오묘유), 역마살(인신사해), 명예살(진술축미) 등이 있다. 살은 일단 격렬한 변화수를 동반한다. 그래서 우여곡절을 겪기도 하지만, 덕분에 남다른 개성과 내공을 분출할 수 있다. 말하자면 일종의 특이성에 해당한다. 특히 사람들이 무서워하는 각종 '살'들은 잘만 쓰면 '미친 존재감'을 드러내는 비장의 무기가 될 수 있다. 예컨대, 도화살은 색色에 빠져서 패가망신하기 쉬운 무서운 살이다. 하지만 연예인에게는 비장의 카드가 될 수 있다. 대중의 인기를 먹고 살아야 하는데 도화살이 전혀 없다면 좀 난감하지 않을까? 물론 지나치면—여기서 지나치다는 건 스스로 통제할 수 있는 범위를 넘어선다는 뜻이다—한방에 추락을 감수해야 한다. 또 여행업을 하는데 역마살이 없으면? 역시 마찬가지다. 더구나 요즘은 전 지구적 대이동의 시대 아닌가. 그야말로 역마살이 번성하는 시대다. 그 이름도 섬뜩한 공망살도 그렇다. 공망空亡이란 천간의 짝이 없이 지지만 있는 오행을 말하는데, 예전에는 독수공방하는 살이라 여겨 아주 꺼렸지만 이것도 운용하기 나름이다. 때론 공망살이 훨씬 유리한 경우도 많다. 또 공망이 다른 오행과 충을 하면 엉뚱한 리듬을 만들어 내기도 한다. 이런 사항을 알게 되면 살에 대한 맹목적 거부감을 벗어날 수 있다. 심지어 이렇게 토로하는 경우도 있다. "살煞이 있어 행복해요!^^" 실제로 그렇다. 명리의 기초를 배우다 보면 처음엔 살이 있을까 봐 겁내지만 나중엔 살이 없는 걸 좀 서운해한다. 살이 없으면 안정감(혹은 지루함)은 있겠지만 대신 삶의 역동성을 맛보기는 어렵다. 그리고 상식적 통념과는 달리 대부분의 사람들은 안정보다는 변화를 원한다. 미국의 한 조사에서 90세 이상의 노인들에게 다시 젊은 날로 돌아가면 뭘 하겠느냐고 물었다. 노인들은 이구동성으로 "모험을 하겠다!"고 대답했다. 이것이 인생이다. 변화는 고생스럽다. 하지만 그 속에서만이 '살 떨리는'(^^) '미친 존재감'을 맛볼 수 있다. 그러니 살에 대한 두려움에서 벗어나 오히려 그걸 즐기는 훈련을 하는 게 낫지 않을까.

이 또한 사주명리학의 마법이다. 앞에서 보았듯, 누구든 치우치거나 기울어져야 태어난다. 그렇기 때문에 역설적으로 모든 존재는 그 자체로 완벽하다, 아니 최선이다! 출발의 조건도 그렇지만 이후에도 그러하다. 여덟 개의 카드는 구성이 어떻든 간에 다른 오행으로 변주될 수 있는 유동성을 지니고 있다. 그것은 곧 '다른 존재'가 될 수 있는 능력이기도 하다. 인생역전 혹은 깨달음이라는 것도 마찬가지다. 지금의 내가 아닌 아주 낯선 존재가 되어 전혀 다른 삶을 산다는 뜻이 아닌가. 사주팔자에는 그런 식의 변곡점을 만들어 낼 '숨은 조커'들로 그득하다. 니체가 말한바, "생은 길섶마다 행운을 숨겨 두었다"는 예언이 혹 이런 뜻이었을지도.

내재하는 '외부', 대운 혹은 시절인연

10년쯤 공동체 생활을 하면 사람들의 인생이 급진적으로(?) 변하는 과정을 목격하게 된다. 예를 들면 이런 것이다.

★여자 1호 이름은 K. 평화운동가. 어릴 때부터 세계를 무대로 활동하기로 결심하고 결혼은 일찌감치 포기. 스스로 '솔로천국'을 외치며 연애나 결혼과는 담을 쌓고 살았다. 그러다 50대 중반, 대운이 바뀔 즈음 한 단체에서 외국인을 만나 번개를 맞은 듯 서로 끌렸다. 평생의 신조고 뭐고 다 내려놓고 열정적인 사랑을 주고받더니 마침내 결혼에 골인. 일 년의 반은 서로 떨어져 살고 있지만 늦깎이 결혼이 마냥 신기

하기만 하다.

★여자 2호 이름은 C. 간기울결로 인한 결벽증이 있는 데다 사람에 대한 분별도 좀 심하다. 명실상부한 '까도녀'. 그렇게 고고하게 살던 그녀가 2010년부터 갑자기 후배들의 공부와 일상을 전면적으로 챙기기 시작하더니 공동체의 리더가 되었다. '멘토링 삼매'에 빠져 정신없이 바쁜 나날을 보내면서 "내가 원래 이런 스타일이 아닌데…"를 중얼거리고 다닌다.

★여자 3호 이름은 P. 한국 최고의 기업에서 잘 나가는 디자이너로 10년을 근무하다 갑자기 연구실에서 각종 인문학 강의를 다 듣더니, 회사도 때려치우고 지금은 '상담의 달인'이 되었다.

이 사건들의 공통점은? 쏘 인크레더블! 아마 이들의 과거를 잘 모르는 사람들이라면 원래 그렇게 살아왔으려니 할 것이다. 하지만 이들의 인생역전 과정을 낱낱이 지켜본 나로서는 이보다 더 기막힌 마법은 없어 보인다. 대체 어떻게 저런 반전이 가능할까? 세상에 기적이 있다면 이런 게 기적일 것이다. 불과 몇 해 전에는 도저히 상상할 수 없었던, 그리고 어떤 설득과 회유에도 결코 일어날 수 없었던 인생의 행로가 펼쳐지는 것. 도대체 무엇이 저런 식의 클리나멘(변곡선)을 만들어 낸단 말인가? 어떤 과학적 모형이나 사회학적 프레임으로도 추론불가능한 사건들이다. 하지만 명리학상으론 충분히 가능하다. 아니, 아주 간단하다. 이들 모두 '대운'이 바뀌었기 때문이다. 10년 대운이 바뀌었으니 인생에 큰 변곡점이 생기는 거야 뭐 지극히 당연하다. 안 바뀌는 게 오히려 이상할 지경이다.

대운이란 한 사람의 인생을 10년 단위로 지배하는 운세다. 팔자가 '평생을 함께하는 원형'이라면 대운은 그 원형이 걸어가는 '시절인연'이다. 사람마다 대운의 숫자는 같지 않다. 만세력에서 사주를 뽑으면 대운 숫자가 나온다. 3이면 3세, 13세, 23세, 33세 등등이고, 5면 5세, 15세, 25세 등등. 말하자면 사람마다 대운의 기준이 다른 것이다. 그리고 이 기준은 원국 사주로부터 추출된다. 그렇다면 원국이 만들어 내는 생극의 동그라미 안에 대운의 리듬이 내포되어 있는 셈이다. 팔자 안에 들어있는 시간의 주름, 말하자면 '내재하는 외부'에 해당한다.

대운의 위력은 원국 못지않다. 어떤 면에선 더 파워풀하다. 구체적인 현장을 만들어 내기 때문이다. 원국의 여덟 글자가 내 존재의 바탕을 세팅하는 것이라면 이 세팅된 존재가 펼쳐지는 시공간이 곧 대운이다. 시운 혹은 시절인연이 바로 여기에 해당한다. 『삼국지』나 『열국지』에 나오는 영웅열사들도 시절을 만나지 못하면 뜻을 이루지 못한다. 어디 그뿐인가. 남녀 간의 만남도 시절인연이 맞지 않으면 지척에 두고도 스쳐 지나갈 수밖에 없다. 부와 권세, 공부와 명예운 다 마찬가지다. 세상만

사 타이밍이 맞으면 절대 불가능한 일도 멀쩡하게 이루어지고, 타이밍이 어긋나면 죽도록 기를 써도 비껴가는 법이다. 대운은 십 년을 지배하는 개별 팔자들의 고유한 리듬이고, 세운은 일 년마다 달라지는 공통의 리듬이다. 시절을 제대로 파악하려면 대운에다 세운까지 합쳐야 한다. 거기에다 그 달과 그날의 갑자를 겹쳐 놓으면 소위 '일진'이 도출된다. 그런 점에서 운이란 시간들이 중중무진으로 겹쳐지면서 그 접점에서 만들어지는 우주적 주름이다. 복이건 재앙이건.

모든 사람의 대운이 십 년마다 변한다는 건 여러 모로 의미심장하다. 십 년이면 강산도 변한다는 말이 있듯이, 사람의 인생 또한 그러하다. 생리학적으로 몸을 이루는 세포들도 최소 7년이면 물갈이를 한다고 한다. 그러니까 10년 전의 나와 지금의 나는 아주 다른 존재다. 그렇다면 대운이 달라진다는 건 외부적 조건이기도 하지만 내 존재의 주름 하나가 펼쳐지는 내부적 변용이기도 하다. 참 절묘하지 않은가.

하긴 생로병사는 늙고 병든다는 의미이기도 하지만, 더 구체적으로는 몸이 이전과는 전혀 다른 주름을 펼치는 과정이라고도 할 수 있다. 대운의 변화 또한 존재가 밟아 가는 단계의 표현일 수 있다. 여덟 개의 카드 위에 겹쳐진 변화의 리듬, 그것이 곧 대운이다. 대운 또한 오행의 차서를 밟아 변해 간다. 대운의 흐름은 순행과 역행이 있는데, 순행은 육십갑자의 순서를 따라가는 것이고, 역행은 갑자를 거꾸로 거슬러 올라가는 것이다. 예컨대 을축에서 시작하는 경우, 순행이라면 병인/정묘/무진 등으로 진행되고, 역행이라면 갑자/계해/임술 등의 순서를 밟는 것이다. 순행과 역행에 따라서도 아주 다른 국면이 펼쳐진다.

대운을 주욱 뽑아 놓으면 자신이 밟아 갈 시공의 리듬이 한눈에 펼쳐진다. 거기에서 핵심은 상승과 하강의 변주다. 즉, 지금이 아주 만족스럽다면 분명 다음 혹은 다다음 단계는 반드시 불만족의 양상이 펼쳐질 것이다. 부와 권세를 누리는 경우라면 그 진폭은 더더욱 벌어질 것이다. 원국을 좋게 타고날 수는 있지만, 평생에 걸쳐 대운의 흐름이 계속 좋기란 불가능하다. 당연히 부침이 있게 마련이다. 그래서 상승할 때는 더욱 몸을 낮추고, 하강할 때는 결코 낙담하지 말라고 하는 것이다. 또 하나. 나의 리듬이 좋다고 해서 나의 가족이나 친구들이 다 좋은 건 아니다. 서로 대립되는 경우가 더 많다. 지금 내가 원하는 것을 이루는 대신 누군가는 가장 소중한 것을 잃게 된다. 내가 가운이 넘치는 대신 누군가는 지금 탈진하고 있을 것이다. 이것이 오면 저것이 가고, 저것이 생기면 이것이 사라진다. 공동체 생활을 해보면 그 점이 아주 확연히 드러난다. 작년에는 사건사고의 주역이었다가 올해는 사고를 수습하는 역할을 하고, 도무지 공부가 늘 것 같지 않은 사람도 어느 해가 되면 전혀 예상 밖의 성취를 이루고… 이런 식의 변전이 실로 무쌍하게 벌어진다. 이걸 알면 누구든지 저절로 겸허해질 수밖에 없다. 운이라는 것이 결국 '우주적 인연'의 산물이라는 것을 인정하지 않을 수 없기 때문이다.

대운에도 강밀도의 차이가 있다. 특히 아주 기운이 센 간지가 있다. 갑목, 자수, 진술축미 등이 그렇다. 이들은 오행 중에서도 시작점이나 변화의 마디를 짓는 글자들이기 때문에 이 대운이 들어서면 인생이 그야말로 크게 국면전환을 한다. 상상도 못한 일을 하거나 전혀 예측불가능했던 관계망 속으로 들어가게 된다. 위에 등장한 K의 경우 병자丙子대운이 들어왔는데, 여기서 자수는 남편운이다. 거기다 해외역마까지 함께 들어섰으니 그야말로 기막히게 적중한 셈이다. C의 경우 갑신甲申대운이 들어왔는데 이걸 풀이하면 동료들과 조직운이 된다. P는 경진庚辰 대운이 들어왔다. 앞의 경우에 비해서는 변화가 약한 편이지만, 진辰토 역시 환절기의 마디에 해당한다. 이처럼 셋 다 상식의 차원에선 기적에 가까운 일이지만 명리상으론 아주 자연스러운 변화를 겪은 셈이다.

내가 본 사례 가운데 가장 놀라운 건 『임꺽정』의 저자 벽초 홍명희의 경우였다. 그의 사주를 뽑아 보았더니 60대에 '갑자' 대운이 들어왔다. 마침 그때 통일운동차 북한엘 갔다가 바로 그 자리에 눌러앉았다. 그러고는 북한에서 부수상까지 지내다

80대에 생을 마친다. 60대에도 인생이 180도 바뀔 수 있음을 보여 준 케이스다.○

그렇다면 사람의 일생은 본디 이렇게 변화를 겪는 것이 더 자연스럽다는 의미가 아닐까. 성인이 되고 직업을 얻고 결혼을 하게 되면 그때부터는 주욱 안정감 있게 갈 것이라는 생각이야말로 오산이 아닐까. 실제로 그렇게 사는 경우는 거의 없다. 그렇게 사는 것처럼 보일 따름이다. 아니, 그렇게 사는 게 더 좋다는 생각에 사로잡혀 있을 뿐이다. 그래서 중년에 불현듯 예기치 않은 변화가 찾아오면 몹시 당황할뿐더러, 그로 인해 변화에 대처하는 능력이 현저하게 떨어지게 된다. 그래서 우왕좌왕하다 보면 팔자에 끌려다니는 결과를 낳고 만다. 그 결과, 과거의 행복했던 순간을 추억하고 그 기준에 맞춰 자신의 현재를

○ **곰숙씨의 경우** 이 글의 저자인 곰숙씨는 7대운이다. 돌이켜보니 대운이 바뀔 때마다 공부의 영역이 달라졌다. 27세(1987년)부터 대학원에서 본격적으로 고전문학과 근대성 연구를 시작했고 37세가 되던 1997년 '병자' 대운이 오면서 '수유연구실'을 시작했다. '자수'가 들어왔으니 대운 중에서도 아주 센 국면을 맞이한 것이다. 47세가 되던 2007년 '을해' 대운을 맞이하여『호모 쿵푸스』를 비롯한 달인 시리즈를 내면서 독자층이 대폭 확대되었다. 5년 뒤 2012년『나의 운명 사용설명서』를 냈고, 그해부터 을해 대운의 지지인 '해'가 의미하는 역마살도 같이 들어와 뉴욕, 베이징, 열하, 도쿄 등을 편력하기 시작했다. 그리고 2017년부터 '갑술' 대운을 통과 중이다. 갑은 식상 중에서 '상관'에 해당하는 운으로, 쉽게 말하면 표현의 장이 열리는 것. 그래서인가. 2017년부터 jtbc <차이나는 클라스>를 필두로 각종 방송 및 유튜브 강의가 폭발적으로 늘어나는 '기현상'(^^)을 겪고 있다. 원국에 식상이 없어서 어릴 때부터 '내성적이다, 말이 없다, 답답하다'는 말을 수도 없이 듣고 자랐는데 말이다. 사람팔자 알 수 없다는 게 이런 뜻인가?

불운하다고 여기면서 인생을 허비하는 경우도 많다.

> 어린 시절의 경험을 생각해 보라. 당신이 명확하게 기억하는 것, 자신이 실제로 거기에 있는 듯이 보고 느끼고 나아가 냄새까지 맡을 수 있는 것. 어쨌거나 당신은 당시에 실제로 거기에 있었다. 그렇지 않은가? 그렇지 않으면 어떻게 기억하겠는가? 그러나 여기에 깜짝 놀랄 일이 있다. 당신은 거기에 없었다는 것이다. 현재 당신의 몸에 있는 원자는 단 하나도 그 사건이 일어났을 당시에 거기에 없었다. (……) 물질은 이곳에서 저곳으로 흐르며 순간적으로 모여서 당신이 된다. 따라서 당신이 무엇이든, 당신을 구성하는 재료들은 당신이 아니다. 그것이 당신의 머리카락을 쭈뼛 일어서게 하지 않는다면, 그럴 때까지 다시 읽어라. 중요하기 때문이다.(리처드 도킨스, 『만들어진 신』, 이한음 옮김, 김영사, 2007, 570쪽)

머리카락이 쭈뼛할 정도는 아니지만 오싹 소름이 돋는 건 사실이다. 내가 뭔가를 기억하는 순간, 나는 이미 그 기억 속의 내가 아니라니. 양자역학적으로 말하면, 나는 오직 지금, 여기만을 살 수 있을 뿐이다. 지금, 여기들이 무수히 모여 나라고 하는 것들이 구성될 뿐이다. "'나'의 정체성은 수많은 '너'와의 관계 속에서 만들어지는 역동적인 과정일 뿐 고정된 실체가 아니라는 것"(허훈, 『마음은 몸으로 말한다』, 89쪽)이다.

대운의 이치도 그와 다르지 않다. 지금의 너는 이전의 시공간에 있을 때와는 전혀 다른 존재라고 말해 주는 것이 바로 대운이다. 그렇기 때문에 지나간 과거를 붙들고 그것에 끄달릴 이유가 없다. 과거의 어떤 상태를 자신의 진정한(혹은 순수한, 혹은 행복한) 모습이라고 생각하는 한, 지금의 나는 늘 거기에 미달하거나 부족할 뿐이다. 그게 이어지다 보면 결국 나의 팔자는 온통 결핍으로 채워지고 만다. 대운이라는 강물은 하염없이 흘러가고 있는데, 나의 의식의 물결은 어느 한 모퉁이에 들러붙어 앞으로 나아가기를 거부하고 있는 것이다. 시간이 지날수록 그 의식은 웅덩이나 늪이 될 것이다.

대운을 알면 전략을 짜기 쉽다. 시절인연을 만나기 전에는 결코 어떤 일도 이루어지지 않는다. 지금이 잠수를 타야 하는 시기라면 느긋하게 때를 기다리면 되고, 잠수가 끝나고 막 떠오를 때라면 흥분할 필요 없이 여유있게 즐기면 된다. 물론 거기에는 지혜가 필요하다. 보통 일이 잘될 때는 대개 자기의 능력 덕분이라 여긴다. 그래서 자만심이 강해진다. 그리고 그런 식의 행운이 계속 뒤따를 것 같은 착각에 빠진다. 그러다가 대운이 바뀌어 만사가 막히게 되면 그때부터는 세상을 탓하기 시작한다. 상처로 얼룩진 사람들의 이야기를 들어 보면, 하나같이 자신은 빠져 있다. 모든 것의 원인과 책임은 세상과 타인들의 몫이다. 만약 그게 사실이라면 자신이 인생의 주인이 아니라는 뜻인데, 따지고 보면 그게 더 심각한 일 아닌가. 자신의 삶에서 자신이 주인이 되지 못하는 것, 그것이 곧 상처의 원천임을 환기할 필요가 있다.

팁 하나. 혹시 지금 실연을 당했으면 딱 5년만 기다리시라. 나를 버리고 간 그 사람의 연애도 5년 안에 끝장이 난다. 대운 10년은 천간과 지지로 5년씩 마디가 지어지기 때문이다. 물론 그 사이의 세운에 의해서도 완전 딴판이 될 수 있다. 동시에 그 사이에 자기 자신도 전혀 다른 인연의 장에 들어서게 될 것이다. 그리고 은근히 감사하게 될 것이다. 자기를 버리고 떠난 옛 연인에게. 그가 아니었다면 어떻게 새로운 삶이 가능했겠는가. 더 나아가 누가 누구를 버리고 버림받고 하는 것이 아니라, 다만 서로 인연이 엇갈렸을 뿐임을, 그 과정에서 필연적으로 수반되는 진통이었음을 깨닫게 될 것이다. 여기에는 가해자도 피해자도 있을 수 없다. 원인도 주체도 없다. 다만 내 몸을 지배하는 시공간의 조건이 달라졌을 뿐이다. 요컨대, 모든 것은 지나간다. 대운이란 이 무상성의 이치를 깨우쳐 주는 명리학적 키워드다.

용신, 운명의 우주적 거래

불교적 수행 가운데 위파사나 명상법이 있다. 그 명상법에 따르면 가장 중요한 건 보는 것이다. '보면 사라진다'가 이 명상법의 기본 원리다. 뭘 보는가? 자신의 번뇌가 어떻게 일어나는지 어떻게 변화, 소멸되어 가는지를 보라는 것. 그러면 번뇌를 소멸시킬 수 있다는 것이다. 보면 사라진다고? 잘 믿기지 않을 것이다. 그렇게 쉽다면 누가 못한담? 맞는 말이다. 하지만 틀린 말이기도 하다. 보기만 해도 사라진다는 명제는 방법적으로는 참 간단하다. 그런데 본다는 행위 자체는 실로 어렵다. 자신이 무슨 짓을 하는지, 무슨 말을 하고 무슨 행동을 하는지를 아는 사람은 많지 않다. 대개는 자신도 모르게 실수로, 습관적으로,

무의식적으로 말을 하고 행동을 한다. 당연히 사건사고가 끊이지 않는다. 그런 다음엔 사고를 수습하기 위해 안간힘을 쓴다. 주로 변명, 아니면 원망이다. 그래서 또다시 반복한다. 어떻게 보면 인생 전체가 이런 식으로 반복되는 쳇바퀴일지도 모르겠다. 그래서 '보라!'고 하는 것이다. 자신이 지금 어떤 감정과 의식의 상태에 있는지를. 가장 간단하고도 근본적인 훈련은 호흡 관찰이다. 호흡을 면밀히 관찰하노라면 온갖 잡념과 망상이 흘러가는데, 그것들을 잘 보기만 해도 무차별적으로 끌려다니지 않을 수 있다는 이치다. 하지만 이것 자체가 엄청난 집중력을 요한다. 집중集中이란 '마음을 하나로 모은다'는 뜻으로 '지금, 여기'와의 완벽한 일치를 의미한다. 따라서 이 집중력 자체가 자신의 행위와 말과 생각을 통찰하는 '마음의 근육'에 다름 아니다.

사주명리학에서도 마찬가지다. 가장 중요한 건 보는 힘이다. 내 운명의 지도를 '있는 그대로!' 볼 수 있는 끈기와 열정이 필요하다. 보는 힘이 커질수록 자신의 운명에 개입할 수 있는 접점이 넓어진다. 보통은 비참하게 주어진 운명을 억척스럽게 개척하는 것이 인생역전이라고 생각하지만, 사실은 그렇지 않다. 그건 어디까지나 진부한 성공담의 서사일 뿐이고, 진짜로 인생을 바꾸려면 가장 먼저 자신의 운명을 존중할 수 있어야 한다. 그러지 않고선 부질없는 팔자타령 아니면 한방에 역전하는 도박심리만을 키우게 된다. 물론 그럴수록 팔자의 늪에 더더욱 빠지고 만다. 그래서 '보라'고 하는 것이다. 보면 알게 되고, 알면 사랑한다. 지知와 사랑은 하나다! 가장 단순한 예로 자기 안에 우주가 살아 숨쉬고 있다는 사실을 안다면 그 누구라도 자신을 대견스럽게 여기지 않겠는가. 봄·여름·가을·겨울에는 위계와 서열이 없다. 서로가 서로를 비춰 주면서 맞물려 돌아간다. 내 안에 있는 사계 또한 마찬가지다. 그 점만 통찰할 수 있어도 팔자타령의 늪에서 나올 수 있다. 그때부터 비로소 팔자의 태과불급을 조율하는 훈련에 돌입할 수 있는 법이다.

그 현장의 확보가 바로 용신用神이다. 용신은 사주명리학의 하이라이트다. 용신이란 내 사주의 태과불급을 순환시킬 수 있는 방편을 말한다. 가장 쉬운 예로, 사주에 '금수' 기운이 많다면 순환이 원활하지 못하다. 금수지기는 수렴성이 강하기 때문에 견고하게 뭉치기 십상이다. 이걸 순환시키려면 당연히 목화지기로 발산을 시켜야 한다. 수렴의 벡터를 끌어내 정체되지 않도록 하는 것이다. 반대로 목화지기가 강한 경우는 금이나 수의 기운을 빌려야 한다. 목화지기가 발달하면 활동력과 표현력이 강해서 일단은 활발해 보이지만 그렇다고 순환이 잘 되는 건 아니다. 금수지기를 통해 중심을 잡아 주지 않으면 활동력 자체가 습관적으로 고착되어 버릴 수 있다. 목화지기를 주로 쓰는 사람들 가운데 간기울결이나 정신분열증 혹은 우울증을 앓는 경우가 많은 건 그 때문이다.

그때 비장의 카드로 쓸 수 있는 오행이 바로 용신이다. 필요한 오행이 팔자 안에 있다면 당연히 그것을 용신으로 삼으면 되고, 원국에 없으면 지장간에 있는 히든 카드라도 찾아내야 한다. 만약 대운에 용신이 온다면 절호의 찬스라 여기고 힘을 충만하게 쌓아서 대운이 불리하게 바뀌는 시절을 대비해야 한다. 그것도 여의치 않으면 외부에서라도 끌어다 써야 한다. 무슨 뜻인고 하니, 인맥을 적극 활용하라는 것이다. 즉, 용신에 해당하는 기운을 많이 가진 친구들과 적극적으로 연대해야 한다. 같은 기운을 가진 사람들끼리만 있으면 처음엔 잘 통하는 듯 보이지만 어느 순간 갑자기 불통의 상태가 되어 버린다. 비슷비슷한 정서의 회로를 지니고 있기 때문이다. 생명은 '타자들의 향연'이라는 말이 있다. 낯선 것과의 마주침이 그만큼 중요하다는 뜻이다. 용신의 원리도 바로 거기에 있다.

용신이 워낙 중요하다 보니 학파에 따라 설이 구구하다. 용신에 해당하는 오행이 원국에 있어야 한다, 또 있어도 그것이 힘이 있어야 한다, 용신의 위상에 따라 운이 길하다 흉하다 등등. 각기 나름대로 의미가 있다. 하지만 가장 중요한 건 순환과 운동이다. 태과불급을 넘어 순환을 이룰 수 있는 방편이라면 뭐든 써야 한다. 극단적으로 팔자 전체가 하나의 오행으로만 되어 있다면 그 하나를 가지고 오행 전체의 순환을 만들어

내야 하는 것이다. 승가원 꼬마가 두 발로 모든 것을 해내는 것과 같은 이치다. 일종의 '운명의 브리콜라주'인 셈이다. 브리콜라주란 앞에서도 나왔지만 좋은 재료들을 가지고 작품을 만드는 것이 아니라, 그날 그 작업장에 있는 재료들을 활용하여 최고의 예술품을 만들어 내는 활동을 이른다. 재료 자체의 속성이나 본질이 아니라, 재료들이 어떻게 조합되느냐에 따라 작품의 질과 개성이 결정된다는 원리에 입각한 것이다.

물론 용신을 선택하거나 활용하는 데도 기본기가 중요하다. 가장 먼저 중시해야 할 사항은 반복의 늪에서 벗어나는 것이다. 반복은 순환의 죽음이다. 아니, 반복 자체가 죽음이다. 암과 자폐증, 그리고 치매. 현대인을 두렵게 하는 이 병들의 공통점은 이웃과의 단절이다. 세포 단위든 개체 단위든 일단 소통이 단절되면 모든 존재는 자기 동일성만을 증식하게 된다. 자기 동일성의 증식이 곧 반복이다. 반복의 늪에만 빠지지 않아도 인생은 일단 살 만하다. 좋건 나쁘건 변화의 국면들을 헤쳐가면서 끊임없이 다른 존재가 될 수 있기 때문이다. 단적인 예로, 20세기 초 온갖 산전수전을 다 겪은 우리 부모님 세대들은 적어도 우울증이나 자살충동을 겪으시진 않았다. 고생스럽지만 그 덕분에 억척스럽게 몸을 움직였으니, 그 고생이 곧 용신이었던 셈이다. 그에 반해 고생과는 거리가 먼 우리 시대 중년 여성들은 다들 우울하고 무력하다. 자기존중감이 땅에 떨어진 시간들을 보내고 있다. 이 어처구니 없는 역설의 비밀은 아주 간단하다. 물질적으로든 정신적으로든 편안한 상태가 주욱 지속되는 것이 아니라, 고생스럽긴 해도 내가 능동적으로 생의 굴곡과 변화를 겪어 내는 것이 훨씬 더 좋은 삶이라는 것. 핵심은 고생이고, 고생이 곧 순환의 동력이다. 순환이란 차이의 변주이고, 차이를 변주시키다 보면 순환의 동그라미가 만들어진다. 그래서 용신을 찾을 때 반드시 익혀야 할 사항은 다음 세 가지다.

①몸을 쓴다.
②재물과 능력을 쓴다.
③(감정, 자의식, 신념, 명분 등으로 이루어진) 마음을 비운다.

한마디로 나의 존재성을 '탈영토화'하는 작업이 필요하다. 이 세 가지를 훈련하지 않으면 어떤 용신이건 말짱 도루묵이다. 말 그대로 '기를 쓰고' '용을 쓰고' '신을 내야' 한다. 그래야 무형이든 유형이든 피드백이 있는 법이다. 음양오행이란 본래적으로 따지면 물리적 힘의 배치다. 발산하는 기운과 수렴하는 기운, 밀어붙이는 기운과 당기는 기운, 이 기운들의 각축에 역동적 흐름을 부여하는 것이 바로 용신이다. 따라서 어떤 유형의 팔자건 순환이 이루어지려면 일단 내가 가진 기운을 내야 한다. 몸, 재물과 능력, 마음, 이 세 가지는 누구나 지니고 있다. 많든 적든 높든 낮든. 뭐가 됐건 일단 이것들을 쓸 준비를 해야 한다. 몸을 움직이지 않고서 좋은 운이 오긴 어렵다. 재물과 능력을 적극 활용하지 않고서 복을 받기란 불가능하다. 또 마음을 꽉 채워 버리면 운은 막혀 버린다. 요컨대, 탁하고 무거운 기운이 가득 찬 곳엔 복이 머무르지 않는다. 복을 받고 운을 맞이하려면 주변의 공기를 맑고 청정하게 해야 한다.

이 세 가지를 바탕으로 한 다음, 그 위에 자기 팔자의 순환에 필요한 고유한 용신을 닦아야 한다. 용신이란 일종의 거래다. 존재와 우주 사이의 거래. 거래란 모름지기 아쌀해야 한다. 뒤끝이 길면 '모냥'이 빠진다. 수명이건 재물이건 혹은 사람이건, 원하는 것이 있을 때는 버리는 것이 있어야 하는 법. 우주에 공짜 점심은 없다! 이걸 까먹으면 용신은 졸지에 부적이나 싸구려 술수로 전락해 버린다.

사람마다 몸과 기질이 다르듯, 운이 막히는 대목이 다르다. 보통 운명이라고 하면 거창한 인생역정을 떠올리지만 그 어떤 인생역정도 일상에서 비롯한다. 따라서 운명을 바꾸려면 무엇보다 일상의 리듬을 바꾸어야 한다. 얼마나 쉽고 단순한가. 이 일상을 건너뛰고 다른 방편을 쓰고자 한다면 그건 다 사술이다. 예를 들면 늘 지각을 하는 사람이 있다. 이 사람에겐 시간 약속이 운명을 여는 관건이다. 오행적으로 보면 금기운이 부족한 사람일 것이다. 금기운을 닦는 길은 아주 간단하다. 아침에 일어나면 이불을 차근차근 갠다, 하루의 스케줄을 꼼꼼히 정리해서 반드시 약속을 지킨다, 지킬 수 없는 약속은 하지 않는다, 애매모호한 표현을 하지 않는다 등등. 한편, 또 다른 이는 시간은 잘 지키는데 돈문제가 늘 티미하다. 무관심한 척하지만 실은 자기 몫만 챙기는 습속에 젖어 있다. 그렇다면 이 사람은 이 문제를 투명하게 하는 훈련을 해야 한다. 또 누구는 성질이 거칠다. 내 뜻대로 잘 안 되면 일단 지르고 본다. 그건 사실 아무에게도 도움이 되지 않는다. 그럼에도 이 습을 버리질 못한다. 그에 대한 명분도 늘 갖추고 있다. 하지만 이게 바로 그 사람의 발목을 잡고 있는 함정이다. 이걸 고치기 위해서 성과 열을 다해야 한다. 그렇게 하나의 문턱을 넘어가면 그다음부터는 좀 수월하다. 그것이 주는 자기배려의 기운을 맛보았기 때문이다. 몸의 생리적 흐름도 좋아지고 얼굴표정도 달라진다. 인연조건이 달라지는 건 말할 나위도 없다. 그다음엔 거기에 안주하지 말고 또 다른 습속의 고리를 끊어 내야 한다. 하나를 넘으면 더 견고한 장벽이 드러난다. 그래서 용신을 쓰면 쓸수록 나의 원수는 곧 나 자신임을 알게 된다. 그래서 세상을 정복하는 것보다 자신을 정복하는 것이 더 어렵고 위대하다고 한 것이다. 요컨대, 일상이 습속을 바꾸고 습속이 다시 몸의 생리로, 몸이 또 인연의 장을 바꾸고 운명을 바꾼다. 출발은 어디까지나 일상이다. 하지만 사람들은 이렇게 생각하지 않는다. '그렇게 간단하다면 누가 못하겠는가'라고 하면서. 맞다. 실로 간단하다. 누구나 할 수 있지만 그래서 누구도 선뜻 하지 않는다. 그렇게 해서 언제 인생이 바뀌겠냐고, 그 정도로 언제 사회가 바뀌고 세상이 뒤집어지겠냐고, 그러면서 끊임없이 뭔가 묘약이나 비방을 찾아 헤맨다. 특별한 구호와 명분을 내세우고 싶어 안달한다. 그래서 결국은 타고난 팔자를 되풀이할 뿐 아니라 더더욱 탁하게 만들어 버린다. 단언컨대, 핵심은 오직 일상이다. 일상의 리듬과 몸의 강밀도, 인생과 우주의 통로는 오직 이뿐이다.

그래서 최악의 상황에서도 길은 있다. 운이 최악이라는 건 무슨 뜻일까? 아주 간단하게 말하면, 지금 가지고 있는 것들을 다 잃어버리는 것을 의미한다. 건강, 재물과 명예, 그리고 사람. 죽을 운이라는 것도 따지고 보면 여기에 해당한다. 죽음은 이 모든 것과의 결별에 다름 아니다. 죽음 자체가 꼭 흉인가는 제쳐 두고 그럴 때라도 정녕 살고자 한다면 길은 있다. 두 가지 중의 하나다. 일단 자신이 미리 버리는 방법이 있다. 만약 올해가 아주 흉한 시기라면 속칭 '잠수를 타야' 한다. 재물과 사람, 명예 등 부질없는 욕망들을 내려놓는 시기로 삼는 것이다. 그렇게만 하면 공부하기엔 최고로 좋은 찬스가 된다. "번뇌의 한가운데 있을 때, 바로 그때가 공부할 때"라는 왕양명의 가르침이 환기되는 대목이다. 다음으로 활인업活人業을 하면 된다. 이것은 단기적인 사안이 아니라 장기적 개운법에 해당한다. 요절할 팔자거나 아니면 아주 험난한 팔자라고 판단되면 사람을 살리는 공부나 직업을 택해서 열심히 보시를 하면 된다. 막힌 운을 뚫고 공덕을 쌓는 데 있어 타인의 고통과 번뇌를 덜어 주는 것보다 더 좋은 방편은 없다. 부처와 예수, 공자의 길이기도 하다. 아, 그렇게 보면 최고의 인생역전에 해당한다. 모든 것을 포기해야 하는 상황을 인간이 도달할 수 있는 최고의 경지로 바꾸는 눈부신 도움닫기! 사회적 기준이나 척도와는 완벽하게 대립되는 방식이다. 그러므로 거듭 강조하거니와 우주적 차원에서 보자면, 모든 팔자는 공평한 법이다.

물론 이것이 맞는지 안 맞는지 임상적으로 확인할 도리는 없다. 그걸 확인하려면 몇백 년을 살면서 통계를 내야 할 테니까. 다만 원리적으로는 충분히 확인 가능하다. 왜 활인업인가? 내가 가진 기와 운을 타자를 향해 쓰는 것이 활인이다. 그렇게 하면 내 안에 좌충우돌하는 기운들을 '외부화'할 수 있다. 아무리 흉한 기운도 외부화하면 전혀 다른 방식으로 발현될 수가 있다. 그것이 놓여 있는 조건이 달라지기 때문이다. 현대과학의 용어를 빌리자면, 유전자의 스위치를 끄거나 켜는 데 빗댈 수 있다. 유전자의 배열 자체를 바꾸는 건 인력으로 불가능하다. 하지만 그것이 발현되는 과정과 현장에는 충분히 개입할 수 있다는 것, 이것이 용신의 인식론적 기반이다.

보통 사주명리학을 말하면 숙명론이 아니냐는 반론이 만만치 않다. 인생을 결정된 것으로 본다는 점에서다. 하지만 숙명론은 정해진 운명이 있다, 없다가 아니라, 운명에 대한 해석을 전적으로 외부에 맡기는 것을 뜻한다. 몸이 아플 때 의사나 묘방만을 찾으면 그것이 곧 숙명론이다. 왜 아플까? 그 인과를 찾기 시작하고 그것을 스스로의 힘으로 풀어 가게 되면 그건 숙명론이 아니라 운명에 대한 비전탐구가 된다. 그런데 비전탐구를 하려면 나의 몸과 마음, 그리고 그것이 작용하는 원리와 좌표를 알아야 한다. 한마디로 나를 찾아가는 여행을 시작해야 한다. 사주팔자란 이 여행을 할 수 있도록 내비게이션 역할을 하는 것뿐이다. 그런 점에서 흉한 것을 피하고 길한 것을 취하겠다는 건 이미 용신의 역할을 할 수가 없다. 그렇게 해서 얻어지는 것은 "건너뛴 삶"(박노해)일 뿐이다. 지금 겪어야 하는 걸 미봉책으로 건너뛰어 버리면 언젠가 몇 배가 되어 부메랑으로 되돌아온다. 그래서 그런 태도 자체가 이미 흉이다. 남의 운을 빌려다 혹은 미래에 써야 할 운을 당겨 쓰는 것에 불과하기 때문이다. 용신이 우주적 거래라면 이건 아주 '더티하고 치사한' 거래에 해당한다.

사회적 차원에서도, 개별 삶의 현장에서도 마찬가지다. 내가 해결하지 못하고 건너뛴 문제들이 나의 팔자를 이루고 그 속에 갇혀서 오도 가도 못한 채 여덟 개의 글자들 사이를 왕복

달리기만을 하고 있는 것, 어쩌면 이것이 지옥이자 윤회일지도 모른다.

사주명리학이 유불도 삼교회통으로, 나아가 궁극적으로 수행론으로 이어질 수밖에 없는 이유가 여기에 있다(소설 『임꺽정』 속 도인 갖바치나 『토정비결』의 저자 토정 이지함 선생, 화담 서경덕의 사상이 대표적인 경우에 속한다). 거듭 말하지만, 자기를 구하는 건 결국 자기밖에 없다! 따라서 용신을 제대로 쓴다는 건 존재 전체를 걸고 베팅을 하는 것, 곧 '도를 닦는' 것을 의미한다. 도란 무엇인가? 육조六祖 혜능慧能은 말한다. 도는 모름지기 통하고 흘러야 한다—도수통류道須通流! 다시 말해 그 무엇에도 끄달리고 매이지 말라는 것이다. 그래야 비울 수 있고, 비우면 흐를 수 있다.

> 마음이 사물에 사로잡히지 않는다면 도는 곧 펼쳐질 것이다. 마음이 사물에 사로잡힌다면 저절로 자승자박이 되고 만다. (……) 무상이라는 것은 모습을 인정하면서도 그 모습에 사로잡히지 않음을 말한다. 무념이란 것은, 사물을 생각하면서도 그 생각에 얽매이지 않음을 말한다. 무주란 것은 (……) 순간 순간의 의식 속에서 지나간 일을 회상하지 않음을 말한다. (……) 언제나 모든 대상에게 얽매이지 않고 자유로우며, 그 대상에 대하여 마음을 일으키지 않아야 한다.(『육조단경』,

나카가와 다카 주해, 양기봉 옮김, 김영사, 1993, 70~77쪽)

그렇다. 용신의 핵심이 순환이라면, 이 순환의 동그라미는 반드시 도로 통하게 되어 있다. 『동의보감』 양생술의 요지인 통즉불통通則不痛(통하면 아프지 않다)과도 '통하는' 말이다. 그런 점에서 명리학 자체가 하나의 방편지라 할 수 있다.

3부

육친법과 '오이디푸스'

복습 삼아 말하자면, 팔자는 오행의 배치다. 오행은 상생으로, 상극으로 연결되어 있다. 이 생극의 파노라마에는 어떤 위계도 결핍도 없다. 저 나무가 저 돌보다 더 우월할 것도, 더 열등할 것도 없다. 마찬가지로 저 돌과 나 사이의 서열을 규정할 기준 같은 건 없다. 저 나무가 있으매 돌이 있고, 돌이 있으매 내가 있는 것이다. 서로는 서로에게 배경이 된다. 나무에겐 돌과 내가 배경이고, 돌에겐 나와 나무가 배경이다. 이런 식의 흐름 속에서 결핍이나 불만족은 있을 수 없다.

물론 길흉은 있다. 하지만 이것도 우리가 생각하는 바의 좋고 나쁨, 옳고 그름과는 거리가 멀다. 길흉이란 순환의 여부에 달려 있다. 매끄럽게 순환하고 있으면 '길', 어딘가에 고착되거나 리듬이 정체되면 '흉'이다. 봄날의 꽃이 아무리 좋아도 떨어져야 할 때 떨어지지 않는다면 흉하다. 깊은 산속 계곡물이 아무리 맑고 그윽하다 해도 그것은 흘러야 한다. 흘러야 할 때 흐르지 않으면 흉하다. 그런 점에서 길하다는 건 좋고 아름다운 것의 지속이 아니라, 시공간의 인연, 곧 차서에 따라 쉬임없이 변이해 가는 것을 말한다. 이 차서를 어기면 강밀도가 탁해지고 탁해지면 리듬이 어그러진다. 예컨대, 맑고 아름다운 순간을 지속하고자 변이를 거부하게 되면 그 맑음과 아름다움에는 정체가 일어난다. 무겁고 탁해지는 것이다. 그것이 곧 흉이다. 순환이 막힌 곳에는 차이가 생성되지 않는다. 차이 없는 반복! 되풀이할수록 몸에는 담음이 쌓이고, 마음에는 장벽이 견고해진다. 그래서 지금, 이 자리에서 반드시 넘어가야 한다. 모든 위대한 스승들이 '지금, 여기'를 직시하라고 한 건 그 때문이다.

그런데 그것이 왜 그토록 어려운가? 왜 우리는 지나간 것에 붙들리고 오지 않은 것에 끄달리는가? 흘러가는 강물을 손안에 움켜쥐려 하고 허공을 가르는 바람을 그물에 걸지 못해 안달하는가? 바로 분별의 망상 때문이다. 더 구체적으로는 사회적 표상, 그리고 그것에 의해 만들어진 욕망의 회로 때문이다. 팔자 혹은 운명이라고 하면 즉각적으로 재물운, 관운, 부모복, 자식복, 남편복 등등을 떠올리게 되는 것도 같은 맥락이다. 세상을 살아가면서 마땅히 해야 할 소명이나 일이 아니라, 마치 채권자나 되는 양 각종 복들을 챙기는 중력장치가 곧 거기에 해당한다. 여덟 개의 카드가 지닌 상생과 상극의 흐름은 이제 이 표상과 욕망의 그물 안에 포획된다. 오행 자체의 태과불급에다 표상의 그물이 덧씌워지면서 드디어 팔자의 '시공간적 좌표'가 포착되기에 이른다. 리듬과 강밀도로 이루어진 오행적 시그널에 그 시대와 사회가 요구하는 '인식(혹은 욕망)의 지도'가 오버랩되는 것이다. 명리학적 용어로는 '십신'十神과 '육친'六親이 바로 그것이다. 십신은 팔자의 생극을 구성하는 열 개의 속성 혹은 벡터로, 일종의 '사회적' 속성에 대한 명명법이다. 아울러 육친법은 각각의 속성을 구체적인 '주체'로 호명하는 체계다. 명칭이 친족관계로 이루어져 있기 때문에 육친이라고 한다. 사주명리학의 클라이맥스이자 최후의 승부처에 해당한다. 운명의 구체적 현장과 그 문턱을 동시에 보여 주기 때문이다.

십신(十神)

팔자와 '표상'의 마주침

언급했듯이, 여덟 개의 카드로 읽을 수 있는 첫번째 기호는 오장육부의 생리적 배치다. 오장육부 역시 음양오행에 배속되기 때문이다. 그리고 이 배속은 곧 칠정, 곧 '희노우사비경공'喜怒憂思悲驚恐의 흐름이기도 하다. 이 칠정의 관계와 구성은 마음의 행로를 결정한다. 생리와 심리는 서로 분리되지 않는다. 존재성의 서로 다른 표현이자 이름이라고 보면 된다. 이 존재성이 사회적 조건과 마주치는 기운의 배치를 십신이라고 한다. 팔자의 생극적 흐름에 부여된 '사회적 표상'이라 할 수 있다. 일간을 중심으로 모두 열 가지의 힘이 형성되기 때문에 '십신'이라고 한다.

십신, 팔자의 사회적 표상

비겁	比肩(비견)	나(일간)와 오행이 같고 음양이 같은 것	친구, 선후배, 동업자, 형제자매, 부하직원 주체적인 힘, 자존심, 자신감, 내면의 확장, 고집
	劫財(겁재)	나(일간)와 오행이 같고 음양이 다른 것	
식상	食神(식신)	내가(일간이) 생하고 음양이 같은 것	여자: 자식 / 남자: 처가 식구 의식주, 언어, 시작, 변화, 계획, 표현, 예술
	傷官(상관)	내가(일간이) 생하고 음양이 다른 것	
재성	偏財(편재)	내가(일간이) 극하고 음양이 같은 것	여자: 아버지 / 남자: 여자, 아버지 재물, 결과물, 마무리, 일(욕심)
	正財(정재)	내가(일간이) 극하고 음양이 다른 것	
관성	偏官(편관)	나(일간)를 극하고 음양이 같은 것	여자: 남자 / 남자: 자식 명예, 직장, 자유, 조직, 사회적 관계, 시련, 불편함
	正官(정관)	나(일간)를 극하고 음양이 다른 것	
인성	偏印(편인)	나(일간)를 생하고 음양이 같은 것	여자: 어머니 / 남자: 어머니 공부, 문서, 부동산, 도와주는 세력, 의존성, (편인의 경우) 예술
	正印(정인)	나(일간)를 생하고 음양이 다른 것	

비겁(비견과 겁재)은 일간과 동일한 오행을 뜻한다. 일간이 을목이라면 목기를 지닌 카드들이 비겁이 된다. 비견比肩은 음양도 같기 때문에 말 그대로 나와 나란히 어깨[肩]를 겨루는

[比] 기운이다. 나의 확대 혹은 연장이라고 할 수 있다. 겁재는 말 그대로 '나의 재산을 겁탈한다'는 의미인데, 나와 맞서는 라이벌이라 보면 된다. 내 안에 있는 또 다른 나 정도로 이해하면 된다. 그래서 겁재다. 겁재라고 하면 기분이 좀 언짢을 수 있겠지만, 사실 따지고 보면 그렇지도 않다. 뺏길 게 있다는 건 그만큼 가지고 있다는 뜻이기도 하다. 가진 게 없으면 뜯길 것도 없는 법이다. 또 라이벌이나 적을 가지려면 유형이든 무형이든 그에 걸맞은 자산이나 내공이 있어야 한다. 그래서 비견과 마찬가지로 나의 팽창 혹은 확대라고 볼 수 있다.

식상(식신과 상관)은 일간이 낳는 오행이다. 즉 내가 외부를 향해 생하는 기운이다. 밥, 말, 끼, 자식 등이라고 이해하면 된다. 일간과 음양이 같으면 식신食神이다. 말 그대로 밥그릇의 신, 곧 평생의 먹거리다. 식신이 있으면 어디를 가도 굶지는 않는다. 먹는 것도 좋아하고 먹거리를 만드는 것도 좋아한다. 좌우지간 먹는 것과 인연이 깊다는 뜻. 말도 유창하다. 자식복도 있다. 인생살이에서 '말'과 '밥', 그리고 '생식'이 같은 계열임을 말해 주는 개념이다. 일간과 음양이 다르면 상관이다. 식신이 자연스러운 스텝이라면 상관은 일종의 엇박이다. 말이든 밥이든 생식이든 좀 '튀는' 것으로, 일종의 불규칙 바운딩에 해당한다. 규칙을 일탈했기 때문에 때론 비범한 재능이 되기도 하고, 때론 비난의 표적이 되기도 한다. 그래서 상관傷官(관성을 상하게 한다는 뜻)이라고 한다. 연예인들, 그중에서도 예능인들이 특히 식상에 강하다. 말과 끼가 재산이요 밥그릇이지만, 그러다 보면 자칫 구설에 오르기 십상이다. 그런 점에서 말은 정말 힘이 세다. 살리기도 하고 죽이기도 하는 것이 이 말이다. 또 말에 수반되는 끼(리액션 혹은 어팩션)도 포함된다. 말이든 끼든 내가 하는 것 같지만 실제로 그런지는 의문이다. 나도 모르게 튀어나오는 말들(혹은 행동)이 참 많기 때문이다. 그리고 그 말에 의해 사건이 구성되고 인연이 만들어지기도 한다. "칼보다 무서운 게 세 치 혀" "말 한 마디에 천냥 빚을 갚는다"는 경구들이 거기에서 나온 것이리라. 또 식욕과 성욕은 함께 간다. 끼는 달리 말하면 에로스의 무의식적 표출이라고도 할 수 있다. 요즘은 문화 전체가 '섹시' 컨셉이니 그야말로 식상이 만발하는 시대인 셈이다.

다음, 식상이 낳는 기운이 재성(정재와 편재)이다. 일간을 중심으로 보면 내가 극하는 기운에 해당한다. 식상으로 기운을 내고 그걸 밑천으로 유형의 자산을 만들어 내는 힘, 그래서 재성이다. 재성이라고 하면 바로 돈을 떠올릴 테지만, 단지 화폐화된 것들만이 아니라 구체적이고 물질화된 것들이 다 여기에 포함된다. 재성부터는 음양관계가 달라진다. 일간과 음양이 같으면 편재, 다르면 정재다. 편재는 불규칙한 재성, 정재는 규칙적인 재성. 전자는 비정규직이나 프리랜서의 활동에 가깝고, 후자는 정규직이나 안정된 사업에 가깝다. 요즘 같은 시대야 정규직이 최고 선망의 대상이라 정재가 더 좋은 것처럼 보이겠지만, 사실 정재는 좀 답답한 재성에 해당한다. 성실하고 믿음직하지만 다소 쫀쫀해 보이는 속성이랄까. 편재는 그와 반대다. 불규칙한 재물을 의미하니 재물이 들락날락하는 변수가 많은 편이다. 그래서 불안할 것 같지만 꼭 그렇지만도 않다. 오히려 똑같은 액수를 가지고 더 많은 자유를 누릴 수도 있다. 하여, 진짜 재물의 주인이 되려면 정재보다는 편재가 있어야 한다. 얼마를 버는가도 중요하지만 더 중요한 건 어떻게 버는가이다. 정규직을 지향한다지만 정작 직장인들의 꿈은 창업이나 독립 아니던가. 또 모든 인간은 궁극적으로 프리랜서다. 첫 출발도 그렇지만, 평생을 정규직에 복무한다 해도 정년을 하고 나면 결국 프리랜서로 귀환할 수밖에 없다. 아, 물론 우리 시대의 편재는 부동산이나 주식 등 투기성 자본이 많아서 편재를 이렇게 쓸 수도 있다. 그렇게 되면 프리랜서가 아니라 돈의 노예가 되기 십상이다.

자, 일단 식신과 재성까지는 내가 주도하는 세계다. 내가 생하고 또 극하는 관계이기 때문이다. 말하고 낳고 만들고. 살아가기 위해서는 누구나 이 리듬을 타야 한다. 말하자면 나의 존재성 혹은 기운을 발산하는 리듬이라 할 수 있다.

발산의 흐름이 있으면 수렴의 작용이 있게 마련이다. 재성

다음이 관성(정관과 편관), 곧 나를 극하는 기운이다. 왜 관성인가? 관官이란 조직 혹은 그와 비슷한 관계를 의미한다. 다시 말해 나를 어떤 조건으로 밀어넣는 힘을 뜻한다. 내 활동의 바운더리와 토대를 구획하는 속성이라 할 수 있다. 어떤 위치에 있건 내가 속한 조건이면서 동시에 책임을 지는 관계망이다. 그래서 조직력 혹은 리더십이라고 부르기도 한다. 여기서도 일간과 같으면 편관, 다르면 정관이다. 굳이 아리스토텔레스의 말을 빌리지 않더라도 인간은 '사회적 동물'이다. 따라서 관성을 써야만 변화의 마디를 넘어갈 수 있다. 생물의 진화건 문명의 발전이건 혹은 혁명적 변화건 다 주체를 강하게 압박하는 어떤 장애물 혹은 문턱들이 있었기에 가능했다. 고난을 극복하기 위해선 먼저 고난이 확실하게(!) 주어져야 한다. 십신 가운데 '정관'을 최고로 치는 이유가 여기에 있다.

나를 강하게 압박해 오는 조건에 처하게 되면 선택은 둘 중 하나다. 그 압박에 무릎을 꿇거나 아니면 밀고 당기는 과정 속에서 내가 다른 것으로 변용되거나. 소위 고난이나 역경이란 이것을 의미한다. 이 과정을 거치지 않으면 누구도 사회적 존재로서의 힘과 덕성을 발휘할 수 없다. 인류학적으로 보면, 모든 종족, 모든 문명권이 청년들에게 이니시에이션(통과의례)을 거치도록 하는 것도 이 때문이다. 학교의 본래 목적 역시 거기에 있었다. 하지만 불행히도 우리 시대엔 학교가 그 역할을 전혀 하지 못하고 있다. 학교에서 사회적 관계에 필요한 힘과 덕목을 한 가지도 배우지 못하기 때문이다. 예전 독재정권 시절엔 학교가 억압과 금기의 장소였다. 이것은 관성의 상극이 지나친 경우다. 당시 전 국민에게 암기를 강요했던 「국민교육헌장」이 잘 보여 주듯이, 모든 개인은 민족과 국가를 위해 이 땅에 태어났고, 그걸 연마하는 것이 학교였다. 이렇게 관성의 압박이 심하면 비겁이 제대로 작용하기 어렵다. 그래서 다들 개성과 창조성을 감추고 살 수밖에 없었던 것이다. 하지만 억압과 강제가 지속되다 보면 당연히 반대의 힘들이 형성되기 마련이다. 그것이 80년대 민주화운동이었다. 그때 대학생들은 저항과 투쟁의 상징이었다. 독재와의 투쟁, 그것이 그 시절의 통과의례였던 것이다. 80년대 학생운동의 역사적 의미에 대해서는 여러 가지 평가가 있을 수 있지만, 당시 청년들은 정말 기세등등했다. 입학한 지 두어 달만 되면 시위에 참여하고 짱돌을 던지고 화염병을 투척한다. 바로 코앞에서 다연발 최루탄이 터지고 있는데도 말이다. 지금 청년들로선 감히 상상조차 하기 어려운 용기와 배짱이다. 철학적으로는 더 기고만장했다. 많은 학생들이 자신의 인생을 역사와 혁명을 위해 기꺼이 바치겠다고 할 정도로 '지적 파토스'가 흘러넘쳤다. 나처럼 체력도 후지고 세계관도 영 모자랐던 경우도 시대적 소명에 대해 늘 되뇔 수밖에 없었던 시대, 그게 바로 불의 연대라 불리는 80년대다. 한편으론 고난의 시대이기도 했지만, 다른 한편 당시 청년들은 그 시대의 힘으로 청춘을 통과했으니 대단한 행운이기도 했다. 관성이라는 건 바로 이런 의미다.

하지만 지금은 반대상황이 되었다. 민주주의의 형식적 확대와 자본의 무한한 증식으로 학교는 이제 서비스센터가 되어 버렸다. 초중고의 목적은 오직 대학입시, 또 대학의 목적은 오직 취업(정규직)이다. 관성은커녕 온통 재성만을 연마하도록 주입한다. 시대적 소명 같은 건 사라진 지 오래고, 성공의 척도는 다만 연봉일 뿐이라고 가르친다. 학교에서도 또 집에서도. 그 돈으로 무엇을 할 것인가? 즉 돈을 사회적 관계에서 어떻게 쓸 것인가는 전혀 가르치지 않는다. 소유에 대한 집착만 지독하게 키워 주는 셈이다. 재성이 곧 소유욕으로 이어지는 것은 아닌데도 결국 우리 시대에는 재성이 소유와 증식으로 고착되는 '홈 파인 회로'가 만들어진 것이다. 하여, 아이들은 교환경제를 넘어선 증여와 보시에 대해선 듣도 보도 못하고 자라게 된다. 명리학적으로 보면 재성과 관성 사이에 철옹성이 놓인 것이다. 관성은 재성을 순환시키면서, 곧 내가 이룬 것을 사회적으로 환원하면서 비로소 작동한다. 그것이 재능이건 힘이건 돈이건 간에. 돈을 무작정 풀어서 방탕하게 쓴다면 그건 오히려 식상에 가깝다. 관성은 그 돈이 흐르는 방향을 규정하는 힘이다. 리더십이나 경영능력 같은 것에 해당한다. 이런 활동에는 명분과 의리, 그리고 사회적 차원의 인정욕망이 수반되어야 한다. 자신의 행동과 말에 책임을 지고 타자들을 어떤 방향으로 이끌고자 하는 속성, 그것이 곧 관성이다. 그릇 혹은 내공이라는 말과도 상통한다. 이걸 연마하는 것이 청춘이고 학교인 것이다. 하지만 불행히도 우리 시대 학교에선 사람과 사람이 서로 연결되는 장이 없다. 교사와 학부모는 학생들을 모래알처럼 흩어 놓기 바쁘다. 경쟁을 부추기고 불안과 의심을 증폭시키고 여차하면 갈라 놓기에 급급하다. 책임감과 리더십은 고사하고 우정과 연대의 기초조차 배울 기회가 없다. 그래서 학생들은 인생을 살아감에 있어 인복이 얼마나 중요한지를 짐작조차 하지 못한다. 재성에 대한 탐착은 있는 대로 키우고 관성은 증발시키는 것, 우리 시대 교육이 얼마나 무용하고 위태로운지를 한눈에 보여 주는 중요한 지표다. 하여, 십대를 몽땅 학교에서 보내고서도 통과의례를 제대로 치르지 못한 청춘들이 부지기수다. 그 결과, 독재정권 시절보다 더 나약하고 무력한 청춘들이 되고 말았다. 엄청나게 많은 배려를 받고 있으면서도 늘 결핍과 박탈감에 시달리고 뚜렷한 이유도 없이 자신들이 가장 불행한 처지라고 생각한다.

결국 이 세상에 온전한 제도란 불가능하다. 이걸 이루면 저것이 부족해지고, 저걸 보충하면 이것이 모자라게 되는 법. 그것이 인생과 우주의 이치가 아닐지. 그래서 역사에는 진보가 있을 수 없다. 역사적 실천이란 어떤 정해진 목표지점을 향해 가는 것이 아니라, 주어진 배치 속에서 '단 한 걸음'을 내딛는 것일 뿐이다. 다윈이 말하는 진화의 원칙도 마찬가지다. 생명의 진화에는 목표도, 방향도 없다. 자신이 서 있는 곳이 우주의 중심이고 거기서 단 한 걸음을 내딛는 것이 바로 진화일 뿐이다. 흔한 속담처럼 "강한 자가 살아남는 것이 아니고, 살아남는 자가 강한 자"인 것이다.

관성이 낳는 기운이 인성(정인과 편인)이다. 인성은 일간인 나를 낳아 주는 기운이다. 나의 존재감을 높여 주는 무형의 베이스라 생각하면 된다. 관성의 혹독한 마디를 넘어야 인성에 도달한다는 것도 의미심장하다. 모든 오행이 그렇지만 관성 역시 이중적이다. 나를 극하면서, 동시에 나의 베이스이자 모태인 인성을 낳아 주기 때문이다. 달리 말하면 관성의 단계를 제대로 밟지 못하면 인성을 생성시킬 수 없다. 나를 극하는 기운에 충분히 노출되어야 그 팽팽한 긴장 속에서 상생의 관계로 넘어가게 되는 것이다.

그럼, 나를 낳아 주는 기운이란 대체 무엇일까? 공부 혹은 지성이다. 생명의 원천이 앎이라는 사실, 사주명리학이 전해주는 기막힌 메시지다. 인성의 인印은 도장이라는 의미다. 대지, 문서, 명예 등을 의미한다. 그런데 그것이 가능하려면 공부를 해야 한다는 것. 이때의 공부는 무형의 통찰력이다. 인간은 아는 만큼 살아 내고, 사는 만큼 알 수 있다. 인생의 행로에서 무지보다 더 고통스러운 것은 없다. 죽음이 왜 두려운가? 모르기 때문이다. 죽음이 삶과 어떤 관계에 있는지, 죽으면 어떻게 되는지, 죽는다는 것의 의미가 무엇인지… 아무것도 알지 못한다. 그래서 두렵고 무서운 것이다. 부처와 공자, 예수 등 인류의 위대한 스승들이 하나같이 죽음을 두려워하지 말라고 가르친 것은 이런 맥락이다. 죽음의 공포로부터의 자유 혹은 해방, 예나 이제나 인류의 위대한 지혜는 모두 여기로 수렴된다. 문명이 발달하고 수많은 혁명이 일어나도 인류가 결코 종교적 가르침으로부터 떠날 수 없는 이유도 여기에 있다. 문명과 혁명, 역사와 경제에 대한 담론들은 결코 죽음을 설명하지 못한다. 죽음은 탄생과 마찬가지로 자연과 우주의 영역에 속하기 때문이다. 따라서 죽음의 지혜가 없다면 삶의 비전 또한 무력하다. 죽음이 배제된 삶, 그것은 반쪽 이하에 불과하다. 그래서 삶도 늘 위태롭다. 요컨대, 무지는 모든 번뇌의 원천이다. 하여, 공부는 선택이 아니다. 존재의 근원적 토대다—공부하거나 존재하지 않거나!(내가 사주명리학에 매료된 가장 큰 이유가 바로 이 인성이라는 개념이었다. 한낱 '구복의 사술'에 불과하다고 생각했는데 공부운이 있다는 것도 신기했고, 그것이 나의 존재감을 드높여 주는 상생의 기운이라니, 명리학이 운명의 우주적 비전으로 격상되는 순간이었다.)

인성은 바로 이 공부의 존재론을 말해 준다. 일간과 음양이 같으면 편인, 다르면 정인이다. 식상에서 재성으로 이어지는 발산의 흐름만 있으면 아마 사람들은 금방 탈진해 버릴 것이다. 발산의 흐름을 멈출 수가 없을 테니 말이다. 그 흐름을 제어하고 거두면서 내적으로 단련시키는 리듬이 관성과 인성이다('십신'에 대해 좀더 탐구하고 싶으면 안도균, 「운명의 열쇠를 찾아서」, 『누드 글쓰기』 참조).

자, 이렇게 해서 카드 여덟 개의 봉인이 또 하나 풀렸다. 음양오행과 생극의 동그라미 속에서 볼 때랑 십신의 흐름 속에서 볼 때랑 느낌이 아주 다를 것이다. 물론 두 개의 차원을 동시적으로 볼 수 있어야 한다. 예컨대, 오행적으로 목/화가 많은 명리가 있다고 치자. 여기서 목화가 비겁과 식상인지 아니면 관성과 인성인지를 따져 봐야 한다. 둘다 목화지기가 많은 사주라고 해도 목화가 식상·재성인 경우와 관성·인성인 경우는 아주 다른 운명의 지도에 속한다. 용신을 뽑을 때도 마찬가지다. 목기가 필요하다고 했을 때 목기가 인성에 해당하는 것인지 식상에 해당하는 것인지에 따라 그 동선과 현장은 아주 달라진다. 예컨대, 계수 일간의 경우, 식상이 없는 팔자가 있다고 치자. 그래서 식상의 기운이 필요하다. 그렇다면, 그 사람에게는 식상이 목기운이다(→수생목). 식상은 '밥과 말, 끼'라고 했다. 그런데 그게 목기운이라고? 목기는 그 자체로 교육과 관련되어 있다. 우주적 인과론에서 보자면, 사람을 키우는 것과 나무를 키우는 것이 다르지 않기 때문이다. 그렇다면 그 사람의 용신은 말로 하는 교육, 강의와 글쓰기가 가장 적합하다. 이런 식으로 읽어 내는 것이다.

비겁, 식상, 재성, 관성, 인성—이 열 개의 배치는 존재의 리듬이 '사회체'와 마주칠 때 각인되는 기본코드에 해당한다. 언제 어디서 태어나든 인생에는 이 열 개의 힘들이 각축한다. 누구든 자신의 힘과 재능을 발휘하여 밥벌이를 하고(식상→재성), 사회적 조건 안에서 관계를 만드는 훈련을 하고(관성), 그 과정에서 매 순간 배움을 닦아야 한다(인성). 이 과정을 밟지 않아도 좋은 사람이 있는가? 없다! 누구는 오직 밥벌이만 하고 누구는 오직 공부만 해야 한다면 그게 바로 신분사회다. 인류가 신분을 해체하기 위해 얼마나 많은 대가를 치렀는지는 더 말할 필요가 없다. 명리학적으로 보면, 신분사회란 모든 이들의 팔자를 한두 가지 방향으로 고정시켜 놓는 것에 다름 아니다. 그렇다면 신분사회가 해체되었다는건 이 편향된 고정성을 벗어나 모두가 십신의 전 과정을 스스로의 힘으로 겪어 낼 수 있음을 뜻하는 셈이다. 요컨대 이 십신은 계급과 세대, 직업과 성별을 불문하고 누구나 거쳐야 하는 관문들이다. 여기서도 차이와 운동, 곧 순환이 핵심이다. 식상이 재성으로, 재성에서 관성으로, 관성에서 인성으로 이어지는 이 리듬을 제대로 밟아야 일간인 내가 활발하게 움직일 수 있다. 그렇게 매끄러운 순환을 거치고 나면 그 힘으로 또 다시 시작할 수 있다. 그런 점에서 다시 시작한다는 건 끊임없이 내가 '다른' 존재가 되는 것을 의미한다. 즉, 운동과 차이는 같은 말이기도 하다. 일찍이 우임금이 좌우명으로 삼았다는 '일신우일신'日新又日新, 이것이 가능하다면 누구든 최고의 인생을 살아갈 수 있다.

두 개의 기본 리듬

'식상생재'와 '관인상생'

자, 이제 십신을 기준으로 다시 지도를 그려 보면 수많은 패턴이 만들어질 수 있다. 비겁만 있는 경우, 비겁과 식상만 있는 경우, 인성과 비겁과 식상만 있는 경우, 비겁과 재성과 관성만 있는 경우 기타 등등. 이 흐름을 자유롭게 읽어 낼 수 있어야 지도가 정확하게 눈에 들어온다. 그렇게 할 수 있으려면 일단 많은 연습이 필요하다. 이 연습과 훈련과정 자체가 사람과 인생에 대한 새로운 시야를 확보하게 해준다.

일간이 나의 명주고 비겁이 나의 수평적 확장이라고 했다. 그럼 비겁이 일종의 무게중심인 셈인데, 무게중심을 잘 지키려면 내가 스톡stock만 해서는 안 된다. 순환의 강밀도를 조정하는 역할을 해야 한다. 밀고 당기고 조이고… 비겁이 튼실하다는 건 바로 이 조절능력이 강하다는 것을 의미한다. 비겁이 강해지면 주체성이 확고해질 것 같지만 그렇지 않다. 주체성이 아니라, 고집과 탐착이 강해진다. 불교식으로 말하면 아상我相이 견고해진다. 그렇게 되면 식상, 재성, 관성, 인성이 다 파극당할 염려가 있다. 반대로 비겁이 약하면 반대의 양상이 펼쳐진다. 자신이 그저 다른 힘들이 오고가는 통로가 되어 버리니 근기가 약할 수밖에 없다. 심지어 자기를 버리고 다른 오행과 합合을 이룸으로써 다른 오행으로 바뀌는 경우도 있다(천간합의 경우는 다음과 같다: 갑기합토/을경합금/병신합수/정임합목/무계합화). 그렇다고 일간이 바뀌는 건 아니지만, 중심이 현저히 교란될 가능성이 높다. 그럴 때는 당연히 다른 힘들이 나의 서포터즈가 될 수 있도록 치열하게 훈련을 해야 한다. 결국 신강하면 신강한 대로, 신약하면 신약한 대로 다 그 나름의 강점과 애로사항이 있는 셈이다. 거기에 사회적 가치와 표상이 덧붙여질 때 각종 차별상이 부각되는 것이다. 흔히 말하는 팔자가 좋다, 나쁘다는 바로 이 지점에서 발생한다. 따라서 팔자의 잠재력을 보려면 이 차별상과의 대결이 없이는 불가능하다. 어떤 팔자를 타고나도 이 차별상 안에 들어가면 운명을 사랑하기란 불가능하다. 특이성이 사라진 곳엔 위계와 서열이 지배하게 되고 거기에선 모두가 불행해질 수밖에 없다. 왜냐하면 자신의 운명을 긍정할 수 있는 원초적 토대 자체가 부재하기 때문이다. 생극의 파노라마에서 십신의 각축장으로 들어오면 특히 이 점을 더더욱 강조할 필요가 있다.

이미 언급했듯이, 팔자를 십신의 차원에서 재구성해 보면 여러 가지 '경우의 수'가 나온다. 그 가운데 가장 대표적인 리듬이 두 개가 있다. 하나는 식상생재食傷生財. 곧 식상이 재성을 생하는 경우, 이것은 유형적인 것으로 발산하고 표현하는 장이다. 말과 음식, 성욕 등으로 기운을 내고 그것이 구체적인 물질적 재화와 자산을 구축하는 흐름이다.

★남자 1호: 초등학교 시절부터 저축의 달인이었고, 소풍 때면 집에서 싸 간 음료수로 장사를 했다. 말솜씨가 있고 사교성이 뛰어나 어디서든 분위기 메이커 역할을 한다. 대신 사회적 명분이나 공부에는 큰 관심이 없다. 대학을 다닐 때도 공부보다는 알바가 우선이었고, 평소엔 게으르지만 회사를 다니거나 돈벌이를 할 때는 고도의 집중력과 성실함을 발휘한다. 사회적 활동과 조직보다는 혈연 단위의 친인척을 챙기는 데 더 마음을 쓴다.

이 남자 1호의 사주가 바로 '식상생재'로 구성되어 있다. 그런가 하면 식상과 재성 없이 관성에서 인성으로 이어지는 관인상생官印相生의 리듬이 있다.

★여자 1호: 식상이 없으니 말은 어눌하고 먹을 복도 없다. 돈이 있어도 먹는 건 탁발 수준이다. 대신 명분과 조직을 중시한다. 사교성이 없는데도 어릴 때부터 친구들을 꼬드겨 독서팀, 축구팀을 조직했다. 정규직과는 영 인연이 없고 돈을 좋아하긴 하지만 주로 관성을 확대하는 데 써 버린다. 관성이 많으니 당연히 좌충우돌한다. 다행히 그 충돌과 긴장을 인성으로 변주한다. 가족관계에 대체로 무관심하다.

이것이 관성에서 인성으로 이어지는 전형적인 리듬이다. 식상은 생성의 흐름이고 재성은 상극의 리듬이다. 상생과 상극이 이루어지면 하나의 물건, 그것이 무엇이든 구체적인 현장이 만들어진다. 여기서 그치면 다시 또 내고 쌓고 하는 스톡으로 진행된다. 대부분의 현대인들이 자기 팔자와는 무관하게 '식상생재격'으로 살고 있을 것이다. 그래서 어느 순간 배터리가 방전된다. 내가 생하고 내가 극하는 기운으로만 살기 때문이다. 식상생재격으로 타고난 사람도 계속 이렇게 살면 멍~하게 되는데, 그렇지 않은 경우야 이렇게 살면 몸이 성할 리가 있겠는가. 그래서 휴가를 내거나 여행을 떠난다. '나를 충전해야겠어'라고 하면서. 재성에서 곧바로 인성으로 튀는 것이다. 관성을 거치지 않고 바로 인성으로 튀면 일시적으로 안정이 되고 편안할 수 있지만 돌아오면 도루묵이다. 관성이라는 관문을 넘지 않고 편안한 울타리로 들어가 안주하는 탓이다. 결국 돈만 날리고(재성은 인성을 극한다) 되돌아와서 다시 이번엔 식상이라는 단계도 건너뛰고 바로 재물을 구하려 든다. 결국 평생 동안 재물과 인성 사이를 오락가락하게 된다.

이럴 때는 반드시 관성을 용신으로 써야 한다. 관성이란 '타자와의 네트워킹'이다. 익숙한 존재들과의 관계는 관성이 아니라 식상에 가깝다. 계모임이나 동호회, 친목단체 등등. 이 관계에선 나의 변용이 불가능하다. 비슷한 상태의 확장과 변주만 있을 뿐. 반대로, 관성은 낯설고 불편한 관계를 감수하는 것이다. 그러기 위해선 책임을 져야 하고 갈등과 충돌도 불사해야 한다. 이 과정에서 전혀 새로운 기운이 형성된다. 그것을 바탕으로 재물을 모을 수도 있다. 그 재물이 다시 관성을 낳기도 하고. 따라서 관성을 적극 활용하면 재성과 인성이 서로 맞서는 형국에서 재–관–인으로 이어지는 순환이 이뤄질 수 있다.

관인상생도 역시 상극과 상생이다. 먼저 관성은 나를 극하는 기운이고 그것을 바탕으로 나를 생해 주는 관계로 넘어가는 것이다. 식상생재와는 반대의 흐름이다. 먼저 형극을 감내하면 그다음엔 아주 느긋하게 나를 생성시켜 주는 대지의 품에 들어설 수 있다. 관성은 나를 규정하고 압박하는 무형의 관계망이다. 거듭 말하지만, 관성의 단계를 밟지 않으면 나는 변용이 불가능하다. 비겁은 나의 양적 확대고, 식상은 그 안에서 나오는 것이고, 재성은 양적 다양성으로 귀결될 뿐이다. 이 단계에는 질적 전환의 과정이 없다. 식상생재로 이어지는 경우 사회적 적응력은 뛰어난 반면 크게 변화를 겪진 못한다. 동일성의 궤도 위를 왕복하기 때문이다. 그런 점에서 관성은 내가 다른 존재로 변이되는 통과의례이자 관문이라 할 수 있다.

이에 대한 좋은 예가 〈나는 가수다〉라는 프로그램이다. 가수들이 마치 스포츠 선수처럼 경연대회를 하다니. 이거야말로 스스로 자기를 극하는 조건에 뛰어든 꼴이다. 노래는 원래 식상의 힘이다. 인기는 비겁에 해당하고. 즉, 가수라는 직업은 나와 비슷한 취향의 사람들과 공통감각을 주고받으면서(비겁) 즐겁게 놀고(식상) 그 즐거움을 주는 대가로 돈을 받는(재성) 흐름을 타는 것인데, 그런 패턴을 가로질러 다음 마디로 넘어간 것이다. 사회적 시선과 경쟁심이 작동하면 이젠 돈이 문제가 아니다. 자존심, 예술혼, 나아가 내공까지, 자신의 모든 것을 걸어야 한다. 그래서 그 마디를 넘으면 노래실력은 물론 인생 자체에 대하여 큰 공부를 하게 된다. 노래가 갑자기 인생과 철학의 그릇이 되어 버리는 것이다. '나가수' 스타들 가운데는 이 프로를 통해 인생역전을 한 경우가 많다. 국면의 대전환이 일어난 것이다. 이게 바로 관성을 통한 '일간'의 변용에 해당한다. 그런 점에서 십신의 다섯 스텝이 하나하나 모두 중요하지만 가장 결정적 마디는 뭐니뭐니해도 재성에서 관성으로 가는 길목이다.

자, 이 정도면 대강 식상생재의 흐름과 관인상생의 흐름이 잡힐 것이다. 이걸 바탕으로 다양한 배치의 변화를 읽어 내면 된다. 예컨대 비겁이 과다할 경우, 그러면 당연히 나에 대한 팽창욕이 강하니까 다른 기운이 약할 수밖에 없다. 또 인성과 식상으로 이루어진 경우는 상생으로만 되어 있으니 구체적인 현장과 유형적 성취가 어려워진다. 또 재성과 관성으로 이루어진 경우는 상극으로만 되어 있으니 몸이 고달프다. 항상 뭔가가 치열하게 이루어지는 현장만 있게 될 터이니 말이다. 중요한 건 상생과 상극의 이치를 아는 것이다. 역술가들도 이런 이치에다 수많은 임상적 경험을 덧붙여 분석을 하는 것이지 다른 특별한 묘방이 있는 것이 아니다. 이치와 용법만 익히면 훨씬 더 다이내믹한 흐름을 읽어 낼 수 있다. 어디 그뿐인가. 개인뿐 아니라 시대의 흐름은 물론 직업이나 활동공간에 따라 어떤 기운을 더 주도적으로 쓰는지도 포착할 수 있다.

가령, 네티즌들은 인터넷 공간 안에서 십신의 흐름을 다 소비할 것이다. 발산하고 수렴하고, 상생하고 상극하고, 유형과 무형의 소비와 충전을 하는 등등. 그 안에서도 모든 과정이 다 이루어진다. 하지만 그것은 순환이 되지 못한다. 사이버 공간 안에서는 아무리 대단한 네트워킹을 하는 것 같아도 결국은 독백이다. 엄청나게 많은 사람들과 대화를 하지만 소통이라기보다는 거의 배설에 가까운 경우도 많다. 상대와 직접적으로 대면하는 것이 아니기 때문이다. 즉, 익명성의 바다에 몸을 숨겨버리는 것이다. 따라서 나를 극하는 배치에 들어서지 못하고, 그저 나의 일부를 일방적으로 발산하는 수준에서 끝나고 만다. 그래서 비겁만 증식되어 망상이 확대되거나 아니면 식상만 쓰느라 기진맥진할 수밖에 없다(구설수와 송사의 아수라장!). 사이버공간에 집중할수록 현실 속에서 이루어지는 신체적 소통력은 점차 떨어지게 되는 건 그 때문이다.

다시 한번 말하지만 누구는 오직 돈만 벌고, 누구는 오직 공부만 하는 신분사회, 인류는 이걸 타파하기 위해 온갖 투쟁을 다 해왔다. 누구든 스스로의 힘으로 밥벌이를 하고, 누구든 스스로의 힘으로 삶의 지혜를 닦아 가는 사회, 이것이 인류가 기획하는 최고의 비전이 아니었던가. 헌데, 참 희한하게도 막상 그런 자유와 선택이 주어지자 다들 오직 물질적 분배에만—그것도 주로 상품과 쾌락의 증식과 관련된—주력할 뿐 정신적 자산을 나누고 누리는 데는 대체로 무관심하다. 이것이 우리 앞에 놓인 표상의 배치다. 보다시피 그 자체로 태과불급이다. 이 흐름에 장단을 맞추다 보면 당연히 모든 구성원들의 팔자가 꼬이게 마련이다. 원초적으로 타고난 태과불급에다 자본주의적 욕망의 배치가 덧보태지면서 십신의 리듬이 더한층 혼탁해지는 것이다. 리듬이 혼탁해지면 무엇보다 자신의 인생을 제대로 살아내기 어렵다. 잘 살고 못 살고는 다음 문제다. 더 중요한 건 타고난 명命을 온전히 자신의 힘으로 운전할 수 있느냐이다. 운명의 주인이 되는 것보다 더 중요하고도 긴박한 문제는 없기 때문이다. 그런데 그러기 위해선 팔자의 진면목을 '있는 그대로' 보아야 하지 않겠는가.

육친법

팔자의 '오이디푸스화'

자, 이제 사주분석의 마지막 코스에 접어들었다. 아마도 운세를 본다는 건 바로 이 최종단계에 대한 해석을 뽑아 보는 것일 터이다. 십신은 팔자가 '사회체', 구체적으로는 사회적 표상들과의 마주침에서 일어나는 기운의 배치라고 했다. 여기엔 아직 주체와 대상이 없다. 기운들의 흐름과 그것들이 자아내는 사회적 표상과 욕망의 주름만이 있을 뿐이다.

그런데 이 주름에 주체와 대상을 부여하는 것이 '육친법'이다. 육친六親은 말 그대로 '패밀리'다. 나를 둘러싼 인적 네트워크를 말한다. 기운이 동선을 만들고 동선이 관계를 만든다. 그 반대도 마찬가지다. 관계가 곧 동선의 편폭을 만들고, 그 동선이 기운의 배치를 구성한다. 이것이 육친법의 이론적 토대다.

예컨대, 비겁은 나의 수평적 확장이니 그것을 주체화하면 형제와 동료, 라이벌, 남편의 여자(강력한 라이벌이니 겁재 중의 겁재다^^) 등이 된다. 식신은 낳는 기운이니 여성에게는 자식이고, 남성에게는 처가 식구들, 남녀 모두에게는 할머니 등이 해당된다(내가 할머니를 낳는다고? 이것이 우주의 아이러니다. 돌고 돌다 보면 할머니가 곧 나의 자식이 되기도 한다). 재성은 일단 아버지다. 나의 재물운을 규정하는 첫번째 조건이 아버지의 경제력이기 때문이다. 그런데 남성한테는 거기에 또 다른 관계가 첨가된다. 바로 부인 혹은 애인이다. 아버지-여자-재물, 이것이 하나의 계열을 이루고 있는 셈이다.

그럼 여성한테 남편이나 애인은 무엇인가? 그것이 바로 관성이다. 나를 극하는 존재이면서 동시에 사회적 지위나 조건을 규정하는 토대에 해당한다. 혹은 사회적 관계로 나아가는 창구라고도 할 수 있다. 그럼 남성에게 관성이란? 바로 자식이다. 자식 이기는 부모 없다는 말이 여기에서 나온 모양이다. 자식이 웬수라는 말도. 아버지와 아들은 기본적으로 상극이다. 특히 아들은 아버지를 이겨 먹기 위해 세상에 나온 존재다. 중국이나 로마의 황제들에게 가장 큰 적은 무엇보다 아들들이었다. 실제로 아들에게 암살당한 일인자는 헤아릴 수 없이 많다. 그만큼 아버지와 자식의 기운은 팽팽하다. 전자가 지나치게 세면 아들들이 맥을 못추고, 후자가 세면 아버지의 수명이 단축된다. 실제로 암살을 하지 않더라도 너무 잘난 아들을 두면 아버지는 기세가 꺾인다. 가장 극단적인 것이 자식을 낳자마자 아버지가 세상을 떠나는 경우일 것이다. 비정하다고? 하지만 이게 자연의 법칙이다. 그래서 자식이 성인이 되면 집을 떠나야 한다(집에 있더라도 정신적으로 완전히 독립해야 한다). 성인의 기준은 생식력이 있는가 없는가에 있다. 곧 이팔청춘이면 성인인 것이다. 이후에도 부모와 같이 있으면 양쪽 다 힘들어진다. 이것은 단순히 사회경제적 차원을 넘어, 훨씬 더 근원적인 차원에 해당하는 문제다.

마지막으로 인성은 남녀 모두에게 엄마가 된다. 생명의 원천이라는 의미에서 유추된 것이다. 재성은 돈, 관성은 관직, 여기까지는 이해할 만한데, 인성이 공부운·문서운이라는 건 좀 뜨악할 것이다. 공부는 존재의 근원에 대한 충전이고, 문서는 만물을 낳아 주는 대지의 이미지가 덧붙여진 것이 아닐까 싶다. 그런데 그게 육친으로 따지면 엄마란다. 하여, 엄마복이 있다는 건 공부운이 좋다는 뜻이 된다. 하기야 맹모삼천은 있어도 맹부삼천은 없지 않은가. 그래서인지 픽션이건 현실에서건 홀어머니는 삯바느질을 해서라도 자식을 공부시키지만 홀아버지일 경우는 일찌감치 자식을 노동현장에 내놓는 경우가 많다. 지금 대한민국의 교육도 엄마들이 주도하고 있지 않은가. 아빠들도 많이 '엄마화'되긴 했지만 그래도 엄마의 수준에는 한참 못 미친다. 아빠들한테는 자식교육보다 자신의 현장이 훨씬 더 중요하기 때문이다. 물론 어느 것이 더 좋고 훌륭하다고 할 수는 없다. 다만 엄마와 공부가 원초적으로 결합되어 있다는 게 신기하고 놀라울 뿐이다. 원리가 이렇다면 자식교육을 위해 치맛바람을 일으키고 다닐 게 아니라, 엄마가 건강하고 행복하게 사는 것이 자식교육에 훨씬 더 효과적이지 않을까. 엄마가 잘 살면 자식의 공부운은 저절로 따라오게 되어 있다.

아무튼 이제 비로소 우리가 아주 익숙하게 알던 세상이 펼쳐졌다. 사람들은 이걸 물으러 역술원엘 가고, 그래서 역술원에서 주로 활용하는 영업매뉴얼도 이것이다. 실제로 적중률도 높다. 재물운이 좋은지 좋지 않은지, 애인이 언제 생길지, 남편복이 있는지 없는지, 문서운이 있는지 없는지 등은 초식만 배워도 금방 드러난다. 너무 간단해서 놀랄 지경이다. 하기사 뭔가 대단한 비의가 있으리라고 여기는 것 자체가 삶에 대한 망상이요 무지가 아닐까. 인생사라는 것이 누구든 생로병사의 리듬을 밟아 가는 것이고, 그 과정에서 품게 되는 욕망이나 비전 또한 뻔하디 뻔하지 않은가 말이다. 사람들의 생각과는 달리, 팔자의 주름은 그다지 개성적이지 않다.^^ 그러니 일단 자신의 팔자엔 뭔가 특별한 흔적(복이건 화건)이 있을지도 모른다는 생각부터 던져 버리는 게 낫다. 헌데, 문제는 그다음이다. '그래서 뭐 어쩌라구?' 여기서 그치면 아무것도 안 한 거나 마찬가지다. 족집게처럼 맞히면 뭐하는가. 달라질 게 아무것도 없는데…. 게다가 역술가의 입장에선 정직하게 말할 수가 없다. 대개 좋은 운보다 나쁜 운이 더 적나라하게 나타나는 법이다. 그런데 그걸 곧이곧대로 말해 주면 어떤 반응이 나올까. 분노 아니면 공포다. 즉, 애꿎은 역술가한테 화풀이를 하거나 아니면 두려움에 떨면서 역술가한테 매달리거나. 그러다 보면 팔자는 더더욱 꼬일 수밖에 없다. 특히 궁합 같은 경우는 그야말로 '립서비스'에 불과하다. 이미 결혼을 약속했거나 뜨거운 연애 중인 커플을 앉혀 놓고 살이 끼었다거나 인연이 그리 길지 않다든가 하는 말을 늘어놓겠는가. 고로 대부분 하나마나한 소리로 대충 얼버무릴 수밖에 없다. 이것이 바로 명리학의 담론적 배치다. 역술가(혹은 점쟁이)와 고객 사이엔 어떤 앎의 공유도 없다. 고객은 최소한의 기초도 없는 채로 자기 운명에 대한 해석을 역술가에게 맡겨 버린다. 이런 식의 일방향적 관계에선 언표 자체가 극도로 희박해질 수밖에 없다. 팔자의 주름에는 십신이나 음양오행 등 아주 풍성한 흐름들이 지층화되어 있건만 언표를 구성하는 건 육친을 둘러싼 아주 '유치한' 사건들밖엔 없는 것이다.

그리고 또 하나. 이 육친법에 대한 계보학적 탐구가 필요하다. 당연히 이것은 근대 이전의 가족관계와 생활방식을 전제로 한 '주체화 방식'이다. 그래서 처삼촌이라든지 이종사촌, 처첩들 등 우리에겐 아주 낯선 친인척 관계도 상당수 들어 있다. 근대 이전에는 가족이라고 하면 당연히 가문 중심, 마을 중심의 친족관계를 뜻했다. 당연히 사돈의 팔촌, 이웃사촌 등이 팔자에 깊은 영향을 미쳤다. 가문은 대가족일 뿐 아니라, 노비들과 하인들까지 포함된 '사회체'다. 거기다 당파와 학파가 결합되어 있고, 왕과 백성이라는 커다란 배경도 고려해야 한다. 하지만 근대 이후 우리 시대의 가족은 '엄마-아빠-아이'라는 삼각형 구도에 갇히고 말았다. '국가-자본-가족'의 삼위일체의 권력구조에다 오이디푸스 콤플렉스라는 심리적 회로가 결합한 결과가 바로 일부일처제를 바탕으로 한 핵가족 제도다. 근대 이전의 가문과 지금의 핵가족은 그저 스케일이 축소된 것만이 아니라 전혀 상이한 구조라고 할 수 있다. 가문이라고 하는 개념에는 토지기계와 촌락공동체, 봉제사접빈객奉祭祀 接賓客이라는 '소셜 네트워크' 등 폭넓은 의미가 함축되어 있다. 그럴 때 십신은 자연과 공동체, 그리고 가족과 '나'라는 경계에 위치한다. 그래서 해석의 편폭도 아주 드넓다. 인성은 어머니이자 토지, 그리고 저 아득한 후대까지 뻗쳐야 하는 지혜와 명예 등이 포함된다. 백 년 뒤까지 이어지는 명예를 생각한다는 건 한편으론 이념적 망상이지만 다른 한편으론 어떤 불리한 조건에서도 결코 자신의 존재성을 포기하지 않는 원천이기도 하다.

다산 정약용이 유배지에서 자식들한테 보낸 편지를 보면 이런 대목이 나온다. "이제 우리 집안이 폐족이 되었으니 너희들이 학문을 할 때가 되었다."

무슨 뜻인가? 폐족이니 부귀공명을 누리기는 다 틀렸고, 이제 남은 건 오직 학문을 통해 명예를 지키는 것 말고는 달리 길이 없다는 뜻이다. 출셋길이 꽉 막혔는데 공부는 해서 뭐 해?—이것이 우리 시대의 통념이라면, 다산에겐 출셋길이 막혔으니 이젠 공부에 올인하자!는 것이 상식적 이치였다. 이것이 바로 인성운이다. 학문이 나를 부유하고 귀하게 해주지는 못하지만 그 학문을 통해 나와 내 가문이 구원받을 수 있는 것, 인성이라는 용어는 이런 근원적 이치를 환기시켜 준다.

여성에게 있어 관성 역시 남편이자 남편이 속한 사회체이며 그것을 경영하는 능력과 연동된다. 한 여성이 혼인을 한다는 건 곧 어떤 집단 혹은 가문의 네트워크 속으로 들어가는 것이었다. 가문을 비롯하여 촌락공동체와도 깊은 관련을 맺을 수밖에 없다. 그러다 보니 마을마다 정신적 지주에 해당하는 여성이 있었고, 특히 대갓집 마나님의 경우는 마을 전체의 살림과 풍속을 주재하는 CEO에 해당했다. 『임꺽정』을 한번 읽어보시라. 조선시대 여성들이 얼마나 위풍당당한지, 그 카리스마와 배짱에 완전히 매료되고 말 것이다. 그래서 관운이다. 요컨대 근대 이전의 관계에선 육친이 혈족을 뜻하는 것이면서 부락공동체와 연동되어 있었고, 동시에 대자연과 천지만물로 이어져 있었다. 사돈의 팔촌, 이웃사촌, 천지신명과 토지기계 등등. 하지만 서구의 도래와 더불어 그런 식의 '대칭적' 연결고리는 끊어지고 말았다. 지금의 육친은 가족삼각형에 갇혀 있을뿐더러 공동체는 물론 자연과도 완전히 단절되어 버렸다. 한마디로 지독하게 '닫힌 구조'인 것. 자, 이렇게 사방으로 통하는 기운을 다 닫아 놓게 되면 팔자란 고작해야 자식의 성공, 아버지와 재물, 그리고 남편과 사회적 지위, 엄마와 부동산 혹은 자격증 등으로 고착되어 버린다. 왜소한, 너무나 왜소한! 니체가 근대인을 일러 '난쟁이'라고 부른 게 아마도 이런 맥락이 아닐까. 한편으론 이렇게 관계망을 극도로 축소시켜 놓으면서, 다른 한편으론 그 모든 것을 한꺼번에 다 누려야 한다는 집착은 더더욱 증폭된다. 이것이 현대인들을 지배하는 욕망의 배치다.

하지만 팔자에선 이런 구조 자체가 설정불가능한 컨셉이자 난센스다. 이미 파악했듯이, 여덟 개의 카드로 오행의 순환이 불가능할뿐더러 설령 모든 것을 갖추었다 해도 그렇게 되면 상생뿐 아니라 상극의 작용도 두드러지게 된다. 예컨대, 식상과 관성은 서로 상극이다. 육친으로 말하면, 자식과 남편은 상극이다. 또 재성은 인성을 극하는데, 이건 육친으로 풀면 아버지는 엄마와 상극이다. 결국 부부는 상극이라는 뜻. 오이디푸스 신화가 이를 잘 말해 준다. 남근은 재물(자본)이고 아버지다.

엄마는 토지기계고 자연이다. 아들은 노동력. 아버지를 죽이고(극을 한다), 아비는 아들에게 죽임을 당한다(극을 당한다). 그래서 우리의 통념과는 달리, 많은 경우 자식을 낳으면 부부 사이가 멀어진다. 가족주의하에선 자식이 부모의 교량이라고 선전해 대지만 실제로 그렇지 않다. 일단 여성은 아이와의 일체감이 남편으로 향하는 성욕을 충족하고도 남는다. 그래서 남편과는 육체적으로 멀어지는 것이다. 부부 사이가 나쁠 경우 아이가 잘 생기는 것도 그런 맥락이다. 어쩌다 관계를 하면 아이가 덜컥 생기고 다시 남편은 밖으로 돈다. 그러면 그 여성은 자식을 키우는 것으로 보상을 받는 것이다. 반대로 옹녀나 춘향이 같은 경우는 아이가 통 안 생긴다. 설령 생겼다 해도 자연유산되거나 스스로 포기하기도 한다. 식상보다는 관성이 더 강렬하기 때문이다. 관성이 '센' 여성은 아이를 낳는 것보다 여러 남자를 거느리고 그걸 통해 자신의 사회적 존재감을 확인하는 데 더 주력하게 된다. 남성과 마찬가지로 여성 또한 사회적 욕망이 강하면 아이를 낳고 기르는 일에는 상대적으로 무심해지는 편이다. 결국 모든 것을 한꺼번에 얻는다는 건 불가능하다는 것이 사주명리학의 메시지다.

물론 육친의 덕을 두루 갖춘 경우가 있긴 하다. 하지만 이 모든 것을 유지하느라 정작 자기 자신은 기진맥진이다. 사주상으로 보면 일간이 지극히 신약할 수밖에 없다. 이런 팔자의 경우, 남들은 부러워하지만 정작 자신은 답답하고 공허하다고 느낀다. 크게 추락하지도 않지만 그렇기 때문에 상승도 불가능한 채로 그럭저럭 살아가기 때문이다. 다 가진 다음 그걸 지키기 위해 자기를 버리는 것과 자기를 지키기 위해서 한두 가지는 포기해야 하는 것. 어느 쪽이 더 좋은 운인가? 아마 누구도 전자를 선택하지는 않을 것이다. 특히 나이가 들수록, 죽음에 임박할수록 평범하고 무난한 팔자에 자긍심을 갖는 경우는 드물다. 오히려 그게 콤플렉스가 되는 경우도 적지 않다. 콤플렉스가 없는 것이 콤플렉스라? 허, 이런 역설이라니!

처음, 「입구」에서 말했듯이 운명의 지도에는 역설과 아이러니 투성이다. 어떤 인위적 척도도 통하지 않는다. 이것이 좋으면 저것이 어긋나고, 저것을 얻으면 이것이 사라지고. 겉이 아름다우면 속이 문드러지고, 바깥이 거칠면 속이 부드럽고. 혹은 돈이 들어오면 건강을 잃고, 권력을 가지면 사람을 잃게 되고, 사랑을 얻는 대신 친구를 버려야 하고… 한마디로 팔자에는 온갖 가치들이 범람한다. 가치들의 범람 속에서 종국에는 가치들이 얼음 녹듯 녹아 버리는 것, 그것이 팔자의 우주적 연기법이다. 고로, 몸과 우주, 그리고 삶이 서로 '오버랩' 되는 이 매트릭스에선 더 좋은 팔자도, 더 나쁜 팔자도 있을 수 없다. 게다가 지금은 기술문명의 절정에 해당하는 시대다. 인류사에서 의식주가 이렇게 편안했던 적이 있었던가? 그럼에도 현대인들은 이 풍요를 전혀 누리질 못한다. 더 정확히 말하면 이 풍요로 인해 행복하다고, 자신의 팔자가 참 좋다!는 생각을 결코 하지 못한다. 보다시피 모든 사람들은 자신의 팔자를 한탄하고 원망한다. 원초적 평등성 및 시대적 혜택 따위는 치지도외置之度外하고 오직 불만족과 불평등만을 느끼고 받아들인다. 아니, 그것들을 열심히 '생산'하기까지 한다. 대체 왜? 눈치챘겠지만, 음양오행과 십신, 그리고 육친법으로 이어지는 운명의 흐름을 오직 핵가족 삼각형이라는 좁은 틀에 몰아넣은 탓이다.

오이디푸스의 '배후'

국가와 자본

핵가족은 '엄마 – 아빠 – 아이'의 삼각형이다. 이 구도는 말 그대로 '핵'核이다. 운명이 연출하는 리듬과 강밀도를 삼각형 안에 흡인·응축시켜 놓았다는 점에서 그렇다. 생명의 원동력인 '정精·기氣·신神'은 우주적 네트워크다. 몸 안에도 있고 밖에도 있다. 따라서 무의식 혹은 욕망 또한 당연히 '전 우주적'이다. 단적으로 말하면, 우리는 별들의 자손이다. 음양오행이 해와 달, 그리고 다섯 개의 별을 합친 '칠요'(일곱 개의 별)를 뜻한다고 말한 바 있다. 고로, 별은 하늘에도 있고, 내 안에도 있다. 이것은 결코 상징이나 은유가 아니다. 있는 그대로의 사실이다. 현대과학의 설명은 더 적나라하다.

먼 과거에 100억 년을 걸쳐 핵연소 과정을 통해 별에서 생성된 원소들은 지구에서 생명을 유지하기 위한 중요한 근간을 이루고 있다. 우리가 살아갈 수 있는 것은 바로 별이 수십억 번 혹은 수백억 번, 나아가 수천억 번을 태어나고 죽는 과정을 반복했기 때문이다. 지구가 탄생한 후 5억 년이 지나서 지구에서 원시 생명체가 등장했다. 그러고 나서 다시 약 40억 년이 지난 후에 오늘날과 같은 복잡한 동물계와 식물계뿐만 아니라 인류의 기술문명도 탄생하게 되었다. (……) 별에서는 우주에서 생명을 가능하게 해주는 원소들이 만들어졌고 또 지금도 계속 만들어지고 있다. 이렇듯 우리 인간과 우주는 인간의 상상력을 통해서만 서로 연결되어 있는 것이 아니라 실제로도 우리의 환경과 우리들 자신을 구성하는 원소들을 통해 서로 긴밀하게 연결되어 있는 것이다. (……) 우리 몸의 각종 장기와 조직 속에 있는 탄소, 뼈 안에 있는 칼슘, 피에 들어 있는 철분, 몸의 수분 속에 있는 산소 등과 같이 우리가 생명을 유지하는 데 필수적인 원소들은 모두 별에서 만들어졌다. 우리는 모두 결국 아주 오래된 과거별의 유산이자 자손인 셈이다. 만일 당신이 사랑하는 사람에게 다가가 "당신은 나의 별이오!"라고 말한다면 그것은 아주 적절한 표현이다. 왜냐하면 우리는 실제로 모두 별들의 먼지로 구성되어 있는 존재이기 때문이다.(하인츠 오버훔머, 『4시간 만에 끝내

는 우주의 모든 것』, 이종완 옮김, 살림, 2011, 124~125쪽)

물론 음양오행론과 현대과학의 패러다임 사이에는 상당한 간극이 있긴 하다. 하지만 중요한 건 어떤 담론에 입각하든지 간에 우리의 몸과 삶은 '별들의 각축장'이라는 사실이다. 우리는 별로부터 왔고, 다시 별의 세계로 돌아갈 것이다. 따라서 지극히 당연한 말이지만 우리의 무의식은 우주적 충동으로 가득하다. 그것은 결코 가족적이지 않다. 사회적이며 역사적이고, 또 초역사적이다. 아득한 시원을 오가기도 하고, 신화적 영웅이나 외계인, 혹은 네스호의 괴물에 대하여, 천상의 쾌락과 지옥의 고통에 대하여 사유하고 느끼고 전율한다. 혹은 곰이 되고 싶고 용이 되고 싶고… 이런 욕망들이 카오스처럼 들끓는 것이 무의식이다. 언제든 자연과 대면할, 자연으로 돌아갈, 아니 별이 되고 바람이 되고 눈이 되고 공기가 될 준비가 되어 있다. 이처럼 무의식은 예측불가능하고 측량불가능한 가치들의 유동적 흐름이다.

그것을 가족이라는 단 하나의 방향으로 몰아넣은 것이 다름 아닌 근대적 국가와 자본이다. 20세기 이래 국가와 자본은 늘 함께 움직였다. 제국주의와 맞설 때는 조국의 해방이라는 이름으로, 해방된 이후에는 조국의 근대화라는 이름으로, 1990년대 이후에는 신자유주의라는 이름으로. 버전은 조금씩 달라지지만 핵심은 언제나 '국민총생산', 곧 자본이다. 자본이 곧 국민적 소명이자 개인적 행복의 유일한 지표다. 그리고 모든 구성원들을 국민이라는 이름으로 호명하고 자본을 증식하는 데 총동원하기 위한 전초기지가 바로 '핵가족'이다. 대가족은 번잡하고 기동력이 떨어진다. 예를 들어 대가족을 단위로 하면 '효'孝라는 가치가 생산력보다 더 높은 가치로 부각된다. 부모상을 치르느라, 혹은 늙은 부모를 봉양하느라 경제활동을 소홀히 할 가능성이 높다. 그뿐인가. 사돈의 팔촌, 이웃사촌이 연결되면서 아주 우발적인 관계들이 생겨날 수 있다. 우발성 지수가 높을수록 국가의 통제력은 약화된다. 근대 국가는 이 우발성 지수를 최대한 낮추기 위하여 사람들의 욕망을 균질화하는 데 전력을 기울여 왔다. 도시의 발달과 더불어 핵가족이 정착되면서 효, 우정과 의리, 이웃과의 정, 야생동물 및 천지만물과의 연대감, 절기에 따른 신체적 리듬 등 다소 비효율적이고(정량화가 어렵고) 애매한 가치와 관계들은 한 큐에 정리되었다. 이제 사람들의 욕망은 오직 핵가족의 일촌 안에서만 맴돌고 있다. 다시 말해 스위트 홈의 망상이 무의식의 영토를 점령하기에 이르른 것이다. 언덕 위의 하얀 집, 앞치마를 두른 미모의 엄마, 사무직 아빠, 바이올린이나 피아노를 연주하는 아이, 이것이 핵가족이 연출할 수 있는 최고의 명장면이다. 20세기를 통과하면서 언덕 위의 하얀 집이 아파트로 바뀌고, 엄마는 미시족으로, 아빠의 직업은 변호사 혹은 증권맨으로 바뀌는 변화를 겪긴 했지만, 기본구조는 조금도 달라지지 않았다.

스위트 홈의 망상은 일종의 '블랙홀'이다. 원초적 욕망 혹은 무의식을 스폰지처럼 흡인해 버리면서 동시에 결코 옆으로 새지 못하도록 철저히 봉쇄해 버린다는 점에서 그렇다. 여기에 갇히면 엄마와 아빠는 아이를 교육시키는 데 매진하게 된다. 한 명 혹은 두 명에 불과한 아이들을 인생의 전부라고 여기면서 더 좋은 교육, 더 많은 교육을 시키기 위해 전력으로 질주한다. 교육자본의 무한증식! 만약 부모가 그런 양질의 교육을 제공하지 못하면 평생 동안 양심의 가책을 느껴야 한다. 또 자식은 그런 부모를 둔 자신의 운명을 저주해야 마땅하다. 예전에는 낳아 준 것만으로도 부모가 자식한테 큰소리를 땅땅 쳤는데, 이젠 어림없다. 남들처럼 다 해주고도 더 못해 준 것에 대해 미안해해야 한다. 부모의 학벌이나 지위가 낮으면 낮아서 미안해해야 하고 학벌이나 지위가 높으면 바빠서 자상하게 대해 주지 못한 것에 대해 또 안쓰러워해야 한다. 교육자본의 증식에 비례하여 부모의 사랑과 자책감도 무한증식한다. 자식들이 받는 스트레스 또한 만만치 않다. 일단 교육과 산업이 주가 되면 결혼 적령기는 점점 더 늦춰진다. 『동의보감』에 따르면 여자는 14세, 남자는 16세면 아이를 낳을 수 있다. 하지만 자본주의는 이런 자연의 리듬을 결코 인정하지 않는다. 이 나이에 짝짓기를 하는 것은 야만이다. 교육을 마치고 직업을 가지기 전에는, 더 정확히 말하면 직업을 가지고 스위트 홈에 필요한 자본을 충분히 확보하기 전에는 절대 성적 권리를 누려서는 곤란하다. 이 '포스트 모던'한 시대에도 여전히 청년기의 성욕을 죄악시하는 성교육을 버젓이 행하는 건 이런 맥락의 소산이다.

요컨대, 핵가족은 그냥 사이즈가 작은 가족이 아니라 이전과는 전혀 다른 표상들에 의해 움직이는 가족제도다. 순결이데올로기, 일부일처제의 신화, 교육만능주의, 일촌 간의 사랑 등등. 국가와 자본은 사회 전 방면에 이런 가치들을 촘촘하게 박아 놓는다. 즉, 학교와 병원, 직장과 교회 등을 통해 이 표상들이 개별주체들에게 깊이 각인되도록 유도한다. 학교에선 학벌과 직업과 재산이 인생의 기준임을 주입하고, 병원에선 건강한 몸과 정신에 대한 기준을, 교회에선 죄의식과 양심의 가책을 주입한다. 학교 – 집 – 병원 – 직장 – 교회가 현대인들의 기본 동선이다. 여기에 백화점이나 커피숍 등이 덧붙여진다. 그야말로 홈 파인 회로다. 이 회로에 갇히면 누구나 답답하다. 하지만 벗어날 엄두를 못 내는 건 이것이 '정상적인' 삶이라는 확신 때문이다. 이 궤도를 일탈하면 비정상이 된다. 정상/비정상의 경계가 강력해지면서 행복과 불행의 기준을 대치하게 되었다. 사람들은 이제 '행복한가?'라고 묻지 않고 '정상인가?'라고 질문한다. 정상성이라는 척도는 모든 욕망을 균질화한다. 무의식에

깃든 카오스적인 충동들을 쌈박하게 정리하는 데 더할 나위 없이 유효한 도구다. 국가와 자본이 정상/비정상의 구획을 유포하는 데 심혈을 기울인 이유가 거기에 있다.

결국 욕망이 '오이디푸스화' 되는 그 배후에는 국가와 자본이 있는 셈이다. 하지만 이젠 국가마저 자본의 시녀가 되어 가는 시대다. 자본은 국경을 넘어 전 지구적으로 영토를 확장해 가고 있다. 그러면서 이렇게 부추긴다. '핵가족을 사수하라!', '돈이 있어야 사랑도 하고 가족도 지킬 수 있어', '인생의 가치는 오직 그것뿐이야!'라고. 하긴 배후라고 하기엔 이제 너무 노골적이 되어 버렸다. 국가와 자본, 자본과 가족, 자본과 사랑은 이제 쉽게 구별되지 않는다. 모두가 자본의 속성을 닮아 가는 까닭이다. 자본이 그러하듯이, 가족관계도, 연인 간의 사랑도 늘 달아올라야 하고 뭔가에 홀린 듯 중독되어야 한다. 증식되지 않으면 자본이 아니듯, 평온한 사랑은 사랑이 아니다. 항상 뜨거워야 한다. 감동의 눈물과 살 떨리는 스킨십과 고백들이 수반되지 않으면 그건 이미 사랑이 아니다. 그래서 늘 이벤트를 준비해야 하고, 무슨무슨 '데이'Day들이 일 년 내내 이어진다. 쇼와 이벤트가 없으면 대체 사랑이 어떻게 유지될 수 있을까? 그래서 설날이나 추석 같은 전통적 명절은 최악이다. 왜냐고? 가족삼각형을 벗어나는 시간이기 때문이다. 갑자기 이질적인 촌수들을 만나면 어색하고 불편하다. 이미 서로를 오해

할 만반의 준비를 갖추고 있는 셈이다. 유난히 가족의 달 5월과 명절을 전후하여 존속폭력, 이혼이 빈번해지는 것도 그 때문이리라.

그러니 사주팔자에서 육친법을 읽어 낼 때 어떤 일이 벌어지겠는가. 엄마는 어때? 아빠의 경제력은? 아이 성적은? 나머지 촌수와 관계에 대해선 아무런 질문도, 욕망도 없다. 또 혈연을 넘어선 사회적 관계와 공동체적 열정 따위는 아예 운명이라는 지도에서 아웃된 지 오래다. 음양오행이 펼치는 '별들의 생성소멸'이 졸지에 가족삼각형 안에 갇혀 버린 형국이다. 문명과 자연의 대결은 거시적 차원에서만 일어나는 것이 아니다. 개별주체들의 신체, 그리고 무의식에서도 일어난다. 생태계의 파괴가 전 지구적 차원에서 벌어지고 있듯, 개인들의 운명에서도 문명과 자연 사이의 왜곡과 간극은 점점 더 극심해지고 있다. 그러니 모든 팔자가 험궂을 수밖에.

운명의 '덫'

자의식 혹은 트라우마

근대 이후, 인간이 자연과 단절되면서, 그리고 오이디푸스 안에 갇히면서 자신만의 내밀한 공간을 만들었는데, 자의식 혹은 내면이 바로 그것이다. 밖으로 통하지 못하는 에너지와 힘들, 불균질한 소용돌이가 만들어 낸 협곡 같은 것이라고나 할까. 협곡에 갇힌 힘들과 소용돌이는 심하게 뒤틀린다. 왜곡, 변형이 일어나는 것이다. 그것이 곧 트라우마다. 이런 논리로 보자면 현대인들은 계층과 조건에 무관하게 숙명적으로 상처를 받을 수밖에 없다. 자의식과 내면이라는 공간 자체가 사건들을 '상처화'하는 거처인 탓이다. 아닌 게 아니라, 현대인들은 거의 다 상처받은 영혼들이다. 정신분석과 심리상담, 각종 치유프로그램이 만연되는 것이 바로 그 증거다. 더 놀라운 건 그 상처로부터 벗어나기를 그다지 원하지 않는다는 사실이다. 상처가 만성화되면서 어느덧 상처와 자의식, 그리고 정체성이 합체가 되어 버린 탓이다. 자본주의가 덧씌운 운명의 굴레 혹은 '덫'! 그 구체적 양상을 한번 탐구해 보자.

골병에서 화병으로!

내가 어렸을 적엔 잘 씻지를 않아서인지 주기적으로 종기가 났었다. 종기가 나면 몸살을 앓듯 끙끙 앓았던 기억이 난다. 그렇게 앓다 보면 종기가 익을 대로 익어 마침내 누런 고름으로 변하고 그러면 가족들이 달려들어 잔인하게(^^;) 짜내곤 했다. 그러고 나면 아주 개운해질뿐더러 왠지 꽤 힘든 일을 겪어 낸 양 뿌듯해졌다. 하지만 요즘 아이들은 종기가 거의 없다. 워낙 잘 씻고 위생적인 데다가 온갖 백신에 예방접종을 하고 몸에 흠집이라도 생길까 전방위적으로 방어벽을 설치한다. 그 결과… 대신 아토피라는 '괴질'을 앓는다. 10명 중 4명이란다. 종기에서 아토피로! 이게 근대국민국가의 전초기지인 위생권력이 우리에게 준 선물이다. 아토피를 앓는 건 그래도 괜찮다. 구체적으로 몸 곳곳에 흠집이 나니까 뭔가 노력을 하게 된다. 하기에 따라 음식과 몸이 맺는 관계에 대해서 상당한 지식을 쌓을 수도 있다. 더 큰 문제는 소위 '마음의 상처'라는 것이다. '마음의 아토피'라고나 할까. 너무 많은 이들이 이 병을 앓고 있다. 남녀노소, 계급고하를 막론하고 모두가 자신을 상처받은 존재로 규정한다. 요즘 대세를 이루는 드라마 주인공들, 특히 재벌 2세들을 한번 보라. 시건방지고 재수없는 성격의 소유자지만 '알고 보니 상처가 있더라'가 기본 컨셉이다. 상처의 내용은 한결같다. "엄마한테 버림받았어." "아빠 때문에 엄마가 떠났어." 그리고 상처가 발견되는 순간, 갑자기 그 캐릭터는 순수하고 멋진 인물로 거듭난다. 이쯤 되면 상처가 곧 정체성이자 스펙인 셈이다. 이것이 팔자의 시대적 좌표다. 일간이 뭐건 팔자의 오행이 어떻게 되었든 일단 자신의 삶을 상처라는 심리적 기제에서 시작한다는 것. 이 점을 명확히 해둘 필요가 있다.

우리 연구실은 지식인 공동체다 보니 각양각색의 사람들이 모여든다. 겉보기엔 다들 부족함이 없어 보인다. 중상류층에 인텔리들이라 교양수준도 높다. 또 소위 '정상적인' 가족을 이루고 있다. 그런데도 자신의 삶에 대한 엄청난 불만을 지니고 있다. 스스로 상처받은 존재라고 굳게 믿고 있는 것이다. 개중에는 아주 오랫동안 약물치료를 받는 경우도 있다. 그런데 더 놀라운 건 그 상처의 유래다. 정신분석이 그렇듯이 대개 그 시원은 유년기에 있다. 심지어 뱃속의 태아 때 받은 스트레스 때문에 자신의 삶이 이렇게 망가졌다고 생각하는 경우도 있었다. 내용은 공통적으로 '애정결핍'이다. 어린 시절 사랑을 못 받아서 지금 이렇게 우울하고 무기력하다고? 이런 논리는 상당히 그럴듯해 보이지만 사실은 가짜다. 왜냐하면 삶은 끊임없이 흐르기 때문에 어떤 상황에 오래도록 집중하기가 쉽지 않다. 좋은 기억은 물론이고, 나쁜 기억도 시간의 흐름 속에서 산산이 흩어지는 것이 다반사다. 그런데 만약 20년, 30년이 넘도록 기억이 사라지지 않는다면 그건 이제 사건 자체와는 전혀 다른 차원의 문제라 할 수 있다. 단적으로 내가 그 기억을 떠나 보내기를 거부하는 정신의 벡터가 작동한다는 뜻이다. 그 지점을 면밀히 통찰해야 한다. 즉, '나는 왜 이렇게 슬픈 유년기를 보내야 했을까?'가 아니라, '나는 왜 이렇게 오랫동안 그 기억을 붙들고 있을까?' 하는. 어떤 비극도 시간이 지나면 전후좌우 맥락이 파악되는 법이다. 그걸 깨달으면서 어른이 되어 가는 것 아닌가. 만약 그렇지 않다면 그건 내가 그 기억을 계속 동일한 방식으로 곱씹고 있다는 뜻이 된다. 그러면 이미 그 기억은 원래의 사건과는 무관한 나만의 '자의식'이 되어 버린다. 자의식이 공고해질수록 외부와의 소통은 불가능해진다. 그래서 아주 역설적이게도 소위 상처받은 이들일수록 그걸 빌미로(!) 타인에게 마구 상처를 입히기도 한다. 특히 그 대상은 자신을 지극히 아껴 주는 엄마거나 애인일 경우가 많다. 그래서 결국 모든 관계가 왜곡되어 버린다. 자, 그럼 여기서 '팔자'란 무엇일까? 어렸을 때 받은 상처가 그 단서라고 치자. 그럼, 그다음엔? 그걸 계속 물고 늘어지면서 자신의 존재감을 훼손시키는 것은 무엇이라고 해야 하나? 이것도 팔자인가? 만약 그렇다면 결국 자기 팔자는 자기가 만든다는 말이 맞지 않는가?

이어지는 또 하나의 전도. 상처라는 담론 속에서 자신은 결코 주체가 아니다. 상처를 입힌 자들만 클로즈업된다. 나는 그저 '당했을' 뿐이다. 얼떨결에, 난데없이! 그렇다면 이상하다. 왜 이 상처의 서사에선 내가 무엇을 했는지가 전혀 부각되지 않는 걸까? 무섭고 약해서 그랬다고 한다면 그런 자신의 모습이 더 중요하지 않을까? 나는 왜 그토록 어리석었을까? 혹은 무엇이 그토록 두려웠던 것일까? 요컨대 상처라는 담론 안에는 자신에 대한 관찰이 놀랄 만큼 빠져 있다. 그래서 그 과거는 여전히 현재에 개입하고 미래를 창조한다. 니체는 '양심의 가책' 혹은 원한감정의 탄생이라는 측면에서 이 문제를 오래도록 집요하게 물고 늘어진 바가 있다. 그의 말을 들어 보자.

> 밖으로 발산되지 않는 모든 본능은 안으로 행해진다.—이것이 바로 내가 말하는 인간의 '내면화'라는 것이다. 이에 의해서 인간은 비로소 훨씬 후에 '영혼'이라고 불리는 것을 개발해 냈다. 원래는 두 개의 얇은 피부막 사이에 펼쳐진 것처럼 빈약했던 저 전체 내면세계는, 인간본능의 밖으로의 발산이 저지됨에 따라 더욱더 분화되고 팽창되어 깊이와 넓이

와 높이를 얻게 되었다. 낡은 자유의 본능에 대해서 정치조직(국가)이 스스로를 지키기 위해서 구축해 놓은 저 무서운 방벽—형벌도 이러한 방벽 중의 하나이지만—은 거칠고, 자유롭고, 방랑적인 인간의 저 모든 본능이 인간 자신에게로 향하도록 만들었다. 적의, 잔인, 박해, 공격, 변혁과 파괴의 쾌락—이 모든 것이 이러한 본능의 소유자 자신에게로 방향을 돌리는 것, 이것이 바로 '양심의 가책'의 기원인 것이다.

외부의 적과 저항이 없어지고, 관습의 억누르는 듯한 협소함과 꼼꼼한 형식 속에 처박혀진 인간은 참을 길이 없어 자기 자신을 찢고, 책망하고 물어뜯고, 괴롭히고, 학대했다. '길들이기' 위한 우리의 창살에다 몸을 부딪혀 상처투성이가 된 이 동물, 황야에의 향수에 지쳐 스스로 모험, 고문대와, 불안하고 위험한 황야에 몸을 내던지지 않을 수 없었던 이 궁핍한 동물, 이 바보, 그리움에 지치고 절망해 버린 이 죄수야말로 '양심의 가책'의 발명자가 된 것이다. 게다가 이와 아울러 인류가 오늘날에도 역시 치료하지 못하고 있는 저 가장 무겁고 위험한 병도 비롯되었던 것이다. 즉 인간이 인간에 대해서, 자기 자신에 대해서 괴로워하는 병이다. 이것이 인간이 그의 동물적인 과거로부터 억지로 떼어낸 결과, 말하자면 새로운 환경과 새로운 생존조건 속으로 뛰어든 결과이며, 이제

까지 그의 힘과 기쁨과 공포의 근거였던 오랜 본능에 대한 선전포고의 결과였다.(니체, 『도덕의 계보』, 93쪽)

논리와 표현은 다르지만 의역학적 관점과 매우 흡사하다. 외부와 연결되었던 다양한 채널들이 막히면서 그 힘이 자기 자신을 향하게 되었다는 것. 다시 말하면, 타자와 세상을 향해 흘러가야 할 기운이 출구가 막히자 자신을 물어뜯고 괴롭히게 되었다는 것이다. 『동의보감』을 빌려 말하자면, 예전에는 노권상勞倦傷이 많았다. 먹고살기 위해선 매일같이 상당한 양의 노동을 해야 했기 때문이다. 그래서 속칭 골병이 많이 들었다. 날씨만 흐려도 뼈마디가 쑤시고 삭신이 오그라드는… 우리 부모님들이 일상적으로 앓던 신경통이 여기에 해당한다. 하지만 요즘은 몸을 거의 쓰지 않는다. 그래도 먹고사는 데 별 지장이 없다. 아마 대부분의 현대인들은 조선시대 지체 높은 가문의 양반들보다도 몸을 움직이지 않을 것이다. 그래서 노권상은 해결되었다고 치자. 그런데 존재는 몸과 마음, 육체와 정신으로 이루어져 있다. 몸이 편하면, 몸의 에너지를 바깥으로 쓰지 않으면 그것이 정신이라는 무형의 창고에 쌓이게 된다. 유형이 무형으로 전변하는 것이다. 여기가 참 놀라운 지점이다. 몸이 편하면 자긍심이 높아질 것 같은데, 신기하게도 사람은 활동이 줄어들면 자기에 대한 불만이 커진다. 대체 왜 그럴까? 원리는 간단하다. 생명은 언제나 활동을 원한다. 움직이고 접속하고 변형되고 다시 수렴되고 등등. 그 속에서만이 자신의 '우주적 존재감'을 확인할 수 있는 까닭이다. 이 활동지수가 낮아지면 그만큼의 물리적 압력이 정신적 스트레스로 쌓이는 게 당연하다. 그것은 결국 자기에 대한 부정으로 이어진다. 금융자본의 증식, 디지털의 폭주 속에서 이 내면의 부동산 또한 무한증식된다. 불필요하게 비대해지면 거기서 자랄 수 있는 것은 종양뿐이다. 마음의 종양이 바로 무수한 정신병력, 분열증 혹은 강박증, 우울증… 포괄적으로 말하면 화병이다. 수승화강이 안 되면 불은 위로, 물은 아래로 각기 따로 놀기 시작한다. 불이 위로 치성해서 제멋대로 요동치는 것이 바로 화병이다. 골병에서 화병으로! 종기에서 광기로! 이것이 우리 시대 문명생리학적 배치다.

상처뿐인 팔자?

2011년 말부터 학교폭력이 본격적으로 사회적 이슈가 되고 있다. 왕따가 되어 폭력에 시달리다 자살을 하는 아이들, 약한 아이를 골라 집중적으로 폭력을 행사하는 아이들—폭력의 대상이거나 아니면 폭력의 주체이거나. 이것이 우리 시대 학교의 풍경이었다. 그래서 학교폭력을 소탕한다며 범국가적으로 한바탕 난리법석을 떨고 있다. 그런데 흥미로운 조사가 하나 나왔다. 기존에는 이런 아이들(가해자와 피해자 모두)이 주로 결손 가정 출신이었는데, 이제는 대부분 변호사나 교수 같은 전문직 부모를 둔 아이들이라는 것. 그런 아이들이 어쩌다가 이런 끔찍한 사건의 주역이 되었을까? 해석이 아주 가관이다. 부모가 전문직이다 보니 바빠서 아이들과의 대화와 배려가 부족했다는 것이다. 그래서 아이들이 밖으로 돌다 보니 그런 사고를 치게 되었다는. 앞에서 언급했듯이 변호사나 교수 같은 전문직은 오랫동안 '스위트 홈'의 기준이었다. 그런데 뭐가 문제지? 그동안 그게 자식교육에는 정상이고 최상이라고 주입하지 않았던가? 이 가운데 하나라도 부족하면 결손가정이고 그래서 그런 집 자식들은 결국 사고를 친다는 식으로 몰고 가지 않았는가? 결손가정이면 부모와 자식 사이의 관계가 엉망일 거라는 전제도 말도 안 되지만(이 말은 부모가 이혼하면 아이와 무조건 멀어지고, 또 부모가 가난하면 자식과 대화가 안 될거라는 뜻인데… 정말 그런가? 당연히 아니다! 더 친해지고 더 가까워질 수 있다), 정작 그 모든 조건을 두루 갖춘 중상류층 자식들이 사고를 치니까 이젠 대화를 좀더 했어야 한단다. 그럼 대체 얼만큼의 대화를 하면 충분한가? 하루 한 시간? 두 시간? 일주일에 한 번, 아니면 두 번? 그리고 무슨 대화를 해야 하지? 속으로 생각나는 걸 다 말하면 되는가? 사춘기엔 성욕이 왕성한데, 그런 이야기를 해도 되는가? 대학을 가기 싫다고 솔직하게 말해도 되는가? 기타 등등.

무슨 사건만 터지면 마치 만병통치약이나 되는 듯 대화의 중요성을 떠들어 대지만 구체적인 실상에 들어가면 그보다 더 추상적이고 상투적인 대안도 없어 보인다. 대개의 경우 자식이 원하는 걸 다 들어주라는 뜻으로 해석되기도 한다. 그건 소통이 아니라 불통으로 가는 첩경이다. 대화가 진짜 소통이 되려면 관계가 순환이 되어야 한다. 정·기·신精·氣·神이 순환해야 몸이 건강해지는 것과 같은 이치다. 그리고 순환에서 중요한 건 가치의 동일성을 벗어나는 것이다. 서로 다른 가치들이 공존할 수 있어야 비로소 숨통이 트일 수 있는 법이다.

주지하듯, 우리 시대의 윤리적 가치는 오직 사랑뿐이다. 우정이나 의리, 혁명과 평화 같은 가치는 사전에서나 볼 수 있는 단어가 되고 말았다. 아울러 사랑은 다만 연인과 가족이라는 범위에 한정되어 있다. 그 범위를 넘어서면 사랑의 대상에 속하지 않는다. 내 자식을 위해선 뭐든 할 수 있지만 내 자식이 아닌 경우는 뭐가 됐건 상관없다. 사랑이 가족 안에 갇히면 이렇게 끔찍해진다. 그럼에도 모든 미디어가 마치 주문이나 되듯이 사랑을 쏘아 댄다. 광고에서도, 드라마에서도, 다큐멘터리에서도.

이유는 너무도 간단하다. 상품으로 팔아 먹기에 좋기 때문이다. 다들 그걸 알고 있다. 그러면서도 다 거기에 휘둘리는 이유는 대체 뭘까? 불안과 집착 때문이다. 자본과 상품에 저항해야 한다는 의식과 지향은 늘 이 불안과 집착이라는 정서에 완패당한다. 그래서 머리로는 알지만 몸은 결코 그걸 따르지 않는다. 오히려 속임수라는 걸 알면서도 기꺼이 오이디푸스의 덫에 걸려든다.

한번 따져 보자. 가족 간의 사랑이나 연인 간의 사랑은 특별히 생색을 낼 일이 아니다. 핏줄이란 나의 연장이다. 유전자를 공유한다는 건 나의 또 다른 모습이라는 뜻이다. 결국 내가 또 다른 나를 사랑하는 셈인데, 그걸 그렇게 잔뜩 힘을 주고 만천하에 떠들어 댈 일인가? 마치 경쟁을 하듯이 자신의 사랑을 과시한다는 건 실로 유치하지 않은가? 연인 간의 사랑은 더 말할 것도 없다. 에로스란 성에너지의 분출인데, 그것은 자신에게 쾌락을 안겨 줄 때만 작동한다. 어떤 악조건 속에서도 사랑을 멈출 수 없는 건 그것이 고매한 가치의 실현이어서가 아니라, 그 순간에조차 쾌락을 맛볼 수 있기 때문이다. 그렇지 않으면 에로스는 바로 작동을 멈춘다. 말하자면 에로스는 내 안의 '자연'이다. 그래서 이성이나 의식의 통제를 받지 않는다. 그런데 웬 생색? 내 안의 자연을 움직이게 하는 존재를 사랑하는 거야 지극히 당연한 일이 아닌가. 그걸 이렇듯 강박적으로 외쳐 댄다는 건 그것이 대단해서라기보다 오히려 지금 시대가 그것을 지키기조차 버거워졌다는 뜻이리라. 아무리 채우고 또 채워도 결코 채울 수 없을뿐더러 끊임없이 샐 수밖에 없음을 느끼기 시작한 것이다. 과연 그렇다. 핵가족의 사랑은 자유와 행복의 원천이기보다 차라리 결핍과 상처의 원천이 되었다. 언급했듯이 자의식과 트라우마는 동시적이다. 가족삼각형 안에 들어가는 순간 내면의 공간이 증폭되고 그 안에 상처의 흔적을 채워 넣는다. 엄마가 나를 버렸어, 아빠가 우리를 버렸어, 언니 혹은 오빠 때문에 내가 방치되었어, 부모님은 형만 좋아해, 이런 식의 유아적 정서가 어른이 되어서도 지속된다는 것이 그 증거다. 어른이 된다는 건 핏줄의 장막을 벗어나 세계와 현실을 직접 대면한다는 뜻이고, 그 과정에서 가족삼각형과는 전혀 다른 관계 속으로 들어간다는 뜻이다. 친구를 만나고, 선배를 만나고, 스승을 만나고, 혹은 영웅과 라이벌을 만나고 적을 만나고 원수를 만나고…. 이 과정에서 어린 시절의 상처는 절로 아물거나 혹은 잊혀지는 게 마땅하다. 어른이 되어서도 여전히 유년기의 체험에 붙들려 있다면 그건 마치 겨울에 봄을 생각하고, 가을에 여름을 못 잊는 꼴이나 다름 없다. 이 엇박 자체가 번뇌요 질병이다.

그리고 어른이 되어서도 여전히 어린 시절의 상처가 삶을 지배한다면 그건 그 사이에 전혀 성장하지 않았다는, 다시 말해 스스로 성숙을 거부했다는 뜻이기도 하다. "보통의 심리치료는 어린 시절의 해결되지 않은 감정들을 다시 확인하고 치유하며 통합하는 작업을 통해서 이루어진다. 이 경우 자신은 사랑스러운 존재라는 확신을 얻게 되지만, 반면에 부정적인 감정이나 고통을 유발한 책임을 부모나 주위 사람에게서 찾았기 때문에 자신은 희생자라는 감정에 사로잡히기 쉽다."(허훈, 『마음은 몸으로 말한다』, 83쪽) 이것이 바로 오이디푸스의 덫이다. 핏줄, 더 구체적으론 일촌 관계를 떠나지 못하게 꽁꽁 묶어 두는 심리적 기제. 이렇게 묶여 버리면 남는 건 자의식의 과잉뿐이다. 생명의 에너지가 좁은 삼각형 안에 갇힐 때, 다시 말해 순환이 불가능해질 때 그 힘은 파괴적으로 분출된다. 자신을 파괴하거나 아니면 타인을 파괴하거나. 묻지마 범죄—총기난사나 방화 등—의 원천은 바로 이 지점이다.

그런데 국가나 자본은 이런 점을 보지 않는다. 혹은 볼 능력이 없다. 문제가 터지면 해결책은 한결같다. 가족의 배려가 부족해, 학교의 시스템이 문제야…. 다시금 부모의 과잉보호가 강화되고 학교는 학교대로 심리상담을 강화한다. 한편으론 각종 서비스로 관리하면서 다른 한편 감시하고 처벌한다. 관리와 처벌의 목적은 하나다. 사고치지 마! 옆으로 새지 마! 뭐든 다 해줄 테니까. 이것이 우리 시대 교육의 패러다임이다.

개인적인 경험을 말해 보면, 나는 중학교 시절 3년 내내 하루 두 시간 이상 황무지 개간을 했다. 학교가 황무지에 세워졌기 때문에 운동장도 만들고 담벼락도 만들어야 했기 때문이다. 잡초를 뽑는 건 말할 것도 없고, 삽과 곡괭이로 돌멩이를 캐서 리어카로 실어 나르는 게 주요임무였다. 제3공화국이니까 가능한 일이었지만 그때 우리는 생각했다. '그래도 공부보다는 재밌어^^'라고. 요즘 식으로 치자면 다들 영혼에 깊은 상처를 입어야 맞을 것이다. 강원도 오지의 탄광촌에서 가난한 광부의 딸로 태어난 것도 억울한데, 학교에선 날마다 강제노역을 해야 했다니. 하지만 그렇게 노동을 하고도 우리는 학교가 파하면 남는 시간에 또 각종 운동을 제멋대로 익혔다. 탁구, 자전거, 배드민턴, 그리고 축구 등등. 나는 비교적 소심한 편이라 이 정도였고 다른 아이들은 아예 자연인처럼 산으로 들로 뛰어다녔다. 이게 여자 중학생의 생리적 메커니즘이다. 남학생들이야 뭐 말할 나위도 없고. 그런데 지금은 어떨까? 몸은 그저 장식용이고 검진용일 뿐이다. 공부를 잘하건 못하건 오직 손가락만 쓴다. 하체는 물론이고 두뇌조차 잘 쓰지 않는다. 그러곤 집에서나 학교에선 오직 성공하라는 말만 주구장창 듣는다. 생리적 기운은 남아돌고, 성공에 대한 스트레스는 커지고. 몸과 마음 사이의 부조화와 충돌을 대체 어쩌면 좋단 말인가. 그게 부모와의 대화로 풀릴 일인가. 상담교사가 해결해 줄 수 있는 일인가.

팔자를 오행으로 해석할 때 그건 '열린계'다. 십신은 오행이라는 자연이 사회체와 마주칠 때의 욕망과 힘의 배치다. 그것은 오행에 시공간적 좌표를 부여한 것으로 사회적 존재로 살아가기 위한 토대가 된다. 하지만 이 토대가 다시금 육친, 그것도 오이디푸스의 덫에 걸리는 순간, 결과는 뻔하다. 순환의 동력을 잃어버릴 때, 모든 사람의 팔자는 상처로 귀결된다.

> 양자의학은 무엇보다도 육체를 에너지의 순환체계로 보았던 동양의학의 개념을 '양자'Quantum라는 현대 물리학의 개념으로 설명한다는 점이 독특하다.
>
> 초프라에 따르면, 신체는 양자의학의 측면으로 보면 고형물질이 아닌 에너지와 정보의 순환체계이며, 따라서 인체를 이루는 가장 작은 단위인 양자 에너지의 왜곡으로부터 병이 오는 것이다.(허훈, 『마음은 몸으로 말한다』, 42쪽)

그렇다! 문제는 에너지고, 문제는 순환이다. 몸과 마음의 순환, 나와 타자의 순환, 나와 세계 사이의 순환… 아무리 좋은 것들을 고루 갖추고 있다 해도 그것들 사이에 순환이 이루어지지 않으면 말짱 도루묵이다.

한동안 '성공의 희생양'이라는 말이 유행한 적이 있다. 자본의 수준에선 최고의 성공을 이루었지만 결국 그로 인해 희생양이 되었다는 뜻인데, 그럼 이 사람의 팔자는 과연 무엇일까? 성공한 승리자? 아니면 불쌍한 희생양? 정도의 차이는 있지만 대부분의 중산층 역시 비슷하다. 겉보기에 유복해 보일수록 내상이 크다. 이 치열한 경쟁의 시대에 중산층이 되었다는 건 일단 성공한 셈인데, 그럴수록 삶의 충만감에 대한 기대치가 높아진다. 하지만 그 기대치는 결코 가족 안에서 충족될 수가 없다. 충만감이란 내 안의 생명이 약동해야만 가능한 법, 오이디푸스의 덫 안에서는 결코 그러한 약동을 맛볼 수가 없기 때문이다. 남는 건 기대치와 현실 사이의 '간극'이다. 그 간극이 우울증을 낳고 상처를 낳는다. 결국 상처'뿐'인 영광, 아니, 팔자다! 이것이 현대인에게 덧씌워진 운명의 굴레다.

오이디푸스의 '탈주'

음양오행은 내 존재의 리듬이다. 이것이 구체적으로 작용하는 시공간적 축이 바로 운명이다. 그런데 시공간은 어떤 사회체와 마주치느냐에 따라 달라진다. 그 시대의 표상구조와 욕망의 배치에 따라 전혀 다른 방식으로 발현되기 때문이다. 그런 점에서 사주명리는 철저히 관계와 배치의 철학이다. 이 이치에 대한 탐구가 없는 한, 사주명리는 결코 삶의 기술로 운용될 수 없다. 족집게처럼 맞힌다 한들 그게 무슨 의미가 있는가. 어차피 일어날 일을 미리 알아서 뭐 어쩌라고? 중요한 건 사건 자체가 아니라, 그 사건을 어떻게 해석해 내느냐, 혹은 어떻게 겪어 내느냐에 달려 있다. 명리학이 '명命을 운전[運]한다'는 의미의 '운명론'이 되는 포인트가 바로 거기다.

명리의 이치를 알게 되면, 일단 어떤 사람이나 사건을 보더라도 인연의 그물망 속에서 보게 된다. 인연의 그물망이란 아주 다양한 가치들의 범람이기도 하고, 다른 한편 기존의 가치들이 무화되는 지점이기도 하다. '가족삼각형'의 정상성이라는 틀을 벗어날 수 있다는 의미다. 예컨대, 자수성가한 자식의 경우, 우리는 보통 부모가 무능하거나 부모복이 없는 자식이 그럼에도 불구하고 역경을 딛고 성공했다는 식으로 '성공의 서사'를 구성한다. 하지만 운명론의 차원에서 보면 전혀 다르다. 그렇게 운이 센 자식이 태어났기 때문에 부모가 파산을 했다고도 볼 수 있다. 반대로 부모가 너무 기가 세고 강한 경우, 자식들이 제대로 자라기가 어렵다. 황제의 자식들이 그랬던 것처럼. 또 크게 실연을 당했을 경우도, 그게 전적으로 상대방 때문이라고 보기는 어렵다. 그렇게 보는 건 상대를 주체로 고정시키기 때문이다. 하지만 사실은 상대방도 '자기도 모르게' 어떤 상황을 연출하게 되었을 뿐이다.

말하자면 어떤 사건은 주체나 대상이 있는 것이 아니라 특별한 '인연조건'이 있을 뿐이다. 시절인연이 맞으면 공통의 리듬을 갖게 되지만 시절인연이 어긋나면 아무리 서로를 원한다 해도 리듬이 맞을 수가 없다. 그럴 때는 뜻밖의 일들이 자꾸만 일어나게 된다. 느닷없이 감정이 솟구치기도 하고, 부질없는 갈등이 야기되기도 한다. 하지만 이것은 새로운 인연을 맞이하기 위한 관문일 수 있다. 실제로 주변 사람들의 인생을 잘 관찰해 보면 그 점을 충분히 확인할 수 있다. 남편을 잃으면서 아주 새로운 삶을 살게 된다든지, 파산을 해서 큰 괴로움을 겪었지만 그 덕분에 전혀 다른 인생을 살게 된다든지 등등. 교통사고나 질병, 자살 시도 등과 같은 극단적인 경우도 아주 엉뚱한 인연을 만들어 내는 출구나 단서가 되기도 한다. 쉽게 말하면, 소위 '고난'이란 하나의 마디를 넘기 위해 내가 치러야 할 우주적 대가인 셈이다. 내 안의 자연, 내 안의 정·기·신을 순식간에 폭발적으로 씀으로써 인생 전체를 '리셋'해 버리는 것이다. 이렇게 접근의 구도를 바꾸면 어떤 팔자든 흥미롭기 짝이 없다. 좋은 일이라 여긴 것이 나쁜 일의 단서가 되고, 억수로 재수가 없다고 여겼는데 그 덕분에 새로운 인연을 만나기도 하고, 머리와 재능을 타고나서 행운인 줄 알았더니 그로 인해 간난신고를 겪기도 하고 기타 등등. 다시 한번 강조하지만 이 다채로운 천태만상에 위계나 서열을 부여할 초월적 가치 같은 건 없다. 해서, 그냥 있는 그대로 볼 수밖에 없는 것이다. 하지만 이 다채로운 역동성이 가족삼각형으로 환원되는 순간 모든 팔자는 다 한심해진다. 있으면 있어서 괴롭고, 없으면 없어서 괴롭고, 사랑이 넘쳐도 상처요, 모자라도 상처다. 부자는 부자대로, 가난하면 가난한 대로 또 상처투성이다. 여기에 사로잡혀 있는 한 인생역전은 불가능하다. 삼각형을 뛰어넘는 시야와 감각을 훈련할 기회를 스스로 포기해 버리는 탓이다. 그 결과, 나이가 들수록 운명과 자의식, 그리고 트라우마가 하나로 중첩되어 버린다. 결국 남는 것은 오이디푸스 콤플렉스뿐!

주지하듯, 프로이트의 오이디푸스 콤플렉스는 오이디푸스 신화에서 유래했다. 아비를 죽이고 어미를 범한 아들. 오이디푸스는 이 운명을 타고났다. 그래서 이 가혹한 운명으로부터 벗어나기 위하여 부모로부터 버림을 받았다. 하지만 기어코 그는 이 운명의 궤도로 돌아오고야 말았다. 결국 이 모든 것이 운명의 장난이었다고? 그렇다. 하지만 그때 운명의 소종래는 어디인가? 마치 저 먼 별에서 주어지는 것처럼 여기지 말라. 그것은 바로 자기 '안에' 있다. 피할 수 없는 것이 아니라, 피할 생각이 없는 것이라고 해야 맞다. 오이디푸스는 왜 그런 천인공노할 짓을 저질렀는가? 신의 저주로? 악령에 의해? 오, No! 그 자신이 엄마를, 엄마에 대한 표상을 떠나지 못했기 때문이다. 자기 안의 에너지 장을 끝내 바꾸지 못했기에 그렇게 모질게 버림받고도 결국 엄마의 품으로 돌아온 것이다. "자신이 인식하는 세계는 모두 자신이 만들어 낸 것으로 전적으로, 말 그대로 100% 자신의 책임임을 인정하는 것"이 중요하다. "타인의 그릇된 언행이라고 나에게 인지된 것, 심지어는 잘못된 정치·경제·사회적 현상 등 눈앞에 있는 모든 문제는 자신의 안쪽에 있는 문제"(허훈, 『마음은 몸으로 말한다』, 90쪽)이다. 도둑의 눈에는 세상 모든 사람이 도둑으로 보이고, 부처의 눈에는 모든 중생이 다 부처로 보이는 것과 같은 이치다. 그러므로 모든 운명의 키는 자신 안에 있다. 억울하다고? 하지만 바로 그렇기 때문에 해법 또한 자신에게 있다. 서양의 의성 슈바이처는 말한다. "환자는 자기 속에 자신의 의사를 모시고 있다. 환자는 그러한 사실을 모르고 병원으로 치료받으러 온다. 그러므로 훌륭한 의사로서 우리가 할 일은 환자 속에 있는 의사가 스스로 일할 수 있는 기회를 갖게 해주는 일이라고 할 수 있다."(같은 책, 21~22쪽) 병이 이럴진대 하물며 운명에 있어서랴.

엄마의 품을 떠나지 못하는 것, 그것은 일종의 '근친상간'이다. 스무 살이 되어도 엄마 없이는 아무것도 못한다면 그건 유아기처럼 엄마와 신체가 연동되어 있는 것 아닌가. 그것은 분명 죄다. 윤리와 도덕을 범한 죄가 아니라 자연의 섭리를 어긴, 삶의 차서를 어긴 죄. 따라서 그 무지와 집착에 대한 벌을 받아야 한다. 신탁이 예언한 바대로, 자신이 아비를 죽이고 엄마를 취했다는 사실을 알게 되자, 오이디푸스는 자신의 눈을 찌르고 먼 길을 떠난다. 눈을 찌른다는 건 더 이상 이전의 방식대로 세상을 보지 않겠다는 실존적 결단이다. 이제 엄마와 아버지를 중심으로 한 세계는 붕괴되었다. 눈을 찌르지 않고서는 도저히 그 세계를 떠나 보낼 수가 없다. 그리고 모든 것이 사라진 어둠

속에서 빛을 찾아가는 여행을 시작한다. 그것은 혹독한 고행이기도 하지만 새로 태어나기 위한 치열한 이니시에이션, 즉 통과의례이기도 하다. 그 고행의 절정에서 그는 마침내 빛을 찾았다. 그 빛은 자신을 구하고 세상을 구원했다. 이제 더 이상 오이디푸스는 없다. 오이디푸스로부터의 탈주—안티 오이디푸스가 탄생한 것이다.

아주 역설적이게도 오이디푸스 신화가 말해 주는 바는 인간이란 결국 출가出家하는 존재라는 것이다. 출가, 곧 오이디푸스 삼각형으로부터 탈주할 때만이 운명의 지도를 바꾸는 길찾기가 가능하다는 것. 인류의 위대한 멘토인 부처와 공자, 예수가 다 출가자인 이유가 여기에 있으리라. 이들은 모두 국가와 계급, 소유에 대한 집착이 더더욱 고착화되던 흐름에 맞서 스스로 자신의 삶을 구원할 수 있는 길을 열어젖힌 멘토들이다. 그들이 걸어간 길은 다 달랐지만 공통의 지반은 하나였다. 집을 떠나라! 집을 나와 '길 위에' 있을 때만이 진리와 자유를 얻을지니. 이것이 "축의 시대"(야스퍼스)를 움직인 대전제였다. 12세기 독일 출신의 신학자 위그 드 생 빅토르Hugh of Saint Victor는 이렇게 말한다.

① 자신의 고향을 아름답다고 생각하는 사람은 아직 미숙한 초보자이다. 모든 땅을 자신의 고향으로 생각하는 사람은 이

미 강인한 자이다. 그러나 전 세계를 타향으로 볼 수 있는 사람은 완벽한 자이다. 미숙한 영혼의 소유자는 그 자신의 사랑을 세계 속 특정한 하나의 장소에 고정시킨다. 강인한 자는 그의 사랑을 모든 장소에 미치고자 한다. 완벽한 자는 그 자신의 장소를 없애 버린다.

② 완벽한 독서를 희망하는 자에게 이 세상의 모든 것은 이국의 땅이 되어야 한다. 시인은 노래한다. "나는 모른다. 도대체 어떤 감미로움이 사람을 고향으로 이끌어가는가? 그리고 고향을 결코 잊지 않는 것이 왜 고통스러운가?" 현명한 사람은 한 발자국, 한 발자국, 고향에 이별을 고하는 것을 배우지 않으면 안 된다.

그렇다. 모든 존재는 원초적으로 출가자이자 이주민이다. 우리는 어느 날 문득 아주 우연히도 이 별에 도착했다. 부모의 몸을 잠시 빌린 채. 우리가 할 수 있는 일은 다시 길을 떠나는 것이다. 낯선 삶을 향하여, 새로운 길을 열기 위하여. 그것만이 나를 낳아 주고 길러 준 천지만물과 부모에 대한 유일한 보답이다. 운명의 지도가 필요한 건 이 때문이다. 집에 머무르면서 길을 떠나지 않는 자에게 지도란 무의미하다. 길을 떠난다는 건 그 자체로 오이디푸스적 표상으로부터의 탈주에 다름 아니다. 오이디푸스는 길을 떠났건만 정작 우리들은 오이디푸스에 머무르는, 아, 이 지독한 아이러니! 만약 오이디푸스가 다시 귀환한다면 그는 말하리라. 이제 그만 오이디푸스 삼각형에서 탈주하라고. 거기에는 어떤 출구도, 구원도 없다고. 오직 상처뿐인 팔자의 굴레를 벗어나 우주적 생명력이 약동하는 길 위에 나서라고.

사주명리학의 이치 또한 마찬가지다. 육친법의 좁은 틀에 갇히지 않고 생극의 파노라마가 펼쳐지는 '별들의 세계'를 탐험하기 위해선 가장 먼저 오이디푸스 콤플렉스의 덫을 박차고 나오는 용기와 담대함이 필요하다.

4부

케이스 스터디:
팔자의 정치경제학

복습 삼아 정리해 보면, 명리학이란 오행에서 육친으로 이어지는 해석학이다. 이 해석의 기제는 오행에서 십신으로, 십신에서 다시 육친으로 나아간다. 마치 양자도약을 하듯 '건너뛰기'를 하는 것이다. 물리적 배치에서 사회적 속성으로, 다시 가족적인 주체들로. 그 사이에는 상당한 간극이 있다. 이 간극을 메우는 것이 바로 시대적 표상과 욕망의 배치다. 표상과 관습은 시공간에 따라 변해 간다. 특히 근대 이전과 이후는 생로병사에 대한 해석이 전면적으로 달라진다. 오행은 시대에 따라 각기 다른 표상들과 결합함으로써 아주 다른 방식으로 자신을 구현하게 된다. 팔자란 이 주름들의 펼쳐짐이라고 할 수 있다.

따라서 두 가지 전략이 가능하다. 먼저, 계보학적 태도. 즉, 우리가 습관적으로 읊조리는 팔자타령은 선천의 리듬 자체가 아니라 많은 경우 시대적 표상과 통념을 고스란히 '내면화한' 결과라 할 수 있다. 앞 장에서 집중적으로 다루었던 오이디푸스 콤플렉스가 그것이다. 이것만 잘 탐구해도 부질없는 팔자타령에서 상당 부분 벗어날 수 있다. 다음, 그걸 바탕으로 팔자의 능동적 재배치를 시도해 보는 것이다. 오이디푸스를 비롯한 시대적 표상의 거품을 덜어 내고 음양오행의 생생한 벡터들을 대면함으로써 그 리듬과 강밀도를 전혀 다른 방식으로 조율해 보는 것이다. '운명의 기예'란 바로 이럴 때 쓰는 말이리라.

그런데 그러기 위해서는 현장조사 및 케이스 스터디를 할 필요가 있다. 팔자에도 트렌드가 있다. 시대적 흐름과 개별주체들의 욕망이 날카롭게 부딪히는 접점이 바로 그것이다. 인문학과 사주명리학이 조우하는 지점이기도 하다. 말하자면 팔자에도 대세가 있는 법, 그 '주요모순'에 해당하는 케이스들을 간파할 필요가 있다. 그렇게 해야만 무엇이 거품이고 무엇이 나의 진면목인지를 판별할 수 있지 않을까. 또 그래야 비로소 운명의 주도권을 쥘 수 있을 것이고. 불의 연대로 불리는 1980년대에 노동자들이 변혁의 주체가 되기 위하여 자본주의의 계급적 모순을 정확히 알아야 했듯이 말이다. 거기에 빗대어 말하자면, 이런 탐구를 '팔자의 정치경제학'이라 불러도 무방할 터이다.

((케이스 스터디 1))

인성과다: 엄마의 '늪'

인문학 강연차 이른바 국내 최고의 대기업에 갔다가 들은 이야기다. "요즘 신입사원들은 자기 스스로 결정을 못해요. 부서 결정할 때도 엄마하고 상의해 봐야 한대요…. 또 직접 엄마가 전화도 합니다. 우리 애는 그런 거 못 해봤는데요, 이러면서." 그 기업에 정규직으로 입사하려면 엄청난 스펙이 요구된다. 그렇게 많은 자격증과 학벌을 지녔는데, 그토록 엄청난 경쟁률을 뚫고 들어왔는데, 어떻게 이런 일이? 기업뿐이 아니다. 심지어 사법연수원에도 엄마가 찾아온다고 한다. 최고의 정규직이라는 교사들의 상태도 영 말이 아니다. "초임 교사가 발령을 받았는데, 환경미화를 할 때가 되자 엄마가 환경미화에 필요한 모든 물품을 세트로 사서 택배로 보내 왔더라고요, 참나."

그러니 사회에 나오기 전에야 말할 나위가 있으랴.

"웬 학부모가 전화를 해서는 자기 딸의 학점문제로 상담을 하자고 하네요."

"어떤 엄마는 자식이 다니는 대학 근처로 이사를 갔대요."

"엄마가 수강신청을 대신 해주는 애도 있어요."

심지어는 미팅할 때 여자친구와 뭘 먹어야 되는지를 물어보는 경우도 있고, 또 자식의 아이디로 대신 댓글을 달아 주는 엄마도 있단다. 더 놀라운 건 이게 무슨 특별한 케이스가 아니라, 꽤 광범하게 만연된 현상이라는 것이다. 게다가 여기서 엄마가 꼭 생물학적으로 여성만을 뜻하지는 않는다. 왜냐면, 요즘은 엄마보다 더 '엄마스러운'(?) 아빠들도 많기 때문이다. 의역학적으로 보면, 엄마와 아빠는 달라야 한다. 엄마가 엄하면 아빠가 자상하고. 엄마가 너그러우면 아빠가 엄격하고. 예전에는 할아버지나 할머니가 이런 역할을 분담하였다. 하지만 이젠 그럴 수가 없으니, 엄마와 아빠라도 역할을 나누어야 한다. 이것이 상생과 상극의 어울림이다. 그런데 자본은 이런 원리는 안중에도 없다. 무조건 사랑하라고, 칭찬하라고, 기죽지 않게 하라고 부추긴다(그래야 상품을 있는 대로 팔아치울 수 있으니까!).

거기에 휩쓸리다 보면 어느새 가족삼각형 안에는 생극의 파노라마가 사라지고, 동일한 벡터만이 넘쳐 버린다. 엄마는 당연히 서비스의 화신이다. 거기다 아빠까지 엄마처럼 해야 한다. 엄마가 둘이나 되는 팔자라니, 사주명리학적으로 풀면, 인성의 태과다.

인성은 공부운과 문서운, 그리고 육친으론 엄마다. 사실 우리 시대 교육의 주체는 엄마다. 자식들은 엄마의 아바타라고나 할까. 정보화시대다 보니 유치원부터 대학입시까지 절차가 상당히 까다롭다. 예전에는 열심히 돈 벌어서 학비만 대주면 나머지는 알아서 했는데, 요즘은 엄마가 일일이 개입을 하지 않으면 안 될 지경이 되었다. 유치원부터 진도와 정보, 그리고 숙제를 다 체크해 준다. 아니, 이걸 다 해줘야 엄마노릇을 제대로 했다고 간주된다. 그래서 직업이 있는 엄마들은 늘 아이에 대한 미안함과 죄의식에 휩싸여 있고, 혹시나 아이가 뒤떨어지면 어쩌나 전전긍긍한다. 말하자면 이것저것 다 해주고도 쩔쩔 매는 격이다. 이런 패턴이 대학을 거쳐 직장까지 이어지고 있는 것이다. 이것이 우리 시대 엄마의 팔자다.

그럼 이런 부모 밑에서 자라는 애들은? 한 배우의 수상소감처럼 "잘 차려진 밥상에 숟가락 하나만 얹는" 식으로 살아간다. 억수로 복도 많다고? 천만의 말씀이다. 이 '알량한' 복을 누리는 대신 엄청난 대가를 치러야 한다. 신체의 무능력과 영혼의 잠식이라는 대가를. 주지하듯이, 지금 젊은이들은 더 이상 문화의 전위가 아니다. 70년대 통기타 세대와 80년대 변혁세대, 90년대 서태지로 표상되는 X세대, Y세대 등이 보여 주듯, 내용이야 뭐가 되었건 청춘이란 늘 기성세대를 불안케 하는 '질풍노도'를 안고 있었다. 그런데 지금은? Nothing! '88만원 세대' 혹은 아이돌 스타, 청년백수 등이 전부다. 역사상 이렇게 초라한 청춘들이 있었을까? 아마 다들 신자유주의의 '인질경제' 탓이라고 말할 것이다. 물론 그렇다. 하지만 어느 시대인들 젊은 세대에게 너그러웠던 적이 있었던가? 그래서 온몸을 내던져 저항을 표출했던 것이고. 헌데, 대체 우리 시대 청춘들은 왜 그런 상황에 대해 분노하지 않는 것일까?(비단 우리나라만 그런 게 아닌가 보다. 오죽하면 2011년에 프랑스에선 레지스탕스 출신의 93세 노인이 『분노하라』라는 책을 다 냈겠는가.)

나는 이게 '엄마의 늪'에 빠졌기 때문이라고 생각한다. 쉽게 말하면, 우리의 청춘들은 아직 엄마의 품을 떠나지 못하고 있다. 의식주에서 입시와 취업정보, 친구관계까지 일일이 챙겨주는 '엄마'들에게 몸과 마음이 온통 길들여진 탓에 '정글의 법칙'이 지배하는 '세상 속으로' 발을 내디딜 엄두가 나지 않는 것이다(개별 팔자로 봐도 인성이 많은 사람은 의존성이 강하다. 결혼을 해서도 엄마의 보살핌을 받고, 또 그걸 당연히 여긴다). 인성과다의 전형적인 코스다. 이런 팔자에 안주하게 되면 무엇보다 재성, 관성과 대척점을 이룬다. 즉, 공부는 억수로 하고서도 써먹지를 못한다. 공부가 세상으로 순환되려면 비겁을 통과해야 한다. 자기 스스로 '설' 수 있어야 식상으로 토해질 것이 아닌가. 그래야 그것이 재물이 되고 관운이 되지 않겠는가. 그런데 인성의 늪에 빠져 버리면 비겁이 작동하지 않는다. 늘 뭔가를 배우고 자격증을 따고… 한마디로 스펙은 빵빵한데, 실제로는 망상의 기제만 증폭되는 꼴이다. 명문대생일수록 이런 함정에 빠지는 경우가 많다. 점수를 따는 일은 할 수 있는데, 취업을 해서 현장을 장악하는 일은 잘 안 된다. 그도 그럴 것이 현장을 장악하는 기운은 식상, 재성이다. 그런데 이걸 다 인성이 흡수해 버렸으니, 그 힘이 작동할 리가 있겠는가. 직장 상사나 선배한테 조금만 시달리면 바로 삐치거나(^^;) 패닉에 빠져 버린다.

앞에서 보았듯이, 현대인들은 대부분 상처를 안고 살아간다. 그 상처의 많은 내용이 모성의 결핍이다. 엄마의 사랑을 충분히 받지 못하면 상처를 받고 그래서 사회부적응자가 되고 범죄자가 되고… 이게 너무나 당연한 코스인 것처럼 말해진다. 정말인가? 하지만 정작 평생 엄마의 사랑을 받아 온 자식들은 그 사랑 때문에 무너진다. "대체 엄마는 왜 이토록 나를 약하게 키운 거지?"—그럼 이건 어떻게 해석해야 하는가? 엄마의 사랑이 그렇게 소중하다면 엄마의 사랑은 많이 받을수록 행복해야 하지 않나? 당연히 아니다. 우주의 모든 힘은 극에 이르면 반대로 전이한다. 사랑이 미움을 낳고 미움은 허무를 낳고…결국은 인성이 없는 경우와 다를 바가 하나도 없다. 엄마의 부재와 엄마의 늪—어느 것이 더 불행할까?

실제로 우리 연구실에는 일찌감치 엄마를 잃거나 엄마가 집을 나간 경우가 더러 있다. 사주를 보면 대개 인성이 없고, 대신 비겁이 충만하다! 결국 자신의 기운이 엄마를 집에서 내몬 격이다. 가슴속에 원망과 미련을 안고 있기는 하지만 대체로 꿋꿋하게 잘 살아간다. 흥미로운 건 엄마가 없으면 대신 다른 친인척들과의 관계가 활발해진다는 점이다. 고모나 삼촌, 작은 아버지 등등. 할아버지 할머니의 사랑을 듬뿍 받을 기회도 많다. 그래서 우스갯소리로 이렇게 말하곤 한다. "엄마도 없는 애들이 가족관계가 더 복잡해, 툭하면 가족 모임이래." "시어머니가 없는 줄 알고 쟤네들이랑 결혼했다간 층층시하로 살게 될 거야… ㅋㅋㅋ". 엄마의 부재가 단지 결여로 작동하는 것이 아니라, 아주 새로운 관계들의 생성으로 이어지고 있는 것이다.

경제구조나 교육제도의 비리 같은 건 누구나 감지할 수 있다. 어쨌거나 공론장 속에서 행해지기 때문이다. 하지만 가족의 이름으로, 엄마의 이름으로 일어나는 일들은 당사자도 알아차리기가 쉽지 않다. 설령 알아차린다 해도 탈피하기가 쉽지 않다. 그래서 그것은 '늪'이다. 모성과 사랑이 아니라, 연민과 집착으로 온몸이 잠겨 버리고 마는 늪! 청춘을 들끓게 하는 폭풍을 삼켜 버리는 늪! 고로, '엄마의 늪'에서 청춘을 구출하기—우리 시대 젊은이들에게 이보다 더 절실한 과제는 없을 듯하다. 아, 더 중요한 사실 하나. 그럴 때만이 스스로 늪이 되어 버린 엄마의 삶도 구출될 수 있다는 것.

* * *

중국 근대 문학의 대가 루쉰은 말한다. "자애로운 엄마가 있는 것이 행복할지라도, 그렇다고 어미 없는 자식이 되었다 해서 전적으로 불행하다고는 할 수 없다. 왜냐하면 그는 거꾸로 더욱더 용감하고 장애를 대수롭게 여기지 않는 남아로 자랄지도 모르기 때문이다." 모성 자체가 행·불행을 결정짓는 요소는 결코 아니라는 뜻이다. 나는 이 사실을 아주 특별한 차원에서 경험한 바 있다.

누구한테나 그렇지만, 내게도 두 할머니가 계셨다. 외할머니와 친할머니. 외할머니의 삶은 남편과 자식을 위한 희생과 헌신 그 자체였다. 평생 동안 외할아버지의 주색잡기를 다 견뎌 내셨고, 오직 3남 1녀(우리 엄마)의 자식을 잘 키우기 위해 모든 것을 다 바치셨다. 아마도 식상이 많으셨던가 보다. 헌데, 그 자식들 중 누구에게도 효도를 받지 못했다. 외삼촌들은 공부도 잘하고 성품도 착한 분들이었는데, 그런데도 불구하고 외할머니에게는 '불효막심한' 자식들이었다. 평생 외할머니의 마음을 괴롭히기만 했으니 말이다. 그 점에선 우리 엄마 역시 마찬가지였다. 살기가 팍팍한 시절이라 그랬겠지만 어린 나의 눈에는 외할머니의 삶이 더없이 서럽게 보였다. 한편, 친할머니는 정반대의 삶을 사셨다. 젊어서 자식 넷 딸린 과부가 되셨지만 자식을 위해 어떤 희생도 치르지 않으셨다. 덕분에 우리 아버지는 십대부터 가장이 되셨다. 홀어머니에 네 명의 동생들을 먹여 살리느라 정말 온갖 고생을 다하셨다. 스물네 살에 광부가 되셨는데, 그때 우리 엄마를 만나서 나와 내 동생 둘을 낳으셨다. 삼촌, 고모들과 우리는 형제처럼 자랐다. 하지만 그 와중에도 우리 할머니는 오직 당신의 몸만 챙기셨다. 참 '나쁜' 엄마였던 셈이다. 헌데, 신기하게도 모든 자식들의 효도를 다 받으셨다. 우리 부모님은 물론이고 삼촌, 고모들까지도. 마지막에 3년쯤 병상에 누워 계셨을 때는 부모님이 장사를 막 시작하신 때라 정말 눈코 뜰 새 없이 바쁠 때였다. 하지만 우리 부모님은 지극정성으로 할머니를 돌봐 드렸다.

눈을 감는 순간까지 자식 수발을 했던 외할머니와 평생 자식들의 수발을 다 받은 친할머니. 이런 극과 극의 인생도 없어 보인다. 물론 나는 외할머니를 존경하고 사랑했으며, 지금도 외할머니가 그립다. 그런가 하면 친할머니가 돌아가셨을 때는 눈물 한 방울 흘리지 않았다. 하지만 이 두 인생에서 어느 것이 더 좋다는 생각은 하지 않는다. 두 할머니 모두 자신의 길을 가셨을 뿐이다. 그렇게 신산한 삶을 사셨음에도 외할머니는 늘 편안한 표정이셨고, 그다지 좋은 엄마가 아니었음에도 친할머니는 늘 당당하셨다. 자식들과의 관계 역시 마찬가지다. 엄마의 사랑을 많이 받았으면 마땅히 보답을 해야 할 것 같은데, 받는 입장에선 그렇지가 않다. 그래서 자기도 모르게 불효막심한 짓을 하게 된다. 반대로 사랑을 받지 못하면 일찌감치 자립성이 커질뿐더러, 그다음엔 그저 엄마가 살아 계시는 것만으로도 감사하게 된다. 얼마나 오묘한 원리인가. 외할머니는 본인의 삶은 훌륭하게 완성하셨지만 자식들을 불효자로 만드셨고, 친할머니는 본인의 삶은 좀 '머시기'하셨지만 자식들을 지극한 효자로 만드셨다. 이렇게 정리하고 보면 외할머니가 더 이기적이라는 생각도 든다.^^

암튼 인생은 이래저래 아이러니 투성이다. 결코 제도적 시스템과 도덕적 표상에 의해 행불행이 결정되지 않는다. 오히려 그것을 추종하다 보면 삶에 대한 기대치가 커지게 되고 결국 그것은 소외와 불안을 스스로 양산하는 결과를 초래하게 된다. 모성이란 것만 해도 그렇다. 그것의 '고유하고도 본래적인' 가치가 있다고 간주해 버리면 모두가 힘들어진다. 엄마는 엄마대로, 자식은 자식대로. 단언컨대, 모성은 없다! 그저 엄마와 자식들이 맺는 각양각색의 관계가 있을 뿐이다. 그 관계들에는 예상 밖의 틈새와 우연들로 가득하다. 그것들을 요리조리 공략할 수만 있다면 팔자의 재구성은 얼마든지 가능할 터이다.

((케이스 스터디 2))

식상과다: SNS의 빛과 그림자

세상이 달라졌다. 손가락만 움직이면 모든 것이 이루어진다. 아니, 손을 직접 댈 필요도 없다. 그저 스윽 훑기만 해도, 말만 해도 된단다. 정보면 정보, 상품이면 상품, 지식이면 지식, '무엇이든' 다 있고, '누구든' 다 누릴 수 있다. 이 전지전능한 은총 안에서 사람들은 황홀경에 빠져 있다. 지하철이건 기차건, 카페건 교실이건, 혹은 그 어디에서건 잠시도 쉬지 않는다. 한순간도 눈을 떼지 못한다. 심지어 걸으면서도, 또 잠들면서도 스마트폰을 놓지 못한다. 이런 추세라면 앞으로 현대인들의 묘비명은 이 한 줄로 요약되지 않을까? "살았노라, 그리고 터치했노라!"

바야흐로 SNS시대다. 순식간에 수만 명과 접속하고 지구 반대편 소식을 듣고 신문이나 방송에도 나오지 않는 사건사고들을 훤히 꿰뚫는다. 인간이 얼마나 소통을 갈망해 왔는지를 새삼 실감하게 된다. 그렇다. 인간은 원초적으로 소통하는 존재다. 언어를 조직하고, 문자를 창조하고, 인쇄술을 발달시키고… 문명이 밟아 온 이 모든 과정의 배경엔 '나를 넘어 타자를 만나고자 하는' 소통의 열망이 자리하고 있다. 그리고 마침내 모든 경계—인종, 국경, 성별, 세대, 학벌 등등—를 간단하게 뛰어넘는 소셜 네트워크 시대를 연 것이다.

하지만 빛이 있으면 그림자가 있는 법. 사람들은 이 '소통과 정보의 바다'를 헤엄치느라 기진맥진이다. 소통을 하면 할수록 신체는 한없이 무력해진다. 스마트폰에 일상을 점령당하는 바람에 순환의 동력을 잃어버린 탓이다. 사람들은 자기 몸의 용법을 망각해 버렸다. 몸이 생명의 원천이자 우주로 통하는 창이라는 사실은 상상조차 하지 못한다. 해서, 늘 불안하고 초조하다. 그 결과 암과 치매, 우울증 등은 지극히 일상적인 병이 되어 버렸다. 그래서 정작 현실세계의 사람들과는 소통할 능력도, 여유도 없다. 그래서 다들 말한다. 외롭다고. 외로워서 미치겠다고. 이 '소통과잉' 시대에 겪는 '소통부재'의 그림자!

자, 그럼 이 시대적 역설을 명리학적으로는 어떻게 풀이할 수 있을까? 소통한다는 것, 타인에게 말을 건다는 건 식상에 해당한다. 식상은 의식주와 말, 끼, 아이디어, 자식 등 내가 생성하고 창조하는 기운이다. 그래서 식상을 타고난 사람은 평생 밥 걱정을 하지 않는다. 말솜씨도 있고 머리도 좋고, 자식운도 있다. 끼가 있으니 사교성도 좋다. 밥 – 말 – 끼 – 아이디어 등이 하나의 계열을 이루고 있는 것이다. SNS는 바로 이 계열을 한 큐에 꿴 시스템이라고 할 수 있다. 쉬지 않고 말을 건네고, 가지고 있는 온갖 끼를 발산하고, 각종 아이디어를 쏟아 낸다. 이것들이 서로 이합집산하여 정보가 되고 상품이 되고 자본이 된다. 혹은 정치가 되고 제도가 되고 또 법이 된다. 엄청난 파워다. 하지만 이 범람하는 물결 속에서 어디까지가 나의 욕망이고 어디까지가 타인의 것인지를 구별하는 건 불가능하다. "산업 시대는 우리가 인체의 한계를 다시 고민하게 만들었다. 어디에서 내 몸이 끝나고 도구가 시작되는가? 디지털 시대는 인간 정신의 한계를 다시 생각하라고 요구한다. 내 인식의 경계는 어디인가?"(더글러스 러시코프, 『통제하거나 통제되거나』, 김상현 옮김, 민음사, 2011, 20쪽)

즉, 소통의 열망으로 접속했지만 그 익명성의 늪에 빠지는 순간, 나는 더 이상 소통의 주체가 아니다. 그때부터 이제 식상과다의 팔자가 시작된다. 과다는 통제불능의 상태를 의미한다. 자기도 모르는 말과 끼를 마구잡이로 쏟아내는 것이 식상과다다. 말은 말을 낳고 또 다른 말들의 씨가 되어 세상에 뿌려진다. 그 씨들은 순식간에 괴물이 되어 누군가를 죽이기도 하고, 또 궁극적으로 나를 덮치기도 한다. 중구삭금衆口鑠金(뭇사람들의 입은 쇠도 녹인다)의 원리다. 하지만 아무도 모른다. 이 말들의 저주가 어디서부터 비롯되었는지, 그것이 어떻게 성장하고 변형해서 저 지옥의 묵시록을 연출하는지를. 그래서 아무도 책임지지 않는다. 책임지려는 생각조차 하지 않는다. 식상이 과다하면 관성을 친다는 것이 딱 이런 형국이다. 관성은 공적 책임감이요 리더십이다. 여기에 치명적 결함이 생기는 것이다. SNS를 통해 식상을 과도하게 쓰게 되면 몸이 차츰 무력해질뿐더러, 책임감과 리더십도 점차 희박해진다. 결정적으로 신체가 만들어 내는 공감과 신뢰의 능력이 떨어진다. 앞서 언급한 각종 질병들도 그런 예증에 다름 아니다. 그런 상태로는 결코 좋은 관계를 만들어 낼 수 없다. 그러니 현실에선 소통불능일밖에. 사이버 공간에선 소통이 과잉인데, 현실에선 고독과 소외가 만연하는 건 바로 이런 맥락의 소산이다.

집단적 팔자건 개별 팔자건 식상은 소중하게 쓰여져야 한다. 말과 밥과 끼, 그리고 자식, 다 얼마나 소중한 자산이자 능력인가. 이 자산을 바탕으로 재성을 일구고 관성을 기른다. 자식을 살림밑천이라고 하는 것도 이런 이치다. 자식을 잘 키우면 그 자체로 재산일 뿐 아니라, 자식을 통해 새로운 세계와 접하게 된다(반대로 여성이 자식에 대한 욕심이 과도하게 되면 육친상으론 남편, 즉 관성의 명운이 약해진다. 식상과다의 여성은 그래서 대체로 남편복이 없다고 판별하는 것이다). 그에 반해, 식상이 고립되거나 부재하면 창조의 회로가 없는 셈이니 가시밭길을 가거나 아니면 없는 길을 내야 한다. 인류문명은 아주 오랫동안 이런 형극을 밟아 왔다. 그런데 스마트폰은 이 길을 전방위적으로 다 닦아 놓은 셈이다. 그것도 초고속으로. 더 이상 길을 닦기 위한 수고는 하지 않아도 된다. 그럼 이제 무엇을 할 것인가?—"네트워크가 아니라 현실 세계의 진짜 경험에 몰두하라", "추상화된 디지털 세계에서 현실에 대한 통찰을 발견하라", "익명성으로 숨지 말고 자신의 참모습을 드러내라", "공유하라, 하지만 훔쳐서는 안 된다."—『통제하거나 통제되거나』의 저자가 제시하는 생존법칙이다. 식상을 제어하지 못해 관성을 박살내는 어리석음을 범하지 않으려면 깊이 되새겨야 할 사항들이다.

((케이스 스터디 3))

재다신약: 욕망의 레이스

돈과 '운명', 그 생극의 드라마

2011년, SBS에서 〈마이더스〉라는 드라마를 방영한 적이 있었다. 제목에서 보듯 부(돈)를 둘러싼 불꽃 튀는 승부가 주내용이었는데, 엄청난 돈을 주무르는 사람들은 대체 어떤 심리와 논리를 가지고 있을까 궁금해서 나름 열심히 챙겨 보았다. 예상대로 속고 속이고 뒤통수치고… 참으로 저속한 이합집산을 거듭했는데, 그렇게 지지고 볶다가 마침내 한쪽이 승리하면 자축파티를 하는데, 그 파티의 형식이 아주 흥미로웠다. 먼저, 고급 룸살롱에서 폭탄주를 진탕만탕 마신다. 다음, 머리에 넥타이를 두르고 노래방에서 고래고래 노래를 부른다. 드라마에선 생략되었지만 그다음 수순은 안 봐도 알 것 같다. 아마 화려한 성접대가 이어질 것이다. 폭탄주 – 노래방 – 성적 쾌락. 이것이 그 피 말리는 '쩐의 전쟁'을 치른 이후에 받는 거의 유일한 휴식이자 보상이었다. 거의 유일하다고 단정하는 이유는 평소에는 늘상 전시체제라 잠시도 쉴 틈이 없어 보이기 때문이다. 결국 부를 다루는 사람들의 삶은 ①긴장과 스릴의 일상화, ②주기적으로 반복되는 '술 – 노래 – 섹스'의 3종세트로 이루어진 셈이다. 『동의보감』식으로 말하면 이 모든 과정은 전부 화(불) 기운을 끌어올리는 것들이다. 화기가 항진되면 가장 먼저 신장에 저장되어 있는 '정'(진액)을 말려 버린다. '수승화강'이라는 말을 들어 보았을 것이다. 물은 올라가고 불은 내려가야 몸의 신진대사가 활발해진다는 의미다. 한의학과 양생술의 핵심이기도 하다. 그러면 반대로 화기가 올라가고 수기가 졸아 들면? 신진대사에 치명적 문제가 발생한다. 따라서 이런 상태를 장기간 지속하면 각종 질병에 노출되는 건 물론 정력과 수명이 줄어든다. 아닌 게 아니라, 우리 시대 남성들의 정자수는 현저하게 줄어들었고 평균수명은 늘었다지만 암과 치매, 당뇨와 뇌졸중 등 각종 난치병들은 점점 더 세를 넓혀 가고 있다. 결국 우리 시대는 돈과 생명의 정기를 맞거래하고 있는 셈이다.

그래서, 참 궁금했다. 부자들은 저런 삶의 패턴을 진짜로 행복하다고 여길까? 또 과연 저 정도의 삶을 위해서 저렇게 많은 돈을 벌어야 하는 걸까? 아, 물론 고급주택에 고급 승용차, 해외여행에 명품쇼핑 등등의 물질적 풍요가 수반되긴 할 것이다. 글쎄? 과연 그게 더 좋은 보상이라고 할 수 있을지는 미지수다. 쾌락지수야 다소 높아질 수 있다. 하지만 쾌락은 종류와 대상이 뭐든 '화기'를 소진할 뿐 존재의 충만감으로 이어지지는 못한다. 오히려 쾌락지수가 높아질수록 정신적 공허감은 더 커지게 마련이다. 부자들일수록 각종 신경증에 더 많이 노출되는 건 그 때문일 것이다.

만약 부가 행복과 자유의 원천이라면 부자들은 마땅히 행복해야 한다. 더 지혜로워야 한다. 형제 간의 우애와 효성이 지극해야 하고, 나눔과 배려의 정신도 충만해야 한다. 어이가 없다고? 그런 부자가 어디 있느냐고? 그런 사람이 어떻게 부자가 되느냐고? 그렇다. 우리는 이미 알고 있다. 지혜와 우애, 효성과 배려 같은 덕성을 가진 부자는 실로 드물다는 걸. 그런 덕성을 가진 사람은 절대 부자가 될 수 없다는 걸. 그 말은 부자들은 결코 행복하지 않다는 뜻이기도 하다. 왠고 하니, 이 우주에는 지혜도 없고 나눔의 기쁨도 모르면서 행복할 수 있는 길은 없기 때문이다. 단연코!

그렇다면 참 이상하다. 부를 통해 행복하기는커녕 생명의 정기를 빼앗길뿐더러 정신적으로도 공허감만 커지는데 대체 왜 저토록 돈에 집착하는 것일까? 돈을 엄청 만지기는 하는데 삶은 점점 더 힘들어진다? 이건 대체 어떤 팔자 탓인가? 명리학적으로 보면, 재다신약이 바로 그것이다. 재다신약이란 재성은 많은데 그러다 보니 일간이 아주 신약해진 팔자를 의미한다. 재성이 많으면 재물이 콸콸콸 들어와서 참, 좋은 팔자일 거 같은데 뭐가 문제인가? 일간이 약해서 재물을 감당하지 못하기 때문이다. 감당하지 못하는 재물은 재앙이다. 그 재물은 삶을 잠식하고 존재를 붕괴시킨다.

상식적인 말이지만, 돈은 그저 무성의 숫자가 아니다. 돈에는 무수한 인연들이 들러붙어 있다. 더구나 지금은 자본주의, 그중에서 금융자본의 시대가 아닌가. 천문학적 단위의 돈들이 신기루처럼 떴다 사라졌다 하고 있다. 하여, 부자든 가난한 사람이든 다들 돈을 인생의 유일한 가치로 삼고 있다. 바야흐로 재성을 '존재의 축'으로 삼는 시대인 것이다. 다시 복습하면, 존재의 축은 일간이다. 일간이 극하는 것이 재성이다. 식상이라는 상생의 운동을 거친 다음 재성이라는 유형의 자산이 구축된다고 했다—식상생재. 하지만, 금융자본은 식상의 단계를 생략한 채 곧장 재성으로 건너뛴다. 증권이든 부동산이든 거액의 돈이 오가는 현장에는 노동과 생산이 없다. 실제로 현물시장이 어떤지는 아무도 모른다. 아니, 알려고 하지도 않는다. 그냥 숫자놀음을 할 뿐이다. 집을 수없이 팔고 샀지만 그 집에서 살아본 적이 없고 증권거래소에 매일같이 출근하지만 그 주식이 어떤 현장에서 산출되는지를 알지 못한다. 숫자놀음이기 때문에 정말로 노름과 비슷해진다. 한탕주의, 대박, 로또, 급등 등의 낱말들이 말해 주듯, 모든 사람들의 마음속에 거액의 돈들이 똬리를 틀게 된다. 재성의 부피가 점점 더 커지게 되는 것이다. 동시에 일간은 점점 더 왜소해져 간다. 결국 존재의 축이 점점 무게중심을 재성 쪽으로 옮기기 시작한다. 본디 일간은 재성을 제압할 수 있다. 하지만 재성이 점점 비대해지면 역주행이 일어난다. 재성이 오히려 일간을 뒤흔드는 격이다. 예를 들어, 물은 불을 극한다. 하지만 불이 너무 거세면 물로는 절대 진압이 안 된다. 오히려 더 기세등등해진다. 수극화에서 화모수로. 이와 비슷한 이치다. 이것이 재다신약이라는 팔자가 대세를 이루게 된 과정이다. 금융자본주의는 모두에게 이 리듬을 따르도록 강요하는 체제다. 즉, 재다신약의 팔자가 아닌 사람들도 이런 팔자로 살게 된다는 것이다. 그만큼 재성이 극대화되는 시대라 할 수 있다.

그럼 재성이 많다는 것이 왜 문제인가? 과다는 고립과 다를 바 없다. 하나의 오행이 다수를 차지하게 되면 당연히 팔자의 모든 힘이 그쪽으로 쏠리게 마련이다. 예컨대, 식상을 쓰지 못하니 제대로 먹지도 못한다. 미국의 월가나 여의도 증권맨들이 햄버거, 샌드위치로 끼니를 때우는 모습을 떠올리면 쉽게 이해될 것이다. 돈이 많다고 식상의 운이 있는 것은 아니다. 억대

연봉인데 의식주의 수준에선 노숙자나 다를 바 없는 사람들이 수두룩하다. 많이 가지고 있으면 뭣하는가? 그걸 누릴 시간도, 체력도 없는데. 또 재성에 집중하니 관성이 꽉 막혔다. 관성은 단지 출세와 승진만을 뜻하는 것이 아니다. 리더십과 인복도 거기에 해당한다. 관성의 기운을 터득하려면 가장 먼저 사람을 좋아해야 한다. 사람들과 같이 일과 활동을 조직하고 구성하는 것을 즐겨야 한다. 그러면 돈은 저절로 이 관계와 활동 속으로 흘러들어가게 될 것이고, 그 과정에서 당연히 각양각색의 좌충우돌을 겪게 된다. 이걸 절대 피해서는 안 된다. 어떻게든 맞서고 헤쳐 나가다 보면 그 이전과는 전혀 다른 시공간이 펼쳐진다. 이것이 재성과 관성이 통하는 길이다. 이 길을 열지 않으면 어떻게 될까? 재성은 일복이기도 하다. 출세는 하는데 인복은 점점 희박해지고 그러면 거의 모든 일을 자신이 직접 해야 직성이 풀린다. 결국 연봉은 올라가지만 몸과 마음은 한없이 피로해지는 운세가 바로 이런 것이다. 이런 상태가 지속되면 가장 먼저 몸이 무너진다. 재다신약의 특징 가운데 하나가 재물이 들어오면 건강을 잃는 것이다. 과로사 아니면 우울증 혹은 자살충동, 기타 등등. 들은 이야기지만, 한 벤처 사업가는 평범한 직장인이었는데, 500억 대박을 치고 승승장구하다가 50도 안 된 나이에 교통사고로 즉사했다. 이런 것이 돈과 운명이 펼치는 한판승부다. 이 생극의 드라마는 어떤 픽션보다도 극적이고 또 치명적이라는 것을 명심하라. 또 가족관계가 파탄날 수 있는데, 특히 아버지와의 극심한 갈등 아니면, (남성의 경우) 성적 추문이 수반될 가능성이 높다. 앞에서 익혔듯이 재성은 육친상 아버지이자 여성을 의미하기 때문이다. 주변에서 흔히 보듯이 큰돈이 들어오기 시작하면 집안이 쑥밭이 되는 것도 그 때문이다. 재성은 성욕과 깊이 연동되어 있다. 특히 남성에게는. 따라서 재성이 활성화되면 당연히 성욕도 항진된다. 그런 점에서 '쩐의 전쟁'과 '술-노래-섹스' 3종세트는 찰떡궁합인 셈이다.

또 관성이 막혔으니 인성으로 가는 길은 실로 험난하다. 더구나 재성은 인성을 극하는 관계 아닌가. 재성이 넘친다는 건 인성에겐 치명타다. 이것은 평생 재물을 일구었지만 그로부터 아무것도 배우는 바가 없다는 뜻이다. 배움이 없으면 상생이 없다. 지혜와 유머, 우애와 효성 등은 추상적인 가치가 아니라, 실질적으로 나를 살아 움직이게 해주는 상생의 기운이다. 앞에서 보았듯이, 인성이 지나치면 거기에 함몰되지만, 인성이 막히면 나를 충전할 백그라운드가 없게 된다. 그야말로 '살얼음판을 디디듯' 위태롭기 그지없다. 부자들이 결코 행복할 수 없는 이치가 여기에 있다.

그럼, 이런 팔자의 사슬에서 벗어나려면 어떻게 해야 할까? 명리학적으로는 아주 간단하다. 먼저 곧바로 재성으로 가지 말고 식상의 단계를 거치는 훈련을 해야 한다. 쉽게 말하면 워밍업을 충분히 한 다음에 재성을 일구라는 것이다. 먹고 떠들고 끼를 발휘하고… 이런 즐거움을 충분히 누리면서 돈을 벌라는 뜻이다. 그런 사람은 쉽사리 돈의 노예가 되지 않는다. 그다음엔 앞에서 누누이 강조했듯이 당연히 재성을 관성으로 터주어야 한다. 재물은 고이면 위험하다. 무수한 인연들의 집합체이기 때문에 그 속에 담긴 에너지장이 실로 엄청나다. 그것을 가두어 두면 언제 어떻게 터질지 아무도 모른다. 그러니 사회적 관계 안으로 흘러가게 해야 한다. 단순한 기부보다는 증여를 통해 사람과 사람 사이를 연결해 주는 것이 더 중요하다. '삶의 새로운 형식을 창조하는' 것이 관성의 핵심인 까닭이다. 관성이 충만해지면 인성의 문은 저절로 열리게 되어 있다. 타자를 만나고 새로운 활동이 구성되면 인성, 곧 배움의 열정은 자연스럽게 솟구치는 법이다.

멜로의 화신

재다신약이 겪어야 할 '통과의례'가 하나 더 있다. 재성은 육친상 아버지 혹은 (남성에겐) 부인이나 애인에 해당한다고 했다. 따라서 재성이 비대하다는 건 아버지와 아내의 자리가 몹시 크다는 뜻이다. 예전엔 가문 내에서 양자로 입양되는 일이 많았으니 생부와 양부를 동시에 모셔야 하는 경우도 적지 않았다.

또 처첩제가 통용되던 시대이니 처첩이 여럿인 경우도 흔했다. 하지만 지금은 남의 집안에 양자로 간다는 건 매우 드문 일일뿐더러 우리 시대는 일부일처제를 신앙처럼 떠받들고 있다. 그럼 대체 어떤 양상이 펼쳐질까?

먼저 남성의 경우, 재다신약인 사람은 직장엘 들어가도 차분히 돈을 벌기보다는 주식이나 펀드, 기타 돈과 관련된 일을 쉬지 않고 벌인다. 당연히 돈과 관련된 사건사고가 그치질 않는다. 아울러 남성에게 돈과 에로스는 동반자다. 돈을 움직이는 기운과 에로스가 함께 가기 때문이다. 실제로 재다신약의 운을 가진 남성은 예쁜 여자를 좋아한다. 남자는 다 그런 거 아니냐고? 그렇지 않다. 일반적으로 남성들의 어법이 단순해서 그저 "이뻐~"만 외쳐 대지만 실제로는 남자들마다 꿍꿍이가 다 다르다. 미모의 기준 자체도 각양각색일뿐더러 무게중심이 튼실한 남자는 절대 미모와 몸매를 짝짓기의 척도로 삼지 않는다. 사실 예쁜 여자를 밝히는 경우는 그 대상에 대한 연모라기보다 내부에 꿈틀거리는 '도화살'을 주체하지 못하는 거라고 할 수 있다(단지 바람기가 있다고 해서 추문에 휘말리는 건 아니다. 많은 여성편력을 하면서도 절대 휘둘리지 않는 남성들도 간혹 있다. 예를 들면, 조르바 같은 경우! 그건 재다신약이 아니다). 그래서 여자가 생기면 항상 스캔들에 연루되고 그러다 보면 재물이 줄줄 샐뿐더러 아버지와 심각한 갈등을 일으키게 된다. 물론 그 이전에 재다신약은 원초적으로 아버지와 좋은 관계를 맺기가 어렵다. 아버지와의 관계에서 재물이 차지하는 비중이 커지면 부자지간은 상극이 되기 마련이다. 아버지의 파산으로 곤경을 겪거나 아니면 아버지의 유산을 둘러싸고 전투가 벌어지거나. 멜로드라마의 흔한 공식, 재벌 2세가 가난한 여성과 사랑에 빠지면(혹은 혼외정사를 벌이게 되면) 아버지가 극심하게 반대하다가 뒷목을 잡고 쓰러진다. 요컨대, 남자의 팔자에 있어 '재물-여자-아버지'는 하나의 계열이다.

당연히 관성에도 치명적이다. 만약 이런 남자가 공직에 있으면 반드시 스캔들로 인한 송사를 겪게 되어 있다. 제비족이 관운이 있기는 어렵고, 관성이 발달한 남자가 여자에게 친절하기는 불가능하다. 인기와 리더십은 전혀 다른 기운이기 때문이다. 그런 점에서 멜로의 주인공들은 재다신약의 대표적 케이스에 해당한다. 그런 캐릭터의 경우, 일단 사랑을 하면 뭔가 장애가 생긴다. 이것은 결코 우연이 아니다. 사랑과 장애가 동시적으로 리듬을 타는 것으로, 이건 외부에서 주입되는 것이 아니라 자신의 내부에서 작동하는 심리적 기제다. 멜로의 판타지를 낳는 건 사랑 자체가 아니다. 사랑에 수반되는 '생고생'이다. 솔직히 말하면 사랑을 원하는 것인지 생고생을 원하는 것인지 구분이 잘 안 갈 정도로 둘은 뒤엉켜 있다. 그러다 보니 사랑과 '죽음충동'이 혼동되고, 사랑이 삶을 질식시키는 걸 당연하게 여기는 전도망상이 일어나는 것이다. 사랑을 하면 몸도 마음도 괴로운 상태에 빠지는 것, 이건 결코 아름답거나 자연스러운 것이 아니다. 그야말로 팔자가 '꼬인' 케이스다. 굳이 자신을 불행하게 하는 상대를 찾아 헤매는 격이라고나 할까. 혹은 몸과 마음을 스스로 괴롭히기 위해 어떤 대상을 선택하는 것일는지도. 따라서 사랑을 "한다"가 아니라, 사랑에 "빠진다"고 하는 것이다.

> 사랑을 하면 누구나 질투, 분노, 광기, 변덕 같은 힘들에 끌려다니게 된다. 그 힘들이 바로 나의 능력을 갉아먹는 수동 촉발임은 말할 나위도 없다. 그 힘들에 끌려다니지 않기 위해서도 반드시 (……) 지혜가 필요하다. 그런 감정들에 붙들려서는 안 된다. 붙들리면 지는 것이다. 그렇기 때문에 그 힘들보다 더 강한 긍정의 힘을 키워야 한다.(고미숙, 『사랑과 연애의 달인, 호모 에로스』, 북드라망, 2012, 240쪽)

요컨대, 사랑은 제어할 수 없는 힘에 이끌려 다니는 행위가 아니라, 자신의 새로운 잠재력을 끌어올리는 능동적 활동이다. 이런 시각에서 보면 멜로의 주인공이야말로 사랑이라는 정의와 가장 먼 존재라고 할 수 있다. 그에게 있어 사랑이란 자신의 결핍감과 욕구를 채워 주는 수단에 다름 아니다. 하지만 그걸 채워 줄 수 있는 대상은 없다. 그러니 괴로움이 끊임없이 이어질밖에. 짧은 쾌락과 긴 괴로움, 이것이 멜로의 주인공들이 밟아 가는 보편적 코스다. 명리학적으론 재성에 사로잡힌 인생이다. 존재 자체가 재성으로 가득 차 있으니 다음 마디로 넘어갈 수가 없다. 서로가 서로를 얽어매는 그 지독한 사슬을 끝내려면? 죽는 수밖에 없다! 사람들은 멜로의 주인공들이 보이지 않는 '운명의 덫'에 걸렸다고 안타까워 하지만 그 모든 것을 불러들이는 건 사실 자기 자신이다. 사랑에 대한 집착과 미련이 계속 인연을 만드는데, 그러기 위해선 사랑을 둘러싼 사건사고가 그치지 않아야 한다. 그래서 기껏 죽을 힘을 다해 그 늪에서 벗어난 뒤에도 다시 또 그런 대상에 꽂힌다. 그런 사랑을 해야만 '미친 존재감'을 느끼기 때문이다. 이건 사실 사랑이라기보다 중독이라고 해야 맞다. 사랑의 격정을 느끼는 순간을 지속·반복하고자 하는 것이다. 더, 더 많이, 더 세게… 평범한 수준의 감정으로는 직성이 안 풀린다. 그러자면 장애가 없는 사람하고는 불가능하다. 평온하고 덤덤한 것은 사랑이 아니니까. 유년기의 상처도 있어야 하고, 계층 간의 격차도 심해야 하고, 주변 관계도 복잡해서 방해꾼도 엄청 많아야 하고, 당연히 삼각·사각으로 꼬여야 하고. 음모와 배신, 사기와 거짓말 등등 온갖 협잡이 자행되어야 한다. 그래야 사랑의 파토스가 강렬해지니까. 사랑의 짜릿함을 확인할 기회가 많아지니까. 어디서 많이 본

증상 같지 않은가? 그렇다! 바로 돈에 대한 '중독증'과 동일하다. 돈에 대한 욕망 또한 이런 레이스를 밟는다. 다다익선에 긴장의 일상화, 쾌락의 증식 등등. 팔자에서 돈 문제와 에로스를 오버랩시킨 건 이런 점에서 실로 적확하다. 최근 멜로드라마의 주인공이 재벌 2세, 3세인 이유도 이런 맥락의 소산이다. 경제적 격차가 벌어질수록 그만큼 더 멜로의 파토스를 만끽할 수 있을 테니 말이다.

드라마의 문법은 이렇다 치고 그럼, 현실에선 어떨까? 이런 패턴을 지닌 남자의 사랑을 받으면 처음엔 아주 황홀하다. 지극정성으로 아껴 주기 때문이다. 하지만 그런 사랑은 유통기한이 짧다. 순식간에 다른 대상을 향해 떠나 버린다. 그런 점에서, 여성의 입장에서 보면 예쁘다는 게 꼭 좋은 전략은 아니다. 예쁜 여자를 좋아하는 남자는 재다신약일 경우가 많고 그런 남자는 결코 하나의 대상에 머무르지 않는다. 왜? 세상에는 예쁜 여자들이 너무 많기 때문이다. 더 큰 문제는 이런 남성의 경우는 처음 대시를 하고 상대를 손에 넣을 듯 말 듯한 상황을 즐긴다는 사실이다. 그러니 아무리 예쁘다 한들 이런 욕망의 패턴을 만족시켜 줄 도리가 없다. 그래서 아주 역설적인 말이지만, 예쁠수록(!) 버림받을 확률이 높은 것이다. 할리우드 여배우들이 이런 함정에 곧잘 빠지곤 한다. 이런 남자와 사랑을 할 때는 여성들이 훨씬 강건해져야 한다(자세한 이야기는 다음 장에서).

여성이 재다신약일 경우는 좀 다르다. 재성이 강하면 일단 일복이 억수로 많다. 엄청 벌어도 또 누군가 털어 간다. 그것이 아버지일 수도 있고 형제일 수도 있고, 남편일 수도 있다. 차라리 벌지 않으면 털릴 일도 없다. 그런데 재주가 많으니 또 가만히 있지를 못한다. 재물이 일을 낳고 일이 또 재물을 낳는데, 재물이 모이기보다는 계속 여기저기로 흘러간다. 재다신약인 남성이 자신을 힘들게 하는 여성한테 끌리듯이, 재다신약의 여성은 재물을 일구는 과정 자체를 즐긴다고 할 수 있다. "사서 고생한다"는 말이 이런 뜻이리라. 그래서 어찌 보면 가장 고생스러운 팔자라고도 할 수 있다. 돈을 많이 벌거나 만질 가능성도 많지만 그만큼 정·기·신의 소진도 많다. '성공의 희생양'이라는 말은 그래서 명리상으론 형용모순이 아니다.

연예인들의 삶이 여기에 아주 가깝다. 연예인들도 처음엔 춤과 노래, 연기를 그 자체로 즐기고 좋아했을 것이다. 하지만 연예계에 발을 들여놓는 순간 이 '자발적 불꽃'은 꺼져 버린다. 그리고 그 순간 이제 노래와 춤, 연기는 다 '노동'으로 전환된다. 나 같은 평범한 팬의 입장에서 보자면 연예인보다 힘든 직업도 없어 보인다. 드라마를 찍으려면 겨울에 여름을, 여름엔 겨울을 연출해야 한다. 밤을 새는 건 다반사고 철인 3종 경기 버금가는 고난도의 동작을 반복해야 한다. 특히 댄스가수들의 경우, 그토록 과격한 춤을 추면서 노래를 부르다니, 의학적으로 보자면 근육과 관절에는 치명적이다. 좀 과장해서 말해 보면, 인류역사상 어떤 노예도 저렇게 과격한 노동을 하지는 않았다. 왜냐하면 아무리 미천하다 해도 밤에는 일단 잤기 때문이다. 불이 귀했던 탓에 야간 노동을 하려야 할 수도 없었다. 하지만 요즘 잘나가는 연예인들은 하루 2~3시간도 자지 못한다. 겉보기엔 건강해 보이지만 뼈는 중년처럼 노화되었고, 이명에 안구건조증, 공황장애 등 각종 질병에 노출되어 있다. 더 무서운 건 그렇게 강도 높은 노동을 감내해도 대중의 욕망은 어디로 '튈지'를 모른다는 사실이다. 엄청난 관심이 파도처럼 밀려왔다 썰물처럼 빠져 나간다. 열광적 환호가 순식간에 증오의 돌팔매로 바뀐다. 하지만 이건 지극히 당연하다. 인간이 즐기는 모든 쾌락에는 커다란 슬픔이 도사리고 있다. 그래서 이 슬픔과 마주하지 않으려면 끊임없이 새로운 쾌락을 추구할 수밖에 없다. 그래서 대중들 역시 자신도 모르게 욕망의 '파도타기'를 하는 것이다. 그러니 이걸 대책 없이 따라가다가는 결국 인정욕망에 의해 삶 전체가 잠식될 수밖에 없다. 이것이 바로 재다신약의 비극에 다름 아니다.

재성은 소유를 향한 집착 혹은 집중력이다. 재성이 많으면 당연히 재주가 많다. 어떤 일을 해도 마무리를 하는 야물딱진 성격일 테니 말이다. 대신 그만큼 소유욕도 강할 것이다. 정재가 발달하면 다소 인색하거나 깍쟁이 같은 인상을 주는 것도 그 때문이다. 그런데 현대는 거의 모든 재능을 화폐화하기 때문에 재성만 쓸 경우 존재 전체가 화폐의 속성을 닮아 버린다. 모든 가치를 먹어 치우는 단 하나의 척도로서의 화폐! 그래서 자신의 재능을 오직 교환의 차원에서만 쓰려고 들고, 그래서 몸은 한없이 경직되게 된다.

따라서 이럴 경우, 앞에서 강조했듯이 이 넘치는 재성을 반드시 관성으로 터주어야 한다. 나의 스톡을 사회적 조건으로 소통시켜 주는 장을 마련하는 것이다(인디언 추장의 자격은 선물과 증여의 달인이어야 한다는 것을 기억하라!). 관성은 낯선 관계망에 들어감으로써 전혀 다른 내가 되는 과정을 뜻한다. 그래서 여성이 한 남자를 사랑한다는 건 새로운 세계와의 마주침을 의미하고, 남성에게는 자식이 그렇다. 그런데 우리 시대는 관성도 다 재성처럼 쓴다는 게 문제다. 에로스를 자본화하는 흐름이 워낙 강고하기 때문이다. 예전에는 남성이 여성을 재물로 간주했지만, 요즘은 여성도 남성을 재물로 환원한다. 그래서 상품을 구매할 때와 거의 차이가 없다. 관성을 통해 새로운 주체로 재탄생되는 것이 아니라, 단지 재성의 연장인 경우가 많다. 다시 말해 재성이 '특권화'되면서 관성의 리듬에도 상당한 왜곡이 일어나고 있는 것이다. 하여, 관성이 작동하는 사회적 배치를 탐구해 볼 필요가 있다.

((케이스 스터디 4))

관성고립: 이상한 나라의 '에로스'

나는 프리랜서 겸 고전평론가다. 강연과 집필이 주 생업이다 보니 전국 곳곳에서 다양한 세대를 만나게 된다. 구성비율로 보면 십대 청소년과 중년 여성들이 많은 편이다. 둘은 매우 다르게 보이지만 의외로 유사한 성향도 많다. '에로스로부터의 소외'라는 측면에선 특히 그렇다. 십대들에게 물었다. "지금, 자신의 일상에서 가장 큰 고민거리가 뭐지?" "성욕이요!" 그런가 하면 이런 고백도 있다. "성욕이 들끓는 사건이 일어나고 있는 곳이 지금 나의 삶이다."—열다섯 살짜리 남학생이 한 세미나에서 토로한 내용이다. 이런 말을 들으면 중년 여성들은 당황한다. 자신의 아이를 비롯하여 모든 청소년은 꿈과 비전 같은 원대한(?) 고민을 할 거라고 믿기 때문이다. 하지만 십대한테 그런 것들은 너무 '추상적'이다. 하루에도 몇 번씩 생각이 바뀌는 때인데, 10년 뒤, 20년 뒤가 뭐 그리 절절하게 다가오겠는가. 또 지금 대충 잘 먹고 잘 살고 있는데 취업전쟁이 뭐 그리 실감이 나겠는가. 그에 반해, '에로스적' 충동은 생생한 현실이다. 사춘기에 들어서면 여자든 남자든 생식이 가능한 몸으로 바뀐다. 수천 년간 인류는 이 리듬을 당연하게 받아들였다. 지금의 기성세대 역시 그랬었다. 하지만 불과 몇십 년 사이에 상황이 완전히 달라졌다. 문명이 발달할수록 교육기간이 길어지고 덕분에 서른이 되어서야 겨우 성적 주체로 대접을 받는다. 그것도 직업을 가진 다음에야 가능한 일이지만. 개구리 올챙이 적 생각 못한다고, 분위기가 이렇게 달라지자 기성세대들은 시치미를 떼기 시작했다. 마치 청춘과 에로스는 전혀 무관하다는 듯이. 자신들은 그 나이에 성욕 같은 건 느껴 보지도 못했다는 듯이.

그래서 물었다. "성교육은 받고 있니?" "네, 피임법하고 성폭행 예방법, 뭐 그런 거요." 헉! 이건 성교육이 아니라 성범죄 예방책이 아닌가. 말하자면 학교는 모든 여학생은 예비 미혼모로, 모든 남학생은 예비 범죄자로 취급하고 있는 셈이다. 하긴 우리 사회의 성담론은 이 두 개의 코드를 중심으로 굴러간다. 공적인 장에선 성범죄에 대한 이야기가 일 년 내내 인터넷을 도배한다. 성과 폭력, 그리고 범죄는 거의 동일어처럼 붙어 다닌다. 이런 배치하에선 모두가 성에 대해 부정적이거나 소심해질 수밖에 없다. 여학생들은 특히 그렇다. 어떤 선생님이 물었다. 여고생들한테 성교육을 어떻게 해야 하는 거냐고. 그래서 내가 되물었다. "지금 어떻게 하고 계시는데요?" "몸을 함부로 굴려서 순결을 잃으면 니네들 삶의 가치가 떨어진다. 그러니 몸 간수 잘해!" 헐~ 저 20세기 초 계몽주의자들에 의해 세팅된 순결이데올로기가 여전히 대세라니. 그래서 반문했다. "아니, 여성들의 사회경제적 지위가 얼마나 높아졌는데, 왜 아직도 삶의 가치를 남성에 의해 평가받아야 하는 거죠?" 한번 주변을 돌아보시라. 교육계를 비롯하여, 법조계, 의료계 등 여성들의 약진은 눈부실 지경이다. 뿐더러, 정치 지도자들 역시 여성들이 대세고, 더 중요한 건 남성 지도자들조차 음기, 곧 여성성이 두드러진다는 사실이다. 그럼에도 여전히 여성은 남성에게 순결을 증명해야 하다니. 대체 왜? 뭔가 심각하게 어긋나는 느낌이다.

사주명리학적으로 푼다면 여성에게 있어 관성은 남편이자 연인이요, 사회적 관계 혹은 리더십 등이다. 근대 이전에는 여성에게 남편이 사회적 욕망의 창구였다. 따라서 관성이 발달했다는 건 남성편력이 풍부하다는 의미하기도 하지만 다른 한편, 조직이나 리더십에 대한 욕망이 크다는 의미이기도 하다. 여성의 사회성은 흔히 생각하듯, 단지 관료가 되고 국가경영에 참여하는 것만을 뜻하는 건 아니다. 오히려 여성에게는 국가장치에 포획되지 않는, 수평적이고 횡적인 네크워크에 대한 열망이 더 지배적이다. 조선시대 여성들이 집안 경영이나 마을의 운영 면에서는 헤게모니를 완전히 틀어쥐고 있었던 것을 염두에 두면 된다. 그것 또한 명리학적으로는 관성이다. 관성이란 혈연을 넘어 타자들의 삶에 깊이 개입하고자 하는 욕망의 벡터다. 가장 먼저 마주치는 타자가 바로 남편이고, 그 마주침을 가능하게 해주는 동력이 곧 에로스다. 따라서 관성이 발달한 여성은 성적 관계에서도 주도권을 쥘 뿐 아니라 그것을 통해 사회적 관계를 확장하는 방향으로 나아가게 되어 있다. 장희빈이 숙종의 총애를 발판으로 중전이 되는 것, 에비타로 잘 알려진 에바 페론이 남성편력을 통해 대통령 영부인이라는 최고의 자리까지 오른 것이 아마 가장 적나라한 예가 될 것이다. 흔히 생각하듯, 이 여성들은 남자를 잘 만나서 지위가 오른 것이 아니라, 자신의 사회정치적 욕망(곧 관성)을 충족하기 위하여 에로스적 충동을 적극 활용했다고 보아야 한다. 요컨대, 여성에게 있어 관성은 단지 남편 혹은 애인이라는 특정 주체로 환원되는 것이 아니라, 사회적·집합적 관계에 참여하고자 하는 원초적 본능에 해당한다. 근대는 '성과 정치'를 '사적인 것/공적인 것'이라는 이분법으로 갈라 놓았지만 실제로는 이렇듯 서로 긴밀히 연동되어 있는 에너지다. 프랑스 68혁명 때 바리케이드에서 사랑을 외친 것도 같은 맥락에서 이해될 수 있다.

그렇다면 지금 우리 시대야말로 여성들의 관성이 화려하게 꽃피어야 하지 않을까? 즉, 여성의 정치적·경제적 진출이 이렇게 활발해졌다면 당연히 에로스에 있어서도 주체가 되어야 마땅하다. 그래야 여성의 사회적 영향력도 전면적으로 확장될 수 있다. 하지만 상황은 그다지 낙관적이지 않은 듯하다. 여성들은 여전히 인정욕망에 사로잡혀 있다. 늘 애정결핍에 시달리고 있으며, 끊임없이 누군가의 배려를 열망한다. 미혼여성은 미혼여성대로, 기혼여성은 기혼여성대로, 엄마가 되어서도 중년이 되어서도 이 욕망의 배치는 바뀌지 않는다. 대체 왜? 앞에서 분석했다시피 '스위트 홈'에 대한 망상 때문이다. 가족삼각형에 대한 욕망을 포기하지 않는 한 순결이라는 망상에서 자유로울 수가 없고, 또 그걸 고수하는 한 여성은 남성을 '사랑하는' 주체가 아니라, 남성이 자신을 '욕망해 주기'를 욕망할 수밖에 없다. 멜로의 판타지가 여전히 맹위를 떨치는 것도 그 때문이다. 한편에선 폭력에 대한 공포가, 다른 한편에선 맹목적 순정이. 이런 배치하에서 여성은 결코 에로스의 주체가 될 수 없다.

하지만 역설적이게도 세상은 온통 포르노 천국이다. 이젠 남녀노소를 막론하고 포르노를 본다는 것이 더 이상 은밀한 '지하활동'이 아니다. 인터넷 사이트 어디를 들어가도 바로 포르노와 접속 가능하다. 거기다 대중문화는 온통 '섹시' 컨셉이다. 우리 시대의 미적 척도에 섹시미 말고 다른 무엇이 있는가? 남녀노소를 막론하고 다들 섹시하다는 말을 듣고 싶어 안달한다. 섹시하다는 건 무슨 뜻일까? '나는 너를 성적으로 느껴'라는 뜻이 아닌가? 이렇게 범람하는 포르노그래피 속에서 청춘의 욕망은 괄호 속에 넣어 버린다. 또 여성들은 여전히 순결을 '지켜야' 하고 사랑을 '받아야 하는' 존재다. 참, 이상한 나라의 에로스다!

그래서 가장 일차적으로는 십대들의 성이 소외되지만, 이 소외는 중년 여성들에게 고스란히 전가된다. 중년 여성들은 기혼이건 미혼이건 성적 욕망을 표현할 장이 없다. 중년 여성들은 자신들이 앓고 있는 각종 질병의 원천에 '성욕의 결핍과 왜곡'이 있다는 걸 스스로도 잘 인정하지 못한다. 왜? 성은 더럽고 위험한 것이니까. 여성은 늘 남성이 '욕망해 주기'를 욕망해야 하니까. 그렇다고 성인 남성들이 대단한 권리를 누리는가 하면 그것도 아니다. 성인 남성들 역시 자신의 욕망을 '떳떳하게' 표현할 담론의 공간이 없는 건 마찬가지다. 자칫하면 성희롱 추문에 연루될 수가 있다. 무관심한 척, 모르는 척하는 게 상책이다. 결국 모두가 피해자다. 명리학적으로 말하면 모두가 '관성고립'(혹은 관성이 전혀 없는 무관사주)의 번뇌에 빠져 있는 것이다. 관성이 멜로와 포르노라는 이분법에 갇혀서 타자들과의 향연은커녕 사회적 네트워크가 더한층 단절되는 형국이 바로 그것이다.

이런 식의 성적 욕망의 배치는 조선시대와 비교해도 무척 열악하다. 조선시대에서의 성이란 자연스러운 일상이자 유쾌한 농담이었다. 「변강쇠타령」의 옹녀도 그렇고, 『춘향전』의 춘향이, 『심청전』의 뺑덕어미 같은 여성들은 성적 표현에 있어 또 얼마나 위풍당당한지. 그야말로 관성이 활발하게 순환하는 여성들이다. 특히 『동의보감』에는 성욕에 대한 이야기가 끝도 없이 나온다. 하지만 거기서 성욕은 금지의 대상이 아니라 철저히 조절의 대상이다. 그리고 조절의 주체는 어디까지나 자기 자신이다. 『동의보감』이 지향하는 '양생술'이란 욕망을 스스로 조절하는 '자기배려의 기술'에 다름 아니다. 그 과정을 마스터하면 에로스는 유불도 삼교회통의 장을 가로질러 도의 경지로 나아간다.

누구나 체험하듯이, 에로스는 결코 '순수'하지 않다. 지각 불가능하고 예측 불가능한 일종의 '카오스'다. 그렇기 때문에 천지만물을 낳을 수 있는 것이다. 이 카오스와 마주하는 것이 사춘기다. 이때 자기조절의 기술을 닦지 않으면 성에 대해선 영원히 소외된 주체로 남을 수 있다. 금지는 억압을 낳고 억압은 폭력을 낳는다. 그리고 폭력보다 더 무서운 건 순결에 대한 강박증이다. 여성들의 삶의 공간을 극도로 축소시키기 때문이다. 성폭행을 당했을 때, 그 여성(혹은 남성)을 가장 괴롭히는 것이 바로 이 순결이라는 망상이다. 폭행 그 자체가 아니라, 순결을 잃으면 존재 전체가 훼손당한다는 사회적 통념이 몸과 마음을 한없이 옥죄는 것이다. 이것은 결단코 제도와 법으로 해결될 사항이 아니다. 근본적으로 순결을 둘러싼 표상 자체를 해체해야 한다. 여성이 인정욕망에서 벗어나 성적 주도권을 쥐기 위해선 반드시!

명리학적으로 말하면, 관성은 인성으로 이어지게 되어 있다(→관인상생). 하지만 지금 같은 추세라면 거꾸로 재성으로 후퇴하는 격이다. 재다신약의 남성들이 그러하듯, 관성이 고립된 여성들도 에로스를 화폐처럼 수량화한다. 즉, 더 많이, 더 오래 받는 것만이 목표가 된다. 남성들 또한 마찬가지다. 남성에게 관성은 자식이다. 자식을 낳는 것도 역시 원천은 에로스다. 하지만 현대 남성들은 생식력이 극도로 위축되었다. 뿐더러 사회적 관계나 리더십 등 타자들의 삶에 개입하는 힘이 현저하게 떨어진다. 그래서 결국 관성에 해당하는 모든 힘을 재성으로 환원해 버린다. 가족삼각형을 고수하면서 끊임없이 포르노에 집착하는 방식이 그것이다. 이 '홈 파인 회로'에서 벗어나려면 가장 먼저 성에 대한 '리얼하고도 유쾌한' 탐구가 필요하다. 즉, 충동에 끌려다니지도 않고 욕망을 억압하지도 않으면서 '자기배려의 기술'을 터득해야 할 때다. 여성이든 남성이든 에로스가 능동적으로 살아 움직이면 그 힘은 자연스럽게 타자 및 사회적 네트워크에 대한 열정으로 이어지게 되어 있다. 팁으로 '재성을 관성으로 터 주는' 몇 가지 비책을 덧붙인다.

첫째, 회사를 공동체적 관계로 바꿔야 한다. 우리 시대에 회사나 공장 등 작업장은 경쟁과 암투가 벌어지는 격전지로 간주된다. 회사/공동체를 적대적으로 나누어서 사고하기 때문이다. 하지만 과연 그게 정당한가? 근대 이전에는 작업장에서 배움과 밥과 인생을 동시에 해결했다. 정글 혹은 격전지로 바뀐 건 교환의 법칙이 지배하면서부터다. 자본주의 사회라 어쩔 수 없다고? 그렇게 생각한다면 그것이 곧 숙명론이다. 전쟁터와 포로수용소 같은 곳에서도 우정과 연대는 가능하다. 심지어 지옥에서도 그렇다고 나는 확신한다. 하물며 직장에서야. 생각해 보라. 정규직을 가지면 하루의 대부분을 작업장에서 보내야 한다. '내가 먹는 것이 곧 나'라는 말이 있다. 마찬가지로 내가 만나는 사람이 곧 나다! 그런데 그들을 오직 라이벌이나 적으로만 여긴다면 그건 무엇보다 자신의 운명을 소외시키는 일에 다름 아니다. 양생의 차원에서 보더라도 정기의 소모가 너무 크다. 매일 얼굴을 맞대는 사람들끼리 서로 '밀당'을 해야 한다면 그것처럼 피곤한 일도 없다. 사람에겐 오직 사람만이 필요하다. 돈을 버는 것도 사람들과 연결되기 위함이 아닌가. 그렇다면 어떤 작업장이건 일단 몸을 담고 있는 한 거기에서 공동체적 연대감과 의리를 배워야 한다. 스승과 벗을 만날 수 있다면 더할 나위 없이 좋을 것이다. 스승과 벗이 없는 인생이란 그 어떤 금액의 돈으로도 결코 보상받을 수 없음을 꼭 되새길 필요가 있다.

둘째, 여성들은 이제 짝짓기 기준에서 남성의 경제력을 첫 번째로 놓는 습속에서 벗어나야 한다. 그것은 관성을 고립시키면서 동시에 자신의 욕망도 핵가족 안에 가두어 버리겠다는 발상이다. 평균수명 80세라 치고 30대에 결혼을 한다고 치면, 무려 50여 년을 그렇게 가족삼각형 안에서 그것이 세상의 전부라고 생각하면서 살고 싶은가. 진심으로? 아마 아무도 그렇다고 말하지 않을 것이다. 그렇다면 대체 왜 남편의 경제력이 내 삶을 규정하도록 허용한단 말인가? 그것이 오히려 내가 더 넓은 세상으로 나아갈 때 발목을 잡는 것임을 모른단 말인가. 아니, 그 이전에 그런 발상을 벗어나지 않는 한 대다수의 전문직 여성들은 평생을 '독거노인'으로 보낼 수밖에 없다. 왜냐하면 소위 잘나가는 여성들보다 더 잘나가는 남성들은 극소수이기 때문이다. 앞으로 곳곳에서 소수의 남성들을 둘러싸고 여성들끼리 치열한 '짝짓기 전쟁'을 벌이게 될 것이다. 물론 홀로 살면서도 얼마든지 자유를 누릴 수는 있다. 하지만 사회적 통념에 사로잡혀 스스로 고립을 자초한 경우라면 평생을 성적 콤플렉스를 안고 살아갈 가능성이 높다. 기껏 성공하고서 결국은 패배자로 살아가는 길이 아닌가. 어디 그뿐인가. 전문직 여성들이 더 잘나가는 남성들과 결혼을 한다는 건 양극화를 심화시키는 결정적 요인이 된다. 정치적으로는 '양극화'에 대해 목청을 높이면서 왜 개인적 차원에선 양극화를 심화시키려 하는가. 이런 식의 이중플레이는 여성성의 본래면목과는 한참 떨어진 행태다.

다시 반복하지만, 명리학적으로 남성에겐 재물과 여성이 하나다. 돈을 잘 버는 남자는 절대 한 여자로 만족하지 못한다. 따라서 정말로 좋은 인연을 맺고 싶다면 경제력보다는 지혜나 유머, 우정과 양생 같은 색다른 기준을 적용하는 것이 더 현명할 것이다. 여성들은 여전히 멜로의 판타지에 사로잡혀 있지만 그런 남성들은 원초적으로 여성들을 불행하게 만드는 팔자라는 것을 잊지 말아야 한다. 그런 남성들과는 인연을 맺지 않는 것이 상책이지만 시절인연 때문에 어쩔 수 없이 연을 맺게 되면 그때부터 몸과 마음을 강철같이 단련해야 할 것이다. 감정을 다스리고 지혜를 키워서 상대방이 '멜로의 늪'(도화살)에 빠지지 않도록 이끌어 주어야 한다. 가장 좋은 방법은 연애가 시작될 때부터 관성의 또 다른 잠재력, 곧 집합적 활동의 장을 대폭 넓히는 것이다. 흔히 생각하듯이 사랑에 올인하면 상대가 좋아할 것 같지만 실제로는 그렇지 않다. 금방 식상해지기 때문이다. 친구와 동료, 선후배 등 많은 사람들과 연결되어 있으면 그것보다 더 이성을 사로잡는 매력은 없다. 항상 새롭게 느껴지기 때문이다. 연애와 인맥, 결혼과 조직활동, 두 영역을 넘나들다가 생기는 좌충우돌은 좀 겪어도 괜찮다. 호르몬을 더 왕성하게 분비시켜 줄 테니 말이다.

덧붙이면, 이제 여성이 남성보다 더 아름다운 시대는 지났다. 아이돌 스타들을 보면 알겠지만 꽃보다 아름다운 남자들이 수두룩하다. 뭐 그다지 나쁜 소식은 아니다. 마침내 여성들이 미모를 통해 남자들로부터 사랑을 받아야 한다는 강박에서 벗어날 수 있게 된 것이다. 그래서 더더욱 에로스를 공동체적 유대나 활동으로 연동해야 한다. 그것 자체도 매혹적이지만 더 중요한 관건은 그 과정에서 터득되는 지적 능력이다. 공동체적 관계와 활동은 그 자체로 배움터이기 때문이다. 지성이 얼마나 강렬한 파토스를 내뿜는지를 모른다면 그건 참, 슬픈 일이다. 부디 이런 슬픔 속에서 안주하지 말고 여성들이 후천개벽의 시대적 기운을 받아서 '지성과 에로스'의 능동적 주체가 되어야 할 것이다.

마지막으로 환기해야 할 사항은 다름 아닌 세대 간 장벽이다. 빈부격차가 심하다고 하지만 그것보다 더 견고한 것이 세대격차다. 핵가족의 일상화로 노년은 청년을 만나지 못하고, 청년은 노년과 교감할 기회가 없다. 비슷한 세대와 비슷한 계층들끼리의 만남은 동일성의 증식에 불과하다. 따라서 생명의 전략상 매우 불리하다. 생명은 다양성과 이질성을 훨씬 더 좋아하기 때문이다. 하여, 이제 혈연을 넘어 사회적으로 노년과 청년이 만날 수 있는 활발한 네트워킹이 이루어져야 한다. 재물과 관련하여 말하자면, 자식에게 유산을 물려주려 하기보다 혈연을 넘어 다른 청년들에게 돈이 흘러갈 수 있는 다양한 채널을 만들어야 한다. 노후에 진정으로 필요한 것은 우정과 배움이다. 따라서 노후대책은 이 두 가지 키워드를 중심으로 이루어져야 한다. 이것은 경제와 도덕의 차원을 넘어 고독과 소외로부터 벗어날 수 있는 실존적 전략에 해당한다.

요컨대, 핵심은 돈이 아니라, 사람이다. 아무리 금융자본이 판을 치는 시대라 해도 '사람 나고 돈 났지, 돈 나고 사람날 수'는 없는 법이다. 내가 돈에 관한 책을 쓰면서 '돈의 달인, 호모 코뮤니타스'라고 제목을 붙인 까닭도 여기에 있다. 왜 돈의 달인이 '호모 코뮤니타스'인가?

> 돈의 달인이란 돈과 '사이좋게' 지내는 사람을 뜻한다. 사이좋게 지낸다는 건 돈에 '먹히지' 않고, 돈을 통하여 삶을 창조하는 걸 의미한다. '코뮤니타스'란 라틴어로 공동체라는 뜻이다. 화폐는 탄생 이래 늘 공동체와 사이가 좋지 않았다. 화폐가 공동체적 삶의 다양성을 먹어 치웠기 때문이다. 그래서 19세기 사회학자들은 코뮤니타스를 특별히 '화폐에 대항

하는 공동체'라고 명명하였다. 화폐의 '식성'에 맞서 삶의 창조성을 지켜 내고자 한 것이다. 돈의 달인과 '호모 코뮤니타스'가 마주치는 지점이 바로 여기다.(고미숙, 『돈의 달인, 호모 코뮤니타스』, 북드라망, 2013, 7쪽)

그렇다면, 재성과다와 관성고립의 팔자를 넘어서는 비결 또한 여기에 있다. 넘치는 재성은 관성으로 흘러가야 하고, 고립된 관성은 자신을 충만하게 채워야 한다. 요컨대, 돈은 사람을 만나야 하고, 또 사람과 사람은 서로 연결되어야 한다. 돈과 공동체의 행복한 만남은 그때 비로소 가능해질 것이다.

((케이스 스터디 5))

‘인성’의 아름다운 순환: 제빵왕 김탁구

참으로 오랜만이었던 것 같다. 그저 심심풀이가 아니라, 등장인물들과 더불어 희로애락을 함께하면서 드라마를 감상한 것은. 알다시피 우리는 드라마의 홍수 속에서 살아간다. 아침부터 밤 늦게까지, 또 월요일에서 일요일까지 쉬지 않고 드라마가 쏟아진다. 하지만, 유감스럽게도 다 ‘그 나물에 그 밥’이다. 출생의 비밀에다 삼각·사각으로 얽힌 인연들, 이어지는 복수혈전과 어설픈 화해와 봉합 등. 이런 설정이 좀 ‘유치하게’ 드러나면 아침드라마, 약간 ‘고상하게’ 꼬이면 저녁드라마, 청춘남녀가 주인공이면 드라마스페셜, 대가족이 전면에 배치되면 주말드라마, 뭐 대충 이런 식이다. 솔직히 〈제빵왕 김탁구〉도

처음엔 그렇게 출발했다. 거성그룹의 불륜과 치정, 출생의 비밀, 이복형제들 사이의 갈등. 그런데, 언젠가부터 이 '막장'의 구름 속으로 문득 한 청년의 해맑은 얼굴이 드러났다. 그때부터였으리라. 나를 비롯하여 많은 시청자들이 청년 '김탁구'의 행보를 쫓기 시작한 것이. 대체 무엇이 이 청년을 빛나게 한 것일까?

먼저, 탁구의 팔자는 참으로 기구하다. 태어나면서부터 아버지한테 버림받은 셈이니 일단 재성은 영 꽝인 팔자다. 대신 엄마와의 일체감은 아주 높다. 엄마는 자애로우면서도 엄격하다. 강하면서도 지혜롭다. 인성을 아주 잘 타고난 것이다. 그래서인가 그는 타고난 '공부꾼'이다. '엉? 초등학교 중퇴에 청춘을 몽땅 거리에서 떠돌던 놈이 뭔 공부?'라고 생각할 터이지만 그렇지 않다. 탁구는 열두 살에 아버지에게로 왔지만 아버지의 품을 박차고 나가 엄마를 찾아 나섰다. 아버지가 부와 명예로 이어지는 '사다리'라면, 엄마는 생명의 원천이자 토대다. 사다리를 걷어차고 자기 존재의 근거를 찾아 나선 것, 이 결단 자체가 진정한 '공부'의 출발이다. 재성의 포획에서 벗어나 인성의 바다로 뛰어든 셈이라고 할까. 아버지가 회사와 가문과 집을 의미한다면, 엄마는 생명과 길과 공부다.—집에서 길로! 인성과다는 엄마의 과잉보호로 온실 속의 화초가 된다. 그걸 타파하려면 온실을 박차고 나오는 수밖에 없다. 그래야 인성의 복을 온전히 누릴 수 있는 법이다. 복을 제대로 누리려면 그에 상응하는 수고로움을 감당해야 한다. 인생은 상생과 상극이 어우러지는 무대다. 상생의 은총만 누리려 하면 그 은총은 순식간에 상극의 재앙이 된다. 하여, 상생 안에서 상극을, 상극 속에서 상생을 공존시키는 지혜가 필요한 것이다. 암튼 탁구는 아버지의 안락하고도 화려한 온실에서 나와 엄마를 찾아가는 험난한 여정을 시작하였고, 그로부터 14년을 떠돌았으니 그 고생이 오죽했을까.

헌데, 이 정도 되면 보통 복수심에 불타 자신을 내팽개치기 십상이다. 하지만 탁구는 그렇지 않았다. 오히려 분노조차도 자신의 삶을 긍정하는 힘으로 바꾸었다. 이것이 바로 공부의 힘이다. 길흉의 핵심은 사건 자체가 아니라, 사건을 받아들이는 자세에 있다. 탁구는 어떤 경우에도 배움의 자세를 잃지 않았다. 그리고 배움이 있는 한, 결코 자신의 운명을 내팽개치지 않는다. 신영복 선생님의 인터뷰 중 일부다.

감옥 20년을 나의 대학생활이라고 하는데요. 고리끼가 쓴 『나의 대학』이라는 책이 있어요. 고리끼의 학력은 초등 3학년이 전부였죠. 볼가강의 뱃사공 일을 도왔는데요. 배의 주방장이 독서를 하는 사람이었대요. 그게 책을 보게 된 시작이었죠. 그의 책 『나의 대학』은 해방 직후에 번역되었고, 대학 다닐 때 고서점을 다 뒤져 찾아냈어요. 볼가강 근처 노동자 합숙소에서 지낸 2~3년간의 시절을 '나의 대학시절'이라고 해요. 내가 보낸 20~30년도 그랬던 것 같아요. 갇혀 있는 세월이긴 했지만, 밖에 있었다면 절대로 만나지 못했을 여러 계층의 사람들을 만나고, 사회와 역사 그리고 인간에 대한 새로운 깨달음을 가질 수 있었으니까요.(「문화웹진 채널예스」, '정재승이 만난 사람들' 중에서)

이것이 관성이 인성으로 이어지는 보편적 코스다. 따라서 인성은 인복이기도 하다. 인복이야말로 배움의 진정한 배경이자 토대인 까닭이다. 탁구는 무식하다. 입만 열면 떠들어 대는 '높을 탁, 구할 구' 자를 과연 한자로 쓸 수 있을지 의심스러울 정도다. 그런 그가 어떻게 구마준처럼 온갖 스펙을 빵빵하게 갖춘 초엘리트와 맞설 수 있단 말인가. 하지만 구마준에겐 없고 탁구에게는 있는 단 하나의 결정적인 능력이 있다. '인복'이 바로 그것이다. 인복은 타고나는 것이기도 하지만 따지고 보면 결국 자기 하기 나름이다. 자업자득이라는 뜻이다. 구마준에게 있어 타인은 다 성공을 위한 도구다. 부모건 연인이건 또 스승이건. 그런 사람은 돕고 싶어도 도울 방법이 없다. 하지만 탁구에겐 자신을 둘러싼 모든 존재들이 다 자신의 스승이다. 김탁구가 즐겨 하는 대사, "가르쳐 주면 되지 않습니까?" "열심히 배우겠습니다!"—배우고자 하는 마음만큼 사람들을 움직이는 힘은 없다. 돕지 않으려야 않을 도리가 없다. 그리고 사람을 움직이는 것보다 더 큰 내공이란 없는 법이다.

하여, 탁구와 팔봉선생과의 만남은 필연적이다. 배우고자 하는 이에겐 반드시 스승이 기다리고 있는 법이므로. 팔봉선생을 만나면서 그의 인생은 대전환점을 맞는다. 사람들을 행복하게 해줄 수 있는 빵을 만들겠다는 비전을 갖게 된 것이다. 엄마를 찾기 위해 길을 나섰는데, 그 길 위에서 스승을 만나고 그 스승을 통해 길을 찾았다. 이보다 더 기막힌 행운이 어디 있으랴. 명리학 용어로 치자면 '천을귀인'을 만난 셈이다. 그런 점에서 지상에서 가장 아름다운 관계는 사제지간이다. 특히, 스승이면서 친구이고, 친구이면서 스승인 사우! 오이디푸스로부터의 탈주가 도달해야 할 지점이 바로 여기다. 길 위에서 길을 찾는 것도 오직 이 과정을 통해서다.

사람들은 집을 나서면 위험하다고 여긴다. 물론 그렇다. 하지만 길 위에는 위험만 있는 건 아니다. 니체가 말했듯이, 운명은 길섶마다 행운을 숨겨 두었다던가. 명리학적으로 풀이하면, 팔자에는 도화살, 역마살, 백호대살, 괴강살 같은 살벌한 '살'들이 우글거리는 한편, 천을귀인, 천덕합, 월덕합, 천문성 등 이름만 들어도 마음이 든든해지는 우군들도 수두룩하다. 해서, 길 위에서 살다 보면 느닷없는 살도 맞지만 예기치 않은 행운도 함께 누릴 수 있다. 어찌 보면 인생이란 '살들과 행운의 끊임없는 변주'라 해도 좋다. 나 또한 공동체 생활에서 이런 변주를 수없이 경험해 왔다. 일 년, 아니 한 달, 혹은 하루 안에도 느닷없는 봉변과 우발적인 행운을 동시적으로 경험하곤 했다. 울다가 웃다가 하는 격이다. 하여, 이젠 알 것 같다. 상식적 통념과는 달리, 비장과 골계, 경악과 경이, 슬픔과 기쁨은 서로 사이좋게 공존하는 덕목이라는 것을. 그래서 길 위에서 터득하는 지혜는 인성의 영토에 갇히지 않는다. 비겁을 거쳐 식상으로, 식상에서 재성을 거쳐 다시 관성으로 이어지는, 아주 역동적인 동그라미를 이룬다.

탁구한테는 아주 특별한 기술이 하나 있다. 브리콜라주의 기법이 그것이다. 앞에서도 나왔지만, 브리콜라주란 레비 스트로스의 『야생의 사고』에 나오는 낱말로 원주민들의 '손재주'를 뜻한다. 브리콜뢰르(장인)들의 작업장에는 별 연관도 없는 재료들과 기구가 널려 있다. 하지만 장인들은 이 주어진 조건 안에서 최상의 작품을 만들어 낸다. 탁구 또한 그러하다. 타고난 후각을 비롯하여 거리에서 익힌 온갖 지식과 정보를 100% 이상 활용할 줄 안다. 몸을 자산이자 무기로 활용하고 그걸 통해 모든 사물로부터 잠재력을 끄집어내는 능력, 우리 시대가 가장 결락한 공부법이다. 공부가 추상에 갇히지 않고 구체적인 현장으로 이어지는 것, 인성이 비겁을 거쳐 식상으로 이어지는 매끄러운 흐름이기도 하다.

이 과정을 밟게 되면 부질없는 망상이나 상처에 휘둘리지 않는다. 따지고 보면 탁구만큼 상처투성이의 인간이 어디 있으랴. 출생부터 결여투성이인 데다, 일찌감치 엄마와 결별당하는 바람에 가족의 사랑을 받을 틈이 없었다. 이쯤되면 정신적으로 심각한 손상을 입어야 마땅하다. 그래서 복수심에 불타고 아버지의 재산과 여자친구에 대한 집착으로 이어져야 한다. 하지만 탁구는 그렇지 않았다. 재물에 대한 소유욕과 사랑에 대한 집착에 휘둘리지 않는다. 구마준에게 여자친구를 빼앗긴 뒤에도 다만 "행복한 거지?"라고 물을 뿐이다. 재성을 파극하지도 않고 그에 대한 미련으로 자신을 괴롭히지도 않는 것, 그것 또한 공부의 힘이다.

그렇게 재성에 사로잡히지 않았기에 잠시 동안 거성그룹을 맡게 되었을 때도 너끈히 제 몫을 감당해 낼 수 있었다. 재물이 넘치는 곳에서 살아남는 방법은 그 재물에 대한 어떤 욕심도 갖지 않는 것이다. 마음을 온전히 비우면 사람들의 마음을 움직일 수 있다. 그것이 바로 관성이다. 마음을 비우는 것은 지혜의 영역이고, 이 지혜가 리더십의 원천이 된다. 공부의 힘이 삶의 모든 과정에 능동적으로 개입하고 있는 것이다. 그야말로 인성의 아름다운 순환이다.

그에 반해, 그의 이복동생 구마준은 전형적으로 재성을 중심으로 살아간다. 엄마가 끔찍하게 아껴 주지만 그건 인성의 발로가 아니다. 이 엄마의 목적은 오직 자기의 아들이 거성그룹의 후계자가 되는 것뿐이다. 결국 구마준의 팔자에는 엄마나 아버지가 큰 차이가 없다. 게다가 엄마의 정부이자 자신의 생부가 따로 '또' 있다. 아버지가 둘이나 되다니. 재성이 태과하다 못해 서로 자기들끼리 충살을 이루는 형국이다. 원래 일간은 재성을 극할 수 있지만 재성이 태과하면 오히려 거꾸로 일간을 친다고 했다. 이 경우가 바로 그렇다. 구마준은 두 아버지 모두와 상극이다. 생부에 대해서는 경멸감을, 의붓아버지에 대해서는 열등감을 갖고 있다. 거기다 굳이 탁구의 애인을 뺏는다. 역시 재성을 파행적으로 쓰고 있다. 더 중요한 건 이렇게 온갖 갈등과 충돌을 다 겪으면서도 사람에 대한 이해와 배움의 열정이 일어나지 않는다는 사실이다. 결국 그의 빵빵한 스펙은 공부에 대한 욕망과는 거리가 멀다. 오직 남을 지배하고 자신을 과시하는 데 쓰고 있을 뿐. 그럴수록 더더욱 자신에 대한 집착과 타인에 대한 경멸만 높아 간다. 팔봉선생의 가르침도 귀에 들어오질 않는다. 배움이 없는 사건들, 거기에서 얻을 것은 '상처뿐인 영광'이다. 다행히도 마지막에 가서야 자신의 인생에서 무엇이 가장 중요한 것인지를 깨닫는다. 비로소 재성의 늪을 탈출하게 된 것이다. 여전히 소유에 대한 집착으로 몸부림치는 엄마에게 작별을 고하고 세계일주 여행을 떠난다—"이제 내가 뭘 원하는지 알아봐야겠어.” 드디어 공부가 시작된 것이다.

시청률이 50%에 육박했던 걸 보면 많은 이들이 나와 같은 심정이 아니었을까 싶다. 아무리 막장드라마에 ‘쩔어’ 살아도 가슴 밑바닥에는 탁구처럼 온몸을 다 던져 배우고, 사람들의 마음을 움직일 줄 아는 야생적인 존재가 그리운 것이리라. 그래서 문득 떠오른 아주 소박한 의문 하나. 그렇다면 왜 탁구처럼 살려고 하지 않는 것일까? 왜 저 위풍당당한 김탁구의 길을 버리고, 모든 것을 가졌지만 그 어떤 것도 누릴 수 없는 구마준의 초라한 길을 가려고 안달하는 것일까? 대체 왜?

출구

'팔자타령'에서
'운명애'(Amor fati)로!

'그리스 로마 시대에는 귀족과 자유인, 그리고 노예가 존재했다. 귀족은 일단 제쳐 두고, 자유인과 노예의 차이는? 자유인은 백수고 노예는 정규직이다. 전자는 프리랜서로 광장에서 철학을 했고, 후자는 평생 하나의 노동에 복무해야 했다. 브라만과 수드라의 차이는? 브라만은 인생과 우주에 대한 해석의 권리를 가진 존재들이고, 수드라는 생각의 권리를 박탈당한 채 오직 대를 이어 한 가지 종류의 노동만 해야 한다. 조선왕조를 떠받친 사·농·공·상이라는 신분적 차별 역시 마찬가지다. 선비[士]는 일평생 책을 읽고 인생의 이치를 터득해야 하는 반면, 농·공·상은 하나의 직업에 묶여 있어야 한다. 평생이 보장(?)

될뿐더러 세습까지 할 수 있다. 정규직인 데다 자식한테 물려줄 수도 있다니, 이보다 더 확실한 보험이 어디 있는가(요즘 정규직의 시선으로 본다면^^). 하지만 이런 식의 계급분할을 보면 누구나 분노한다. 첫번째는 노동의 불평등에 대하여, 더 근본적으로는 지성과 사유의 양극화에 대하여.

인류의 역사는 이 불균형과 차별을 극복하기 위한 투쟁이자 도전이었다. 자유인과 브라만, 귀족과 선비 등이 독점했던 지성과 사유의 주권을 되찾기 위한, 그리하여 누구나 노동을 하고 누구나 철학을 하는, 누구든지 노동자이면서 작가이며 또한 예술가가 될 수 있는, 그런 시대를 열기 위해 분투해 오지 않았던가. 인류가 나아가야 할 보편적 지향점은 오직 이것뿐이다. 말하자면, 삶의 주권이란 법적·경제적 권리만이 아니라, 철학과 사상의 자유까지를 포함한다. 모두에게 자신의 삶을, 자신의 운명을 스스로 결정할 수 있는 자유를 허하라! 그리고 마침내 디지털 혁명은 이 '미션 임파서블'을 수행해 냈다. 이제 모든 정보는 스마트폰에 다 있다. 계급과 신분, 인종과 민족의 장벽을 넘어 누구나 이 정보의 바다를 유영할 수 있게 되었다. 인생의 진리, 위대한 스승들의 가르침, 무의식에 대한 탐구, 별들의 탄생과 죽음 등 인생과 우주의 비의들이 모두에게 '열린' 것이다.

하지만 놀랍게도 사람들은 이 권리와 자유를 향유하려 하지 않는다. 지금, 사람들이 추구하는 건 돈과 정규직이다. 생각할 권리가 아니라 평생 하나의 직업에 묶여 있고자 하는 노예의 권리, 원하는 상품을 마음껏 탐할 수 있는 중독자의 권리만을 추구한다. 삶의 축은 오직 연애와 가족뿐이다. 사랑을 위해서라면, 가족을 위해서라면 기꺼이 삶을 바치겠다는 망상을 멈추지 않는다. 남성들은 사냥과 전쟁의 공포에서 벗어나고 여성들은 출산의 압박과 사회적 족쇄에서 해방되었건만 다시 사유재산과 핵가족이라는 '홈 파인 공간'으로 기꺼이 들어가고자 한다. 평생 돈을 벌기 위한 노동을 하고 섹스와 번식 이외에 어떤 삶의 기쁨도 누릴 수 없었던 노예의 삶이 그토록 그립단 말인가? 그렇다면 대체 뭣하러 그 지난한 투쟁을 해온 것일까? 그 많은 피와 고통을 감내하면서. 이런 표상을 전복하지 않는 한 좋은 팔자란 불가능하다. 거듭 말하지만, 그 안에서는 모든 것을 다 가져도 상처밖엔 없다. 생명의 모태인 저 별들의 세계와 '통하는' 길목이 차단되었기 때문이다 — 결핍 아니면 공허.

개운법은 운을 '트는' 명리학적 방편이다. 운을 트는 데 있어 가장 필요한 오행을 용신이라고 한다. 거기서 가장 핵심적인 것은 내가 어떤 생을 원하는가이다. '남들처럼 살기 위해서', '덜 불행해지기 위해서'라면 개운법은 그다지 의미가 없다(자칫하면 부적이나 사이비종교 같은 사술에 걸려들 수 있다!). '지금과는 다르게 살고 싶어서', '자유와 행복을 누리기 위해서', '내 운명의 온전한 주인이 되기 위해서'라는 욕망의 전이가 선행돼야 한다. 용신은 그 순간부터 작동하기 시작한다. 용신은 내 안에 있는 또 다른 '나'이기 때문이다. 요컨대, 이 또 다른 나, 곧 '내 안의 타자'를 만나러 가는 여행이 곧 개운법이다.

길흉은 없다!

하나—인간은 왜 스스로에게 불리한 선택을 하는가? 뇌과학이 던지는 질문이다. 민중(혹은 노동자)은 왜 스스로의 억압을 욕망하는가? 20세기 초 프로이트-마르크스주의자였던 빌헬름 라이히가 던진 질문이다. 사주명리학에도 이런 유형의 질문이 있다. 왜 사람들은 자신을 불행하게 만드는 리듬을 반복하는가? 예를 들면 남성편력, 여성편력이 많은 이들이 있다. 처음엔 실패할 수도 있다고 치자. 정말 그것이 진심이 아니라면 두 번 반복해서는 안 된다. 그런데 그렇지가 않다. 대부분은 두 번, 세 번, 아니 평생 동안 똑같은 짓을 반복한다. 어디 연애만 그런가. 사업과 돈 문제도, 조직과 사람관계도 다 마찬가지다. 늘 그럴 생각이 아니었다고, 원래 의도는 그게 아니었다고 하면서 또 그러고 또 그런다. 타인을 불편하게 할 뿐 아니라 무엇보다 자신을 힘들게 하는 이런 패턴을 대관절 왜, 멈추지를 못하는 것일까? 뇌과학자들은 저 난감한 질문에 대한 답을 찾기 위하여 선택의 순간에 뇌 안에서 일어나는 쾌락중추의 움직임을 주시하고 있다. 라이히는 프로이트 - 마르크스주의자답게 성욕의 억압이 파시즘에 대한 욕망으로 이어진다고 보았다(물론 그 덕분에 프로이트와 마르크스주의 양쪽에서 다 추방되었지만^^). 그럼 사주명리학에서는 어떻게 답할까?

아주 간단하다. 자승자박! 자업자득! 즉, 길이든 흉이든 결국은 자신이 불러들인다는 것이다. 어떤 사건도 자신의 내부에 단서나 원인이 없다면 절대 일어나지 않는다는 것. 그렇다! 운명은 외부로부터 오는 것이 아니라, 외부와 내부가 마주치는 지점에서 만들어진다. 이 원리를 깨우치지 못하면 마치 파블로프의 개처럼 일정한 조건만 주어지면 동일한 욕망과 행동을 반복하게 된다. 자기도 모르게 반복하는 리듬과 강밀도, 이것이 바로 팔자다. 해서, 팔자를 고치려면 자기 안에 있는 단서나 원인을 제거해야 한다. 동양사상이 내적 성찰과 통찰의 힘을 강조하는 이유가 여기에 있다. 헌데, 이렇게 말하면 대개 억울해한다. '왜 나만 갖고 그래? 그게 왜 내 탓이야?' 혹은 '그러니까 세상이 안 바뀌는 거야. 나를 그렇게 만드는 세상이 문제지, 내가 뭔 죄야?' 틀린 말은 아니다. 그런데 꼭 맞는 말이라고 할 수도 없다. 한번 찬찬히 따져 보자. 이런 논리는 상당히 적극적인 것처럼 보이지만 사실은 나의 삶에서 나를 소외시키는 방식이 아닌가. 내 삶의 원인을 전부 바깥에 두게 되면 나의 삶을 조명하는 인생극장에서 내가 주인공이 아닌 격이다. 주변 인물들만

잔뜩 나오고 정작 나는 가끔씩 카메오로 출현해서 투덜거리기만 하는 꼴이다. 참 볼썽사납지 않은가. 비극이든 희극이든 시트콤이든 사극이든 내 삶을 다룬다면 마땅히 내가 주인공이어야 한다. 그렇지 않은가?

둘—이런 이치를 모르기 때문에 사람들은 끊임없이 복을 원하고 화를 피하고자 한다. 헌데, 복은 누리기 어렵고 화는 피하기 어렵다. 이렇게 말하면 또 굉장히 불공평해 보인다. 복은 너무 적고 화는 지나치게 많은 것 아닌가. 맞다. 태어난다는 것 자체가 상극의 세계로 들어서는 것이니 당연한 일이다. 소설이나 드라마를 보라. 팔자가 좋기는커녕 억수로 험해야 주인공이 될 수 있지 않은가. 팔자가 대충 좋은 경우라면 절대 인기를 얻을 수가 없다. 그래서 슬프다고? 아니다, 바로 이게 인생의 묘미다. 우리가 사는 세계는 어차피 좌충우돌, 파란만장의 리듬을 타야 한다. 화를 피하고자 하지만 실제로 대부분의 사람들은 번뇌를 자양 삼아 살아간다. 번뇌가 없으면 대개 멍청해진다. 평소에 자신의 감정과 행동을 잘 관찰해 보라. 아프지도 않고 걱정거리도 없으면 행복해하는 것이 아니라, 지루하고 심심해한다. 이건 무슨 뜻인가? 사람들은 질병과 번뇌를 겪을 때라야 비로소 존재감을 확인하고 느낀다는 사실이다. 이게 바로 앞에서 말한 자업자득, 자승자박의 이치다.

정말로 개운을 하고 싶다면 무엇보다 이 이치를 전폭적으로 받아들이는 훈련이 필요하다. 산다는 건 절대 공짜가 아니다. 평생 재화를 일구어야 하고 주기적으로 생의 문턱을 넘어야 하고 애증의 갈림길에 서야 한다. 만약 이 모든 것을 대충 피해 간 존재가 있다면 그건 사실 태어난 의미가 별로 없다. 공평하게도(?) 그런 경우는 중년 이후나 노년에 반드시 그 마디를 넘게 되어 있다. 그래서 "젊어 고생 사서 하라"고 하는 것이다. 또 물질적 풍요를 누리는 사람은 그만큼의 정·기·신의 소모를 감당해야 하고, 정신의 자유를 누리기 위해선 물질적 번영을 상당 부분 포기해야 한다. 물질적·정신적·영적 자유를 두루 누리는 존재? 그건 사람이 아니다! 그러니 실로 평등하고 평등한 셈이다. 운명을 사랑하기 위해선 가장 먼저 이 팔자의 평등성을 깨우쳐야 한다. 계급적 차이나 사회적 불평등을 외면하라는 것이 아니라, 그 모순들 이면에 작동하는 근원적 평등성을 통찰하라는 것이다. 그게 아니면 계급이나 제도적 차이를 절대시하는 함정에 빠질 수 있다. 계급만 사라지면, 제도만 좋아지면, 모든 사람이 부자만 되면 삶이 온전히 좋아질 거라는 믿음 또한 망상 중의 망상이다. 마치 세균만 사라지면 위생 유토피아가 건설될 거라는 망상과 마찬가지로. 그런 망상에 휘둘리지 않아야 비로소 사회적 차별에 대한 청정한 분노와 투쟁이 가능하다.

셋—자, 인생이 이러하다면 이치에 맞게 욕망의 흐름을 구성해야 한다. 즉, 오이디푸스적 배치는 역설적이게도 비현실적(?)이다. 스위트 홈의 행복이라는 조건 자체가 불가능할뿐더러, 그걸 다 갖추고 나면 돌아오는 것은 지루함과 공허뿐이다. 거기서는 어떤 존재감도 느끼지 못한다. 그러면 또 다시 잃어버린 '미친 존재감'을 찾기 위하여 몸과 마음을 최대한 괴롭히는 사건들을 일으키고 그 진흙탕에 빠져 허우적거리면서 나는 왜 이렇게 불행한가? 대체 내가 뭘 그렇게 잘못했는데… 등등의 탄식을 뱉어 낸다. 이게 자업자득이 아니면 대체 뭔가? 아, 죄의식을 느끼라고 하는 말이 아니다. 행/불행, 선/악, 도덕/죄 따위의 척도를 부여하지 말고 그저 '있는 그대로!' 보라는 것이다. 그래야만 자기 자신이 이 모든 과정의 주인공이 될 수 있기 때문이다. 예컨대, 이런 경우다.

교도소에서 자살하는 사람들이 참 많아요. 보도가 안 되지만요. 재소자가 지켜야 할 준수사항이 30개 정도 있거든요. 제가 붓글씨를 잘 써서, 그걸 많이 썼어요. 제1항이 교도관의 지시명령에 복종해야 한다. 그리고 5~6번째에 자살을 해서는 안 된다는 항목이 있죠. 꽤 비중이 높은 준수사항입니다. 제가 무기징역 받고 추운 독방에 앉아 있을 때, 왜 자살하지 않나 생각하기도 했습니다. 심각하게 고민했었죠. 많은 사람들이 자살을 하거든요. 자살하지 않은 이유는 두 가지였어요. 햇빛 때문에 안 죽었어요. 그때 있었던 방이 북서향인데, 2시간쯤 햇빛이 들어와요. 가장 햇빛이 클 때가 신문지 펼쳤을 때 정도구요. 햇빛을 무릎에 올려놓고 앉아 있을 때 정말 행복했어요. 내일 햇빛을 기다리고 싶어 안 죽었어요. 살아 있다는 것 자체가, 비록 20년의 감옥〔생활〕이 삶 속에 있지만 결코 손해는 아니다. 태어나지 않은 것과 비교한다면요. 그런 생각을 했던 것 같아요.(「문화웹진 채널 예스」, '정재승이 만난 사람들' 중에서)

햇빛 때문에, 그것도 신문지 크기 정도의 햇빛 때문에 삶을 긍정할 수 있다! 이것은 결코 수동적이거나 옹색한 위안이 아니다. 혹은 신영복 선생님의 타고난 훌륭함을 증명해 주는 영웅적인 일도 아니다. 감옥에 가지 않았다면 결코 느껴 보지 못했을 생의 경이로움 같은 것이다. 이것은 과연 길인가? 흉인가? 겉으로 보기엔 더할 나위 없이 흉하지만, 그 실상은 참으로 길하다. 저 햇빛의 기쁨을 대체 어떤 가치로 환원할 수 있단 말인가? 그 끔찍한 상황에서도 '"태어나지 않은 것"보다는 좋다!'고 느낄 수 있는 것, 그것은 오직 생명의 차원에서만 맛볼 수 있는 '우주적 교감'이다. 그것은 행복과 불행, 선과 악 등과 같은 표상의 굴레를 가뿐히 뛰어넘는다. 요컨대, 좋은 팔자란 길한 것을 맞이하고 흉한 것을 멀리하는 것이 아니라, 길과 흉에 대한 인식과 욕망의 배치 자체를 바꾸는 것이다. 생명의 바다, 음양오행의 매트릭스에 길흉은 없기 때문이다.

덧붙이자면 운이 좋다는 건 억지로 애를 쓰지 않아도 물 흐르듯이 일이 이루어진다는 뜻이다. 헌데, 그때는 정신과 몸이 저절로 집중이 된다. 헛된 짓을 하지 않는다. 그러니 좋은 인연을 만들어 낼밖에. 그런데 그때도 그걸 당연하다고 여겨서는 곤란하다. 그 상황을 관찰하는 힘이 필요하다. 같은 이치로, 운이 나쁘다는 건 정신이 산만해진다는 뜻이다. 누구든지 정신줄을 놓으면 되는 일이 없다. 오행상으로 보면 기운의 배치가 달라졌을 뿐인데, 그것이 내 안에 있는 오행들과 이합집산을 하면서 집중력을 흩어 놓는 셈이다. 그러면 당연히 되던 일도 꼬이기 시작한다. 그래서 '일체유심조'一切唯心造라고 하는 것이다. 우주가 그러하듯이, 마음은 크기와 사이즈, 스케일 등이 아니라, 오직 수렴과 발산을 통해서만 작용한다. 그런 점에서 산만한 것보다 더 위태로운 건 없다. 부귀공명도, 평생에 걸쳐 이룬 성취도, 불멸을 약속했던 사랑도 한순간에 먼지처럼 사라진다. "모든 세속적인 것은 산만하다."(붓다) 결국 길흉은 외부에서 주어지는 것이 아니라 안팎의 조응인 셈이다. 자업자득自業自得, 자작자수自作自受!

이미 예고했듯이, 사주명리학의 경쟁력(^^)은 용신이 있다는 사실이다. 여타 다른 문명권에도 운명에 대한 매뉴얼은 있다. 하지만 그 운명에 개입할 수 있는 '나의 길'이 있는 것은 오직 사주명리학뿐이다. 사주팔자, 여덟 개의 카드를 음양오행의 흐름 속에서 해독하고 나면 어떤 운명이건 '태과불급'이 드러난다. 불균질하고 비대칭적인 기운의 흐름이. 그것이 나에게 주어진 생명의 원천이자 한계다. 거기로부터 생이 시작되었으니 원천이라 할 수 있지만 그것이 또한 내 발목을 잡고 있기 때문에 한계다. 살게 하기도 하고 죽게 만들기도 하는 것. 그것이 '팔자'다. 이 지도를 가지고 이제 삶을 살아가야 한다. 어그러진 비대칭성을 어떻게 매끄러운 대칭성으로 변환할 것인가? 여덟 개의 카드 자체를 바꿀 수는 없다. 고스톱이 그렇듯 패를 다 바꾸려면 판을 포기하거나 엎어야 한다. 판에 끼려면 일단 이 주어진 패를 받아들여야 한다. 하지만 그 패들을 어떻게 쓸 것인가, 어떤 차서로 내려놓을 것인가는 오직 나에게 달려 있다. 용신도 그런 원리다.

용신을 찾는 데도 다양한 길이 있다. 가장 먼저 팔자의 흐름에서 일간이 신강한가 신약한가를 따져 봐야 한다. 일간이 강하다는 건 일간의 오행과 같은 비겁이나 일간을 생해 주는 인성이 많은 경우를 말한다. 쉽게 말하면 내 편이 많다는 뜻이다. 비겁은 일간과 같은 오행이니 일단 나의 연장이고, 인성은 나를 상생시켜 주는 것이니 역시 나의 든든한 빽이다. 이게 더 우위에 있으면 신강한 것이고, 그렇지 않으면 신약한 것이다. 즉, 내 편보다 나의 적이 더 많은 경우다. 예컨대, 식상은 나의 기운을 뺏는 것이고, 재성은 내가 극을 해야 하니 역시 기운이 빠지고 관성은 나를 극하는 것이니 말할 것도 없다. 이쪽이 더 우세하면 신약하다고 본다. 일간이 신강한 경우 순환이 일어나려면 일간의 오행을 많이 덜어 내는 쪽이 되어야 하고 신약한 경우 일간을 튼튼하게 해주는 쪽으로 잡아야 한다. 이것도 참 의미심장하다. 우리의 통념으론 신강할수록 좋을 것 같은데, 그렇지 않다. 신강한데 일간의 오행이 더 강해지면 순환이 정체된다. 팔자가 거의 한두 개의 오행으로 된 경우는 아예 자체적으로 순환의 통로를 만들어 내야 한다. 어설프게 견제하려고 했다가는 재성이고 관성이고 다 파극되기 때문이다. 신약한 경우는 경우의 수가 많지만 뭐가 됐건 일단 일간을 튼실하게 하는 것으로 기준을 삼으면 된다. 그래서 결국은 공평해진다.^^ 다른 한편 조후용신調候用神이라고 해서 팔자의 오행이 지닌 온도를 가지고 하는 방식도 있다. 한여름 한낮에 태어난 병화 같은 경우, 너무 뜨겁다. 그러면 몸을 식히는 쪽으로 용신을 잡아야 한다. 한겨울 새벽에 태어난 계수라면 너무 차다. 일단 몸을 덥히는 쪽으로 용신을 써야 한다. 한편 용신이 사주원국

안에 있는 것이어야 한다는 설도 있고, 원국에 있는 용신이 신통치 않거나 없으면 원국 바깥에서 찾는 방식도 있다. 조커를 쓰는 격이다.

그래서 용신을 찾는 것 자체가 명리분석의 절정이자 난코스가 된다. 용신을 찾으려면 팔자와 대운까지를 포함해서 운 전체의 리듬을 한눈에 볼 수 있어야 한다. 그야말로 통찰력이 필요한 대목이다. 용신이란 내 몸과 운명이 지닌 모순의 '결절점'을 찾는 작업이기도 하다. 반드시 넘어서야 하는 한계상황 혹은 문턱. 이걸 넘지 못하면 늘 쳇바퀴를 돌 수 있는 그 지점 말이다. 시작이 반이라고, 이걸 찾아낼 수만 있으면 이미 반은 이룬 셈이다. 그만큼 자신을 살피는 일은 어렵고도 중요하다. 지식이나 정보로는 도저히 가능한 영역이 아니다. 그래서 지혜라고 하는 것이다. 지혜는 전공이나 학벌과는 아무 관련이 없다. 오직 삶하고만 관계한다. 자신의 감정과 호흡, 판단과 행동, 그 모든 것이 일어나고 사라지는 장면들을 관찰할 수 있어야 하기 때문이다. 그렇다면 이것이 어떻게 용신이 되는가? 그 원리는 다름 아닌 몸에 있다. 지혜가 생기면 호흡을 조절할 수 있다. 호흡이 평온해지면 면역계가 활발해질뿐더러 용기와 부지런함, 관용 등의 덕목을 발휘할 수 있다. 실제로 고대 인도의 아유르베다 의학에선 질병의 원인을 '지혜 없음', 곧 무지에서 찾았다. 『동의보감』의 양생술이 유불도 '삼교회통'을 기반으로 하는 것도 같은 맥락이다. 다시 말하면 지혜란 가장 심오한 정신 활동이자 가장 구체적인 생리적 기전이기도 하다. 지혜는 몸을 평화롭게 한다. 앞서도 언급한 바 있듯이, 사람들은 아프거나 괴롭거나 하지 않으면 대개 멍하다. 그래서 도시인들은 쉽게 권태에 빠진다. 아마 그래서 멜로를 좋아하는지도 모르겠다. 어떤 슬픔이나 파국도 권태보다는 나아 보이기 때문이다. 결국 삶에서 가장 어려운 건 슬픔이나 비극보다 지루함일 것이다. 지루함은 평화가 아니다. 지루함은 초점이 없고 산만하다. 겉보기엔 고요해 보이지만 내부는 탁하다. 그래서 지루함이 오래되면 외부와의 교감 능력이 현저히 떨어져 버린다. 평화는 그와 다르다. 아니 정반대다. 무게중심이 뚜렷해서 절대 산만하지 않다. 어떤 사건에도 쉽게 동요하지 않지만 어떤 사건과도 능동적으로 교감한다. 고요한 능동성! 그것이 평화다. 그런 점에서 평화는 추상적 가치가 아니라, 신체적 능력의 표현이다. 그래서 지혜가 없으면 불가능하다. 유사 이래, 무지와 평화가 손을 잡은 적은 단 한 번도 없었다. 고로 지혜는 평화의 원천이다.

그러므로 지식과 정보는 소유와 축적의 대상이지만 지혜는 깨달음의 영역이다. 깨달음이란 무엇인가? '깨다'와 '도달하다'의 합성어다. 낡은 사유의 지평을 깨고 새로운 경계를 열어젖히는 것이 깨달음이다. 그게 가능하려면 앎과 몸 사이의 '간극'

이 없어야 한다. 간극이 없으면 깨닫게 되고 깨달음이 있으면 간극이 줄어든다. 고로, 삶의 모든 과정을 배움으로 전환할 수 있는 능력, 그것이 곧 지혜다. 그러므로 지혜가 없이, 지혜에 대한 열정이 없이 잘 살 수 있는 방법, 팔자를 바꿀 수 있는 길은 단연코 없다! 팔자를 고치고 싶은가? 그럼 가장 먼저 지혜를 사랑하는 훈련을 하라! 그러면 자신에게 꼭 필요한 용신이 무엇인지 절로 드러나게 될 터이니.

그럼 일단 찾았다 치자. 그다음엔 어떻게 해야 하는가? 먼저 그 오행적 속성을 깊이 천착해야 한다. 예컨대 용신이 목木이라고 한다면 목이 지닌 속성들을 내 일상에 전면적으로 결합시켜야 한다. 존재와 우주의 감응! 대칭성 인류학의 핵심이다. 먼저 몸적으로 본다면 간담의 기운을 북돋우는 일을 해야 한다. 간담은 모려와 결단이다. 칠정으론 분노다. 분노는 대체로 몸에 해롭지만 청정한 분노는 기운을 활발하게 소통시킨다. 비위가 막혀서 고생하는 여성들의 경우 간기가 울결된 경우가 많다. 그럴 때는 화를 돋우어서 비위를 극하게 하면 쉽게 고칠 수 있다. 명의들이 즐겨 썼던 치법이다. 요컨대, 분노도 약이 된다는 것. 물론 분노는 그 자체로 독성을 지니고 있기 때문에 자주 써서는 곤란하다. 이밖에도 화초를 기르는 것, 푸른색 옷을 입는 것, 동쪽 방향으로 움직이는 것, 3과 8이라는 숫자를 활용하는 것, 교육이나 환경과 관련된 사회운동에 적극 결합하는 것,

기타 등등. 여기서 핵심은 사회든 자연이든 내가 속한 '시공간'과 새로운 관계를 맺는 것에 있다. 절기와 바람, 색깔과 숫자, 사회·정치적 이슈 등등 그동안은 무심히 넘겨 왔던 것들이 내 삶과 깊이 연동되어 있음을 자각하는 것이 중요하다. 이것 또한 지혜의 향연이다.

그다음엔 이것이 육친법상 어디에 속하는가를 따져 봐야 한다. 앞에 제시된 오행적 방편이 원대한 비전을 확보하는 것이라면 육친법의 활용은 삶의 구체적 현장과 주체들을 클로즈업하는 방편이다. 만약 목이 비겁에 해당한다면 목의 '비겁화'가 이루어져야 한다. 즉, 비겁은 나의 수평적 확장이다. 그렇다면 목기운의 확장을 도모해야 한다. 물론 관계의 원리도 그 안에 포함된다. 목은 인의예지신 가운데 인仁을 담당하는 오행이다. 따라서 동료들과의 관계에서 이 인의 가치를 발현하도록 애써야 한다. 인은 무엇보다 살리는 기운이다. 만물을 낳고 기르는 봄의 기운! 어떻게 하는 것이 살리는 것인가? 그건 궁극적으로 자신의 몫이다. 시공간에 따라 수없이 많은 방법들이 나올 수 있을 것이다. 다른 덕목도 마찬가지다. 언뜻 보면 인의예지신이 다 그게 그거 같지만 실은 그렇지 않다. 예컨대 금기운이 용신인 경우는 의義를 체득해야 하는데, 의로움이란 옳고 그름을 날카롭게 분별하는 덕목이다. 이게 필요하다는 말은 평소의 행동거지에 맺고 끊음이 불분명하여 여러 가지 문제를 일으킨다는 뜻이다. 이런 사람은 말투에서 발걸음까지 매사를 또박또박 표현하는 훈련을 해야 한다. 인간관계에서도 어쩡쩡한 태도를 보이지 않도록 애를 써야 한다. 주변을 늘 깨끗하게 정리하는 것도 아주 좋은 방편이다. 이 정도만 해도 응용할 사항이 넘친다. 그다음엔 이걸 몸에 착! 달라붙게 해야 한다. 몸이 바뀌면 인생도 바뀐다. 그래서 '보면 안다'고 하는 것이다.

더 적극적 방편으로는 다른 사람의 팔자를 이용하는 것도 좋다. 예컨대, 나는 식상이 없다. 덕분에 먹을 복이 지지리도 없다. 대신 관성이 많다. 자, 그럼 어떻게 해야 할까? 사람들에게 많이 사 주면 된다. 혼자 있으면 돈이 있어도 거의 탁발 수준의 밥을 먹는다. 하지만 후배들에게 밥을 사 주게 되면 나도 덩달아 먹을 복을 누리게 된다. 아울러 자식복도 없다. 만약 내가 지금까지 자식에 대한 집착을 가지고 있다면 내 팔자는 참으로 한심해진다. 틈만 나면 청승을 부리고 그러다 보면 그것이 트라우마가 되어 우울증을 앓게 될지도 모른다. 하지만 공동체를 통해 후배들을 열심히 키우기로 작정한 뒤론 '무자식'이 훨씬 자유롭고 편안하다. 한때는 아이가 생기지 않아 번뇌에 빠지기도 했지만, 지금은 오히려 '무자식 상팔자'의 기쁨을 한껏 누리는 중이다. 이런 식으로 팔자는 무한변주된다. 한때는 그 무엇으로 인해 즐거웠지만 어느 순간 그것이 괴로움의 원천이 되고, 또 한때는 뭔가가 없어서 괴로웠지만 어느 순간 그것이 없어서 자유를 만끽하게 되고…. 그러니 섣불리 판단하지 말고 그저 '지금, 여기'를 즐기는 것이 장땡이다.^^ 아무튼 여기서 중요한 것은 다른 팔자들과의 접속을 적극 활용하라는 것이다. 재성이 없는 사람은 재성이 많은 사람과 결합하고, 또 관성이 태과한 사람은 관성이 부족한 사람과 연대하면 된다. 물론 같은 계열끼리 손을 잡을 수도 있다. 여성의 경우 관성고립이나 무관사주는 남편복이 없다고 할 수 있는데, 이럴 땐 부질없는 팔자타령에 빠져 있을 게 아니라, 서로 연대해서 서로의 경험과 노하우를 공유해 보는 것은 어떨까? 자신의 모든 것을 있는 그대로 보여 줄 수 있는 관계가 어디 흔한가? 가족끼리도 쉽지 않은 일이다. 하지만 배움이 결합하면 얼마든지 가능하다. 배움을 통한 팔자들의 네트워크, 이거야말로 새로운 형식의 출가가 아닐지. 출가와 가출의 차이는 승/속에 있는 것이 아니다. 핵심은 오이디푸스 콤플렉스를 벗어나 새로운 배움의 장으로 나아갔는가 여부에 있다. 실제로 제도 바깥의 공동체를 찾아오는 이들은 가족주의로부터 추방당한 소수자들이거나 아니면 그 안에서 행복을 누리기를 포기한 사람들이다. 그러니 이 또한 '앉아서 유목하기' 혹은 '도심에서 출가하기'라 할 수 있다. 그런 점에서 공동체란 팔자 사나운 존재들이 자기 운명의 연구자가 되기 위하여 모인 집합체라고 정의해도 무방할 듯하다. 그래서인가. 흔한 통념과는 달리 공동체에선 사건사고가 그치지 않는다. 팔자들이 원색적으로 난무하기 때문일 터이다. 해마다 겨울이면 연례행사처럼 터지는 연애사건들도 하나같이 블록버스터 감이다. 연예인들의 스캔들 따위와는 비교도 되지 않을 정도로 세다. 그럴 때마다 사람들의 마음에 감정의 태풍이 휘몰아친다. 거기에 휩쓸리다 보면 공동체가 통째로 날아갈 수도 있다. 하지만 이제 우리는 안다. 그것이 삶이라는 것을! 아무리 기이한 사건일지라도 거기에는 배움이 있다는 것을. 그래서 이제는 기다림의 지혜를 터득하기로 작정했다. 태풍이 지나갈 때까지, 사건의 맨살이 드러날 때까지, 번뇌의 한가운데 있던 사람들이 새로운 배치 속으로 들어갈 때까지. 헌데, 그렇게 흘러가다 보면 또 이전에는 상상도 못했던 새로운 사건들이 또 우리를 맞아준다. 와우~ 덕분에 공동체에선 고독과 소외를 느낄 틈이 없다. 지루하고 심심할 겨를이 없다. 생극의 파노라마 속에서 삶의 진면목을 대면할 수 있는 것, 기다림과 끈기를 훈련할 수 있는 것, 권태와 무력감으로부터 벗어날 수 있는 것, 이보다 더 좋은 용신이 있을까.

> 세존께서 싹끼야족의 마을에 계실 때였다. 존자 아난다가 말하기를, "세존이시여, 훌륭한 벗과 사귀는 것, 훌륭한 친구와 사귀는 것, 훌륭한 도반과 사귀는 것이야말로 청정한 삶의 절반에 해당합니다." 세존께서 답하셨다. "아난다여, 그렇게

말하지 말라. 아난다여, 그렇게 말하지 말라. 훌륭한 벗과 사귀는 것, 훌륭한 친구와 사귀는 것, 훌륭한 도반과 사귀는 것이야말로 청정한 삶의 전부에 해당한다. 아난다여, (……) (그것은) 여덟 가지의 성스러운 길을 닦고 여덟 가지의 성스러운 길을 익히는 것이다."(전재성 역저, 『오늘 부처님께 묻는다면: 한 권으로 읽는 쌍윳따니까야』, 한국빠알리성전협회, 2002, 335~336쪽)

벗과 친구와 도반, 이것은 가족삼각형 안에선 존재하지 않는다. 세존의 말은 이것이 불가피한 대안이 아니라 가장 성스러운 길이라는 것. 이 길은 다른 게 아니라 돈과 가족이라는 가치에서 벗어나야 하고 몸의 안일함을 벗어나야 하고, 정신적 의존성을 벗어나야 한다. 한마디로 지혜를 갈고닦는 수행의 길이 바로 그것이다. 또 제빵왕 김탁구가 보여 주었듯이 이 길 위에서는 반드시 스승과 도반을 만나게 되어 있다. 왜냐하면 우주적 차원에서 볼 때, 배움과 만남은 같은 율동으로 움직이기 때문이다. 고로, 지혜와 공동체는 하나다! 지혜와 공동체가 오버랩되는 순간, 이전과는 전혀 다른 리듬과 강밀도로 살아가게 된다. 하여, 이보다 더 좋은 개운의 기술은 없다!

팁 하나. 일간이 뭐건, 사주팔자가 어떤 격과 형식을 가졌건 간에 인간이라면 누구나 취해야 하는, 또 취할 수 있는 보편적 용신이 있다. 약속과 청소다! 약속을 지킨다는 건 시공간과 몸이 일치한다는 뜻이다. 또 말과 행을 일치시킨다는 뜻이다. 그러기 위해선 지킬 수 없는 약속은 하지 말아야 한다. 약속을 지키는 건 소통의 핵심이다. 약속을 지키지 않고서 좋은 관계를 맺는다는 건 불가능하다. 명리학적으로는 식상이 관성을 극하는 코스가 아니라, 재성을 통해 관성을 북돋아 주는 코스를 밟는 것이다. 비겁–식상–재성–관성으로 이어지는 과정에 쓸데없는 잉여를 쌓아 두지 않는 것이다. 몸 안에 잉여가 쌓이면 담음이 되고 어혈이 되고 종양이 된다. 마찬가지로 동선과 관계에 찌꺼기가 쌓이면 그것이 불신과 분노, 그리고 폭력으로 이어진다. 그래서 약속을 지킨다는 건 내가 살아가는 시공간을 청정하게 만드는 일에 해당한다. 청소가 중요한 이유도 거기에 있다. 유불도를 막론하고 동양의 공부법은 청소를 '쿵푸'功夫의 기초로 삼았다. 쓸고 닦고 정돈하고… 사찰에 가 보면 알겠지만 구도자들은 무엇보다 청소의 달인들이다. 밥풀 하나도 남기지 않고 다 먹어야 하는 발우공양을 수련의 중요한 코스로 삼는 것도 같은 맥락이다. 요컨대, 약속과 청소, 이 두 가지만 잘 지켜도 인생역전은 어느 정도 가능하다. 아니, 이 두 가지를 지키지 않고 좋은 삶을 살기란 불가능하다. 그런 점에서 가장 보편적이고도 가장 쉬운 용신에 해당한다.

하지만, 우리 시대엔 가장 절실한 용신이기도 하다. 현대인들은 식상과다의 상태에 빠져 있다. 지킬 수 없는 약속을 남발하고, 책임질 수 없는 말들을 쏘아 댄다. 말과 행 사이의 간극이 너무 크다. 그럴수록 몸과 마음의 거리도 멀어진다. 그 간극과 거리에서 탄생하는 무수한 질병과 번뇌들! 이것들에서 벗어나고 싶다면 아주 간단하다. 약속을 지키는 훈련을 하면 된다. 어떤 과정을 거쳤건 일단 말로 내뱉은 일에 대해선 지키기 위해 최선을 다하라. 또 지킬 수 없는 일에 대해선 침묵하라! 동시에 청소를 일상화하라. 현대인들은 청소를 할 줄 모른다. 화려하고 멋진 집과 건물을 갈망하면서 정작 그런 공간을 소유하고 나면 쓰레기통처럼 취급한다. 사방에 짐을 늘어놓고 그 위에 또 새로운 상품들을 쌓아 둔다. 일 년 동안 한 번도 만지지도 쓰지도 않는 물건들이 사방 곳곳에 방치되어 있다. 궁전 같은 집에서 거지처럼 사는 존재들! 그러고서 위생을 따지고 질병이 없기를 바란다면 그것처럼 우스꽝스러운 일도 없을 것이다. 게다가 요즘은 학교에서도 청소를 가르치지 않는다. 학부모나 청소업체가 대신해 준다. 급식을 먹을 때도 그렇다. 제멋대로 먹고 마구잡이로 버린다. 청소의 윤리, 음식에 대한 예의를 가르칠 엄두도 내지 못한다. 공부의 생기초를 배우지 못하는 학교라니, 이것은 학교가 아니다!

참, 이래서 역설적으로 현대인들에겐 최고의 용신이 된다. 자기 팔자가 팍팍하다고 느낀다면, 이유 없이 몸이 아프고 마음이 괴롭다면, 다른 건 일단 제쳐 두고 먼저 점검해 보라. 내가 얼마나 시간과 공간에 대한 예의를 갖추고 있는지를. 약속을 지키고 청소를 잘 하고 있는지를. 산다는 건 별 게 아니다. 시공간이 곧 나다. 시공간과 내가 조응하는 만큼이 곧 나의 일상이다. 고로, 일상의 구원은 약속과 청소로부터 온다!

운명애 — 고전에서 배우는 '창조의 기예'

삶을 '있는 그대로' 보는 것이 지혜의 출발이라고 했다. 있는 그대로 본다는 것은 '지금, 여기'를 오롯이 주시한다는 뜻이다. "더울 때는 더위가 되고, 추울 때는 추위가 돼라!" "배고프면 밥 먹고 졸리면 잔다" "평상심이 도道다!" 등의 선사들의 경구가 그런 경지에 대한 표현이다. 하지만 이것은 아주 종종 체념과 수동성으로 오인되기도 한다. 즉, 분노와 열정을 다 포기하고 대충 살라는 의미로 받아들이는 것이다. 물론 아니다. 오인일뿐더러 원래의 뜻과는 정반대로 읽은 것이기도 하다. 대충 살아서는 결코 저와 같은 일상을 연출할 수 없기 때문이다. 우리의 통념과는 달리 운명을 있는 그대로 받아들이기 위해선 표상의 그물을 뛰어넘는 아주 역동적인 사유가 필요하다. 자아는 물론 가족, 혈연, 국가 등의 표상들이 형성하는 장벽을 벗어나 그야말로 우주적 인과 속으로 들어가야 한다. 결정적으로 과거-현재-미래로 이어지는 시간적 선형성을 탈피해야 한다. 즉, 과거-현재-미래는 직선으로 연결되어 있지 않다.

통상적인 우주론은 우주가 단일하고 확정적인 역사를 지녔다고 전제한다. 우리는 그 역사가 과거에서 미래로 어떻게 진행되는지를 물리법칙들을 써서 계산할 수 있다. 이런 연구방법을 일컬어 '순행적' 연구법이라고 한다. 그러나 우리는 파인만 역사 합에 의해서 표현된 양자적 본성을 감안해야 한다. 그러므로 우주가 현재 특정 상태로 있을 확률 진폭은 무경계 조건을 만족시키고 그 특정 상태를 종착점으로 가진 모든 역사들의 기여를 합함으로써 얻어진다. 바꿔 말해서, 우리는 우주의 역사를 과거에서부터 현재로 추적하지 말아야 한다. 왜냐하면 그런 순행적인 추적은 잘 정의된 출발점과 진화 과정을 가진 단일한 역사의 존재를 전제하기 때문이다. 오히려 우리는 역사들을 역행적, 즉 현재에서부터 과거로 거슬러 올라가면서 추적해야 한다. (……) 현재 우주의 다양한 가능 상태들에 대응하는 다양한 역사들도 있을 것이다. 그러므로 우리는 우주론과 인과관계에 대한 생각을 근본적으로 바꿔야 한다. 파인만 합에 기여하는 역사들은 독립적으로 존재하지 않고, 오히려 무엇이 측정되느냐에 의해 존재한다. 역사가 우리를 창조하는 것이 아니라, 우리가 관찰을 통해서 역사를 창조한다.(스티븐 호킹·레오나르드 믈로디노프, 『위대한 설계』, 전대호 옮김, 까치, 2010)

복잡한 추론과정이 있긴 하지만, 내용인즉슨 과거에서부터 현재를 추적하지 말고 현재에서 과거로 거슬러 올라가라는 것이다. 그러면 뭐가 달라지는가? 역사가 우리를 창조하는 것이 아니라, 우리가 관찰을 통해서 역사를 창조한다! 이것이 양자역학이 말하는 시간법칙이다. 개인의 삶도 그러하다. 인생에는 오직 현재만이 있을 뿐이다. 그 현재가 과거를 추적하고 미래를 창조한다. '지금, 여기'를 어떻게 사느냐에 따라 과거가 끊임없이 재구성된다는 뜻이다. 따라서 있는 그대로 본다는 건 과거와 미래에 끄달리지 말고 오롯이 현재에 집중하라는 뜻이다. 일단 그렇게만 되면 누구든 자신의 삶을 사랑하지 않을 수 없게 된다. 알면 사랑하게 되고, 그때의 사랑은 '창조의 기예'로 이어진다. 요컨대, 운명애란 삶을 끊임없이 창조하는 과정에 다름 아니다. 여기가 바로 개운법의 클라이맥스이자 대단원이다. 운명을 사랑하게 되는 사람은 절대 팔자타령에 빠지지 않는다. 신영복 선생님 말씀대로 햇빛 한조각만으로도 "태어나지 않은" 것보다 '훨씬 좋다!'고 느낄 수 있기 때문이다. 하지만 보다시피 이것은 수동적 만족감이 아니라 고도의 지성과 치열한 실천을 수반하는 여정이다.

다시 말해, 운명애를 터득하려면 일상의 현존성을 놓치지 않는 치열한 훈련, 그리고 몸과 우주가 상응하는 원대한 비전 탐구가 함께 이루어져야 한다. 고전의 위대한 멘토들과 접속해야 하는 이유도 거기에 있다. 왜 하필 고전인가? 아주 구체적인 이유가 있다. 앞에서도 짚어 보았듯이, 최근 소셜 미디어 시대에 대한 경고 및 생존전략에 대한 저서와 비평들이 심심치 않게 나오고 있다. 그 담론들의 공통적 메시지는 실제 현실을 주시하라는 것. 덕분에 '활동력'과 '진정성' 같은 아날로그식 용어들이 새로운 화두로 부상하고 있다. 그런 가치들은 무엇으로 표현되는가? 몸이다. 활동력이나 진정성 등은 신체적 감응력이 없이는 불가능하다. 그래서 미국 IT업계 엘리트들은 자신의 아이들을 인터넷이 통하지 않는 대안학교로 보낸다고 한다. 그럼 그곳에선 무엇을 하는가? 모든 것을 직접 '몸'으로 한단다. 요리와 청소는 기본이고 뜨개질을 하고 삽질을 하고 목공을 하고… 그것만이 대안이라고 본 것이다. 정보의 바다에서 익사하지 않으려면 무엇보다 몸의 순환과 소통이 중요하다는 것을 이제 알아차린 것일까. 결국 아날로그를 넘어 아주 원초적인 방식으로 회귀하고 있는 셈이다. 영화 〈아바타〉가 예고했듯이, 바야흐로 오래된 것과 미래적인 것, 신화적인 것과 전위적인 것이 '뫼비우스의 띠'처럼 서로 연결되는 시대가 도래한 것이다.

자, 이쯤 되면 왜 고전을 읽어야 하는지 대강 감이 올 것이다. 누구나 알고 있듯이, 고전은 존재와 세계에 대한 비전탐구다. 거기에는 인생과 자연, 그 '사이에서' 벌어지는 생극(상생과 상극)의 드라마가 펼쳐진다. 그 역동적 힘과 지혜를 길어 올리지 않고선 이 디지털 시대를 통과할 방도가 없다. 교양의 습득이나 자기계발 따위는 사치에 속한다. 그런 것을 위해서라면 굳이 고전이라는 심연을 탐구할 필요가 있을까. 스마트폰 안에 넘치고 또 넘치는 것이 그런 유의 것인데. 지금 우리가 고전을 읽어야 하는 이유는 훨씬 더 절박하고, 또 절실하다. 정보의 바다에서 익사하지 않기 위하여, 현실적 소통의 현장을 확보하기 위하여, 고독과 소외의 늪에서 벗어나기 위하여… 누구든 언제 어디서든 고전을 읽어야 한다! 고전이 전해 주는 인생과 우주의 지혜가 아니고선 이 끔찍한 예속상태로부터 벗어날 수가 없는 까닭이다. 아, 물론 이게 다가 아니다. 훨씬 더 구체적으로 말할 수 있다. 치매와 암을 예방하기 위해서, 우울증과 분열증에 걸리지 않기 위해서, 무엇보다 스스로의 힘으로 건강한 일상을 유지하기 위해서, 궁극적으로 생명의 능동적 네트워크를 위해서 다름 아닌 고전의 멘토들과 접속해야 한다.

접속의 방법도 아주 구체적이어야 한다. 먼저 소리를 통해 내 몸에 스며들게 해야 한다. 낭송과 암송이 바로 그것이다. 텍스트의 의미를 잘 몰라도 상관없다. 계속 읽다 보면 문득 뜻을 깨치기도 하고, 이전과는 전혀 다른 방식으로 뜻을 새길 수도 있다. 한번 생각해 보라. 디지털 세대는 뭔가를 기억하기 위해 몸부림쳐 본 경험이 없다. 교육의 영역에서도 암기는 점차 사라져 간다. 주입식 교육의 폐해라는 명목으로. 미리 말하지만 주입식과 암기는 동일한 말이 아니다. 암기, 더 정확히 말해서 암송은 인류의 가장 보편적이고도 탁월한 교육법이었다. 독서란 책을 소리 내어 읽는 것이고, 궁극적으로는 텍스트의 모든 내용을 토씨 하나 빼지 않고 외우는 것이었다. 아니 외운다는 말은 부적합하다. 텍스트와 신체가 한몸이 된다는 표현이 더 적절할 것이다. 그냥 몸에 착! 달라붙어 입에서 술술 나와야 한다. 호메로스의 『일리아드』, 『오디세이』를 비롯하여 사서삼경, 불경과 성경 등 인류의 위대한 고전은 다 암송을 통해 구전되어 왔다. 하지만 지금의 독서는 오로지 눈으로 스윽 훑는 것이고 각종 리뷰를 클릭하는 일에 불과하다. 이런 식이라면 사람들의 뇌세포는 급격하게 퇴화할 수밖에 없다. 따라서 생각건대, 암송은 다시금 미래적 대안으로 부상하게 될 것이다. 필사 또한 좋은 방법이다. 고전 속에서 깊이 촉발되는 '씨앗문장'들을 베껴 쓰는 것이다. 손으로 꾹꾹 눌러 쓰노라면 텍스트에 대한 새로운 체험을 하게 된다. 내용으로 환원되지 않는 문장의 호흡이나 리듬도 익힐 수 있다.

연극도 좋은 방법이다. 연극은 종합예술이다. 노래와 춤, 이야기가 뒤섞인다. 작품을 함께 완성해 가면서 참가자들은 고전을 '온몸으로' 체험하게 된다. 고전의 지혜가 앎의 축제이자 향연이 되는 순간이다. 낭송과 필사, 연극과 페스티벌 등을 거치다 보면 최후의 관문이 기다리고 있다. 글쓰기가 바로 그것이다. 고전의 지혜와 나의 삶이 '화학적으로 융합되는' 절정의 순간이기도 하다. 쉽게 말하면 쿵푸를 익히려면 설명을 듣고 시범동작을 본 다음, 반드시 직접 해보아야 한다. 듣고 볼 때는 멋지지만 내가 직접 하면 아주 엉성하기 이를 데 없다. 하지만 그것이 나의 쿵푸다! 거기서부터 스승의 쿵푸에 대한 변주가 시작되는 것이다. 지성의 훈련 또한 이와 다르지 않다. 대중이 평생 지식인의 말을 듣고 글을 읽기만 한다면 그건 아주 불평등한 배치다. '대중지성'이란 지식인이 대중이 되는 것이 아니라, 대중이 지성의 주체가 되는 것이다. 그렇다면 당연히 보고 듣고 암기하고 베끼고 한 다음엔 스스로 글을 써야 한다. 발산과 수렴의 동시성! 오행의 모든 기운을 다 응집해서 써야 하기 때문에 용신으로도 최고다. 따지고 보면 글쓰기만큼 보편적인 공부도 없고 글쓰기만큼 원초적 욕망도 없다. 생각해 보라. 붓다와 공자, 예수는 다 호모 로퀜스(언어적 인간)였다! 덧붙이면, 글쓰기가 아니면 동양의 지혜가 현대인들의 현장에 개입하기란 결코 가능하지 않다. 지금, 이 책의 테마인 사주명리학만 해도 그렇다. 여기 담긴 지혜가 세상 속으로 들어가려면 인문학적 프리즘을 통과해야만 한다. 이때의 인문학이란 담론과 언표의 배치를 의미한다. 다시 말하면, 사주명리학을 인문학적으로 번역해야 한다는 것이다. 이것은 결국 글쓰기를 통해서만 획

득될 수 있다. 불교나 유교의 가르침 역시 마찬가지다. 동양사상은 '지혜의 바다'다. 하지만 그 지혜들은 시대적 언어와 만날 때 비로소 그 '심연'을 드러낸다. 글쓰기란 이 심연을 항해하고 돌아온 전령사의 생기 넘치는 번역에 다름 아니다.

물론 글쓰기는 어렵다. 단순히 익히는 것이 아니라, 새로운 앎을 창조하는 작업이기 때문이다. 당연히 멘토가 필요하다. 멘토의 도움을 받고 벗들의 격려를 받으면서 쓰고 또 쓰고 고치고 또 고치고… 열 번, 스무 번 '갈고닦다' 보면 스스로 자신의 생각과 글이 만나게 된다. 글쓰기란 이런 고된 훈련의 과정을 반드시 수반해야 한다. 또 이런 과정을 거치면 누구든지 쓸 수 있다. 믿기지 않겠지만, 사실이다. 실제로 지난 십여 년 동안 우리 공동체(감이당&남산강학원)에선 이런 과정을 거쳤고, 그렇게 해서 낸 책이 『고전 톡톡』(채운·수경 엮음), 『나는 왜 이 고전을』 등이다. 이 책들에는 동서양 고전에 대한 밀도 높은 리뷰가 들어 있다. 하지만 이것은 단순한 고전안내서가 아니라, 고전읽기가 그 자체로 우정과 배움의 네트워크임을 말해 주는, 그리고 그 네트워크를 통해 글쓰기 멘토링이 어떻게 이뤄질 수 있는지를 보여 준 실험보고서에 해당한다.

"공부가 독이 되지 않으려면, 세상으로부터 받은 지식을 세상 속으로 다시 순환시켜야 한다. 고전이 우리가 받은 선물이라면, 이 글들은 그 선물에 대한 우리의 답례다." 『고전 톡톡』

의 편저자 채운의 말이다. 고전은 이렇듯 우주적 순환의 과정이다. 앎이 삶을 창조하고, 다시 그 삶이 새로운 앎으로 변주되는 지혜의 인드라망! 이 매트릭스 안에서는 누구든 자신의 운명을 온전히 긍정하고 사랑하게 될 것이다. 팔자타령이 운명애로 도약하는 이 눈부신 향연을 누가 감히 거부할 수 있으리오.

부록

천간 탐구생활

캐릭터로 보는 천간 이야기

김혜미 ○

고대 중국인들은 하늘에 열 개의 태양이 있다고 믿었다. 그 열 개의 태양을 여신 희화羲和가 돌보았다. 그녀는 매일 태양을 하나씩 씻겨 하늘로 올려 보내 어제의 태양과 맞교대시켰다. 그런데 요 임금이 나라를 다스리던 시절, 열 개의 태양이 모두 하늘에 떠오른 적이 있다. 작열하는 태양에 온 세상이 아비규환의 불가마가 되자, 천신 예羿가 나타나 나머지 아홉 개의 태양을 쏘아 버렸다. 그때부터 하늘에 단 하나의 태양이 떠 있게 되었다.

○ **김혜미** 15년차 편집자. 북드라망의 구(舊) 정직원, 현(現) 전직원. 사주명리학을 비롯, 동양 고전 공부를 좋아하고, 토끼 두 마리를 키우고 있다.

이 신화는 고대 중국의 세계관을 엿보게 한다. 그들은 하늘에 열 개의 태양이 있어 하나씩 세상에 나타난다고 믿었다. 이 때 열흘 간격으로 순서대로 태양이 떠오르는데 거기에 이름을 붙인 것이 바로 십간十干인 갑·을·병·정·무·기·경·신·임·계甲乙丙丁戊己庚辛壬癸이다. 이 열 개의 천간天干은 날짜가 정해지는 기준이 되었는데, 열흘을 한 주기로 묶어 순旬이라고 한다. (……) 천간은 하늘에 속한 음양오행陰陽五行의 기운이다. 하늘의 기운이 음양오행 원리에 따라 전개되는 것을 보고 법칙을 세운 것으로 목·화·토·금·수 오행이 각각 음과 양으로 전개된다.(류시성·손영달, 『갑자서당』, 북드라망, 2011, 154~155쪽)

천간의 열 글자는 이렇듯 양陽과 음陰으로, 그리고 목화토금수의 오행으로 나눌 수 있습니다. 우선 갑과 을은 목기운(갑목/을목), 병과 정은 화기운(병화/정화), 무와 기는 토기운(무토/기토), 경과 신은 금기운(경금/신금), 임과 계는 수기운(임수/계수)에 속합니다. 또 각 기운의 앞자리에 있는 갑·병·무·경·임甲丙戊庚壬은 '양'에 속하고 을·정·기·신·계乙丁己辛癸는 '음'에 속합니다. 그런데 여기서 한 가지 더 고려해야 할 것은 오행으로만 보면 목·화는 양, 금·수는 음에 속한다는 점입니다.

천간의 합과 충은 이 음양과 오행의 관계에 의해서 이뤄지는데요, 상극관계의 오행 중 음양이 같은 것끼리 충을 합니다.

즉 양의 목기운인 갑목은 같은 양의 기운이자 (오행 상극도에서 목은 토를 극하므로) 토기운인 무토와 충을 합니다. 이것을 갑무충이라고 하지요. 또 합의 경우는 모두 "열 개의 천간을 순서대로 배열하여 원을 만들었을 때 마주보는 천간 간에" 일어납니다. 그러면 다섯 개의 합이 만들어지는데요, "이것은 모두 정관, 정재의 관계로 이루어져 있"(안도균, 『운명의 해석 사주명리』, 북드라망, 2017, 328쪽)습니다. 합과 충은 옆쪽 도표를 참조하셔요.

천간의 특징

천간	갑을 甲乙	병정 丙丁	무기 戊己	경신 庚辛	임계 壬癸
오행	목木	화火	토土	금金	수水
계절	봄	여름	환절기	가을	겨울
방위	동東	남南	중앙	서西	북北
색깔	청靑	적赤	황黃	백白	흑黑
특성	곡직曲直 발생發生 생장生長 승발升發	염상炎上 성장成長 무성茂盛 추진推進	가색稼穡 조화 매개	종혁從革 수렴收斂 변혁 차가움 조절 정결	윤하潤下 자윤滋潤 하향下向 폐장閉藏 한량寒凉 침정沈靜

천간의 합충

천간합	갑기합토(甲己合土), 을경합금(乙庚合金), 병신합수(丙辛合水), 정임합목(丁壬合木), 무계합화(戊癸合火)
천간충	갑경충(甲庚沖), 갑무충(甲戊沖), 을신충(乙辛沖), 을기충(乙己沖), 병임충(丙壬沖), 병경충(丙庚沖), 정계충(丁癸沖), 정신충(丁辛沖), 무임충(戊壬沖), 기계충(己癸沖)

그럼 천간의 음양과 오행에 대한 것을 살포시 기억해 두시고, 이제 우리에게 익숙한 드라마 속 캐릭터를 통해 그 특징을 본격적으로 살펴 보도록 하겠습니다.

갑甲목: 드라마 <이상한 변호사 우영우>의 동그라미

천간의 첫번째 주자답게 갑목은 시작의 아이콘입니다. 뭐든 시작을, 또는 시작은 잘하죠. 뒷일은 나중에 생각합니다(생각을… 하기는 할 것입니다. 아마도…). 앞뒤 잴 것 없이 손과 발이 먼저 나가는 스타일이랄까요. (아직 친구도 아닌) 우영우를 괴롭힌 같은 반 애의 뒤통수부터 날리고 보는 〈이상한 변호사 우영우〉의 동그라미는 갑목처럼 거침이 없습니다. 말이 뭐가 필요한가요. 일단 지르고 봅니다(그래도 목기의 인정과 따뜻함에서 비롯된 것이긴 합니다). 마음에 두고 있던 권모술수 권민우가 영우의 변호사 친구 최수연과 썸을 타는 것을 보고는 대뜸 "나야, 선녀야?" 하고 묻는 것처럼 때론 자기만의 속도로 앞질러 나가는 것이 문제라면 문제이긴 합니다.

을乙목: 드라마 <나의 해방일지>의 염기정

위로만 솟아오르는 갑목과 달리 을목은 사방팔방 못 가는 곳이 없습니다. 뛰어난 적응력으로 엄청난 생명력을 과시하는 을목. 〈나의 해방일지〉의 염기정은 자신만 (사귀지 않고) 건너뛴 직장상사, 고백했다 차인 남자(나중엔 결국 사귀게 됩니다만)는 물론 '품행불량'으로 호가 나 있었던 여고 동창이자 그의 누나, 심지어 그의 사춘기 딸처럼 뻴쭘하기 그지없을 듯한 관계와도 얽히고설키는 데 두려움이 없습니다. 고백도 실패, 고백 실패에 대비한 할리우드 액션에도 실패했지만 "이 나이에도 무럭무럭 자란다. 이렇게 또 하나의 두려움을 까부숩니다. 아무것도 아니네. 극복할 수 있다!"는 기정. 을목 네버 다이!

병丙화: 드라마 <이상한 변호사 우영우>의 이준호

병화의 물상은 태양. 밝고 환하며 어디에서든 눈에 뜨이죠. 인의예지신 중 화는 예에 속하므로 일간이 병화인 사람들은 예의도 바르고 매너가 몸에 배어 있습니다. 고로 사람들에게 인기도 있구요. 우영우가 동그라미에게 이준호를 찾으라면서 특징으로 '잘 생겼다', '인기가 많다'를 꼽은 것은 병화를 찾으라고 한 것이나 마찬가지였었죠. 발산하는 기운을 가졌으므로 감정을 잘 드러냅니다. 우영우를 보는 눈에서는 꿀이 뚝뚝 떨어지고, 자신의 마음을 모르는 우영우에게 "섭섭한데요?"라며 서운함을 감추지도 않습니다. 아직 사귀는 사이가 아니라는 우영우의 말에 앙탈을 부리기도 하는 한편, 작은 실수도 놓치지 않고 바로 사과하는 이준호는 병화의 베스트!

정T화: 드라마 <이상한 변호사 우영우>의 최수연

정화의 물상은 촛불 또는 달빛이지만 〈이상한 변호사 우영우〉에서 우영우가 말하는 '봄날의 햇살'은 정화 그 자체라고 할 수 있겠습니다. 더 이상의 설명이 필요하지 않을 것 같네요. "너는 나한테 강의실의 위치와 휴강 정보와 바뀐 시험 범위를 알려주고 동기들이 날 놀리거나 속이거나 따돌리지 못하게 하려고 노력해. 지금도 너는 내 물병을 열어 주고 다음에 구내식당에 또 김밥이 나오면 나한테 알려주겠다고 해. 너는 밝고 따뜻하고 착하고 다정한 사람이야. 봄날의 햇살 최수연이야."

무戊토: 드라마 <이상한 변호사 우영우>의 정명석

높은 산을 상징하는 무토. 한 자리에 머물러 있으며, 산으로 찾아오는 모든 것들을 받아들이는 무토는 포용력의 상징이기도 합니다. 〈이상한 변호사 우영우〉의 정명석은 "자기소개 하나 제대로 못하는" 우영우를 처음에는 거부하지만 이내 우영우가 "보통 변호사가 아니"란 걸 알아보며, 자폐 스펙트럼을 가진 변호사를 보고 고개를 갸웃하는 의뢰인들에게 "서울대 나왔습니다", "수석 졸업"이라며 우영우의 산이 되어 줍니다(심지어 병상에서까지도요). 웬만한 일은 티를 내지 않기에, 법정에서 쓰러지고 나서야 동료들은 그가 위암 진단을 받았음을 알게 되는데요. 흔들리지 않는 편안함이 남들이 무토에게 느끼는 장점이지만 자신에게는 단점이 되기도 한답니다.

기己토: 드라마 <나의 해방일지>의 염창희

무토가 자연 상태의 땅이라면 기토는 밭이나 정원처럼 인간의 의지가 개입된 땅이라고 할 수 있습니다. 그래서 무토에 비해 기토는 계획적이고 현실적이죠. 회식자리에서 자신에게 호감을 보인 회사 동기와 당장에라도 일을 낼 것처럼 보였던 〈나의 해방일지〉의 염창희는 술자리가 파하자 술이 깨기도 전에 바로 현실로 돌아옵니다. "끌어야 되는 유모차 있고, 보내야 되는 유치원 있는 그런 여자"에게 자신은 "그걸 해줄 수 없는 남자"란 걸 자각했기 때문이죠. "긴 세월을 어떻게 계획을 세우냐"며 (무려 밥상머리에서) 아버지에게 대거리를 한 창희지만 사실은 계획 자체를 세울 수 없는 자신이 답답했던 것은 아닐까요?

경慶금: 드라마 <이상한 변호사 우영우>의 권민우

결과를 내는 오행인 금, 그중에서도 경금은 아직 모양이 잡히지 않은 쇳덩이로, 단단하지만 투박합니다. 본인 기준의 선악, 시비, 호오가 분명한 것도 경금의 특징이지만, 때로는 지나쳐 융통성이 부족하다는 이야기를 듣기도 합니다. 자폐를 가진 변호사로서의 한계를 느끼고 사표를 제출한 채 출근하지 않고 있는 동료 변호사 우영우를 기다려 주고 있는 상사 정명석을 찾아가 "우영우 변호사 페널티 받습니까? 사직서는 왜 아직 처리를 안 하시는 겁니까?"라고 묻는 〈이상한 변호사 우영우〉의 권민우에게서 이러한 경금의 면모가 보입니다. 하지만, 찔러도 피 한 방울 나올 것 같지 않던 권모술수 권민우(경금)도 봄날의 햇살 최수연(정화)에게 지져(?)지자 조금씩 영글며 의리의 경금으로 거듭나는데요, 이러한 변신의 가능성이 경금의 매력이기도 합니다.

신辛금: 드라마 <나의 해방일지>의 염미정

신금은 예민하고, 예리하고, 예쁘기까지 합니다(편의상 '3예'라고 하겠습니다). 〈나의 해방일지〉의 염미정을 신금의 '3예'를 모두 갖춘 캐릭터로 볼 수 있겠는데요. 아무에게나 곁을 주지 않는 성격도 딱 신금입니다. 극 전반부에는 감각을 요하는 카드 디자이너였다가 후반부에는 "정확성을 기하는" 카드 발급실에서 일하게 되는데, 직업도 모두 신금스럽죠? 전 애인에게 빌려 준 돈을 떼이고도 받아 내지 못하고 속으로 끙끙 앓으면서 자신을 '찌르'거나 회사 내 불륜 커플을 빠르게 캐치해 내고 확실하게 '찔러' 버리는 것도 신금 그 자체입니다. 사내 동아리 '해방클럽'을 만들면서 염미정은 '뚫고 나가겠다'고 선언하는데요, '찌르기'에 그치지 않고 '뚫기'로 나아가겠다고 한다면 어떻게든 뚫습니다. 그것이 신금입니다.

임壬수: 드라마 <나의 해방일지>의 구씨

아무 움직임도 없이 그저 '물'이기만 한 것 같은 바닷물과 통하는 임수. 그 깊이와 넓이를 가늠할 수 없는 것이 임수의 특징입니다. 아무것도 안 할 수도 있지만 했다 하면 크게 저지른다고나 할까요. 오행상 물[水]이지만 '물'로 보았다간 큰 코 다칩니다. '구'라는 성姓과 알코올 중독 외에는 자신에 대해 어떤 것도 드러내지 않는 〈나의 해방일지〉

의 구씨. 하지만 도랑 멀리뛰기(라기보다는 날아오르기?)에서부터 서서히 밝혀지는 그의 과거는 너무나도 어마어마한 것이었죠. 엄청난 부의 소유자로 밝혀졌지만 그 부는 함부로 드러낼 수 없는 어둠의 세계로부터 비롯된 것들임을 짐작할 수 있습니다. 보이지 않는 곳에서 특출 난 무언가를 키워 내고, 이뤄 내는 임수, 그 '무언가'가 무엇인지가 중요합니다.

계癸수: 드라마 <이상한 변호사 우영우>의 우영우

갑목이 발산의 첫 단계라면, 계수는 수렴의 마지막 단계입니다. 목화토금의 모든 경험이 계수에서 모이기에 계수는 지혜의 상징이기도 하죠. 바위를 휘감고 흘러가는 계곡물처럼 계수는 돌더라도 (어떻게든) 새로운 길을 찾습니다. 그렇기에 계수는 평상시에는 조용하지만 결정적인 순간에 해답을 제시합니다. 〈이상한 변호사 우영우〉의 우영우 역시 기계적으로 법을 적용하기보다는 자신이 좋아하는 고래 퀴즈를 풀듯이 법에 대한 새로운 접근으로 자신이 맡은 사건을 풀어 나가는데요, 자폐 스펙트럼을 가진 '이상한'(extraordinary) 변호사이지만 이슬비처럼 사람들에게 스며드는 것 또한 계수와 닮은 점이라고 할 수 있습니다.

지지 탐구생활

현실세계에서 지지의 모습

김혜미

〔10개인〕 천간과 다르게 지지는 12개다. 이것은 지구의 자전축이 기울어져 있기 때문에 생겨난 것이다. 자전축이 똑바로 서 있지 않기 때문에 태양에너지는 균등하게 오지 않는다. (……) 즉, 천간과 지지 사이에는 시간차가 존재한다는 것이다. (……) 천간과 지지 사이의 엇갈림은 인간사에서도 드러난다. 천간은 정신세계를 지지는 현실세계를 의미한다. 천간이 무형의 세계라면 지지는 유형의 세계다. 하지만 이 무형과 유형의 세계 사이에는 늘 시간차가 존재한다. 마음먹은 일이 곧장 현실이 되지 못하는 이치다.(류시성·손영달, 『갑자서당』, 166~167쪽)

딱 봐도 짝이 안 맞는 천간과 지지. 이 불균형으로 인해 지구도 기울어지고, 천간과 지지로 이루어지는 우리의 팔자도 고르지 못하고 굴곡이 있게 마련입니다. 몸에서는 병으로, 삶에서는 사건과 사고로 나타나지요. 그렇다면 내가 발을 딛고 서 있는 땅[지지]은 어떤 모양을 하고 있을까요?

1) 자子

자는 방향으로는 정북방正北方에 해당하는데요, 정방에 위치한 만큼 많은 사람들의 시선을 받기 때문에 도화살에도 해당합니다. 자시子時는 밤 11시 30분부터 오전 1시 30분, 자월子月은 음력 11월. 각각 하루와 한 해가 마무리되는 시간이자 새로운 시작을 품고 있는 시간입니다. 그래서 자는 새로운 시작이나 생명을 간직하고 있는 씨앗에 비유되기도 하고, 강한 생명력을 상징하기도 합니다. 실제로 쥐의 번식력은 어마어마하지요. 물[子水]의 차가운 성질을 가지고 있는 만큼 예민하고, 음적인 기운을 타서 은밀하고 감추는 것이 많으며, 남들이 모르는 곳에서 노력하는 것 역시 자의 성향입니다.

2) 축丑

축은 오행으로는 토土에 해당합니다. 평생 흙에서 일을 하는 소를 떠올리시면 쉽게 이해가 되실 듯하네요(일단 부지런함은 먹고

들어갑니다). 혹시 그런 장면 보셨을랑가 모르겠네요. 시골길에서 소달구지 뒤를 속 터져 하며 따라가는 자동차를요. 앞질러 갈 수도 없고 아무리 경적을 울려도 아랑곳하지 않고 제 속도에만 맞춰 고집스럽게 걸어가는 소. 그래서 축을 가진 사람은 우직하고 또 고집스럽습니다. 하지만 소를 보고 있으면 마음이 편안해지는데요, 아마 중화나 포용을 뜻하는 토의 기운을 가지고 있는 동물이기 때문이 아닐까 싶네요.

3) 인寅

사주명리에서의 호랑이는 봄을 뜻합니다. 이제 막 시작되는 봄, 그래서 봄의 시작을 알리는 절기인 입춘立春이 인월寅月에 들어 있습니다. 호랑이는 오행상 목木에 속합니다. 민간신앙에서는 호랑이를 산신으로 보기도 하는데요. 나무가 많은 산의 신령인 호랑이, 그래서 호랑이는 나무인 것입니다(라고 저는 생각합니다). 호랑이는 아시다시피 용맹스럽고 신출귀몰함이 특징입니다. 일제강점기 때 호피를 위해 대대적인 호랑이 사냥이 시작되고, 또 한국전쟁으로 휴전선이 생기기 전에는 태백산맥을 따라 호랑이들이 한반도와 만주벌판을 오갔을 만큼 활동성이 큰 동물인데요, 그래서 그런지 사주에서 인은 역마살에 배속됩니다.

4) 묘卯

'묘'가 토끼인 것은 다들 아시지요? 정동쪽에 해당하는 묘 역시 자처럼 도화살에 해당하는데요. 토끼는 정말 한 떨기 꽃처럼 동서남북 어느 방향에서 보더라도 정말 예쁩니다(그래서 묘는 천간의 을목과 비슷한 작용을 합니다. 인이 쭉 뻗은 갑목이라면 묘는 화초에 해당하는 을목). 인월이 시작되는 봄이라면, 묘월卯月은 봄의 절정입니다. 그래서 사방이 봄의 경지에 이르렀기에 사람들을 홀리게 되는 진정한 도화의 계절이라는 것을 믿어 의심치 아니할 수 없는 것이지요. 토끼는 예민하기가 이루 말할 수가 없습니다. 먹이사슬 구조상 가장 하위에 속한 동물로 살아야 하기 때문에 작은 소리에도 민감하게 반응하고 호기심을 보입니다. 경계심도 강하고요. 사주에 묘를 가진 사람도 타인에게 쉽게 마음을 드러내지 않고 의심하는 경향이 있다고 합니다. 하지만 그러면서도 한번 친해지면 모든 것을 줄 정도로 마음을 풀어 버리는 것도 '묘'의 특징이라고 합니다.

5) 진辰

자-축-인-묘를 지나 진의 차례가 왔습니다. 자는 수, 축은 토, 인과 묘는 목, 진은 토인데요, 그렇다면 진 뒤에 오는 사巳는 목·화·토·금·수 오행 중 어디에 해당할까요? 정답은 화입니다. 왜 이런 이야기를 하는고 하니 수기운에서 목기운으로 전환될 때 그리고 목기운에서 화기운으로 넘어갈 때 그 사이에서 기운들이 잘 변할 수 있도록 도와주는 기운이 토기운들입니다. 토는 중재의 귀재거든요. 이런 식으로라면 사 뒤의 오午도 화에 속하게 되겠죠? 그리고 사, 오 이렇게 화의 기운이 다했으니 이젠 토의 기운 미未가 올 차례이고, 다음은 금의 기운인 신申과 유酉, 다시 토인 술戌 다음에는 물의 기운인 해亥, 그리고 다시 자-축-인-묘…가 이어지게 되는 것이지요. 진은 다가올 불의 시대를 준비하는 역할을 합니다. 청명과 곡우가 들어 있는 진월辰月에는 촉촉한 봄비가 곡식을 자라게 하고, 아침 7시 반에서 9시 반에 해당하는 진시辰時에 대개의 사람들은 자고 일어난 부스스한 모습을 버리고 환골탈태하여 직장으로 향하지요. 모두 진의 힘입니다! 진은 축과 함께 명예살에 해당합니다. 용처럼 자존심이 강하고 원리원칙을 중시한다고 하네요. 『조선왕조실록』을 보면 간혹 "호랑이 머리를 한강에 담그다"라는 기록이 있는데요. 이는 비를 주관하는 용왕[辰]을 달래서 비를 내리게 하기 위함이었다고 합니다. 비와 관련되어 있지만 진은 수가 아니라 토라는 거 꼭 기억하세요!

6) 사巳

뱀을 뜻하는 사는 양기의 상징입니다. 『조선왕조실록』 연산군조를 보면 경기관찰사 윤금손이 전교(왕의 명령)에 따라 뱀 한

상자를 바친 기록이 있는데요. 무시무시하게도 그다음에는 "날마다 바치라"는 전교가 떨어졌답니다. 사화士禍에 버금가는 사화巳禍가 아닐 수 없습니다. 뱀은 양기가 넘치다 보니 발이 없어도 잘 다닙니다. 잘 돌아다니다 보니 역마살에 배속되었고, 자유분방하며 남의 간섭을 받는 걸 싫어한다고 합니다. 오전 9시 반부터 11시 반까지가 사시巳時에 해당하는데요, 이 시간은 하루 중 가장 말똥말똥한 정신으로 일을 하는 시간이니, 우리 모두 이 시간을 허투루 보내지 않으면 좋겠죠?

7) 오午

열두 띠 동물로는 말에 속하는 오. 말이라는 동물은 토끼만큼이나 "한 번 보고 두 번 봐도 자꾸만 보고 싶"은 동물이죠. 그래서 오 역시 도화살에 배속된답니다. 또 그만큼 사람들의 눈에 잘 띄기도 하고요. 그래서 오전 11시 반에서 오후 1시 반에 해당하는 오시午時는 하루 중 모든 것이 가장 밝게 드러나는 시간입니다.

사와 함께 오도 오행상 불에 해당합니다. 오월午月은 음력 5월이기도 하며 오가 갖고 있는 불 기운 덕분에 양기가 매우 강한 달이기도 합니다. 성춘향과 이몽룡이 만났던 단오가 속해 있는 달이 바로 '오월'인데요, 단오는 일 년 중 양기가 가장 왕성한 날입니다. 이팔청춘의 혈기왕성한 남녀가 하필 단옷날 만나 버렸으니 불같이 뜨거운 사랑에 빠지지 않으려야 않을 수 없었을 것입니다. 사주에 오가 있는 사람은 불기운 값을 하느라 그런지 다혈질적인 성격이고, 말처럼 활동적이며 자신감이 넘칩니다. 때론 자신감이나 자기표현이 지나쳐 주변 사람과 마찰을 빚기도 하지만 불이라서 정도 많고(따뜻해요^^) 예의(화는 인의예지신 중 예에 속합니다)도 바르다고 합니다. 또, 말이라고 하면 역시 달리는 이미지죠. 그래서 사주에 오가 있는 사람은 한 곳에 머물러 있으면 병이 나는 타입이라고 합니다.

8) 미未

불이 지나갔으니 금기운이 돌아오기 전 토가 나설 때입니다. 그 역할을 하는 것이 미토未土입니다. 계절로 치면 화는 여름, 금은 가을에 해당하는데요, 이 대립되는 계절을 매개하는 것이 미입니다. 미월未月은 음력 6월로 소서小暑와 대서大暑가 끼어 있는 달입니다. 그러니 얼마나 뜨거운 때인가요. 그러나 미의 지장간은 기토, 정화, 을목 그러니까 음간陰干들로만 이루어져 있어 이 음의 기운들이 화기들을 분산시켜 줍니다. 미는 동물로는 양에 해당하는데요. 아시다시피 양은 무리생활을 하는 동물입니다. 그래서 온순하고 사주에 미를 가진 사람도 대체적으로 대인관계가 무난하고, 갈등이 생기면 화해모드를 조성하려고 한답니다. 또 척박한 땅에서도 잘 사는 양처럼 어려운 상황도 꿋꿋이 견뎌 내기도 하고요. 하지만 토기운 때문인지 자기 감정을 잘 드러내기보다는 숨기는 데 더 익숙하고, 감정표현에 서툰 편이라고 합니다.

9) 신申

원숭이를 뜻하는 신. 신은 천간의 경금과 비슷해서 바위산이나 가공하지 않은 무쇳덩어리를 상징합니다. 오행상으로는 당연히 금이고요, 계절로는 이제 막 가을이 시작되는 때로 신월申月에는 입추와 처서의 절기가 들어 있습니다. 그래서 신월은 여름이 마무리되는 달이고 신시申時(15:30~17:30)는 하루의 일이 정리되는 때입니다. 그러나 이렇게 차분한 금의 속성과 달리 신에 해당하는 동물은 촐랑거림의 대명사 원숭이입니다. 원숭이는 잘 까불고 재주도 있고, 한시도 가만히 있지 못하는 동물입니다. 사주에 신이 있는 사람도 이런 면을 그대로 가지고 있다고 합니다. 원숭이처럼 흉내도 잘 내고 처세에도 강하고요, 또 가만히 있질 못하는 그 성격 때문인지 역마살에 해당합니다. 그래서 손오공이 서역에 갔다 올 수 있었나 봅니다. 역마살 덕분에요. 그러고 보니 저팔계[亥]도 역마살 그 자체!

10) 유酉

자·묘·오와 함께 도화살에 해당하는 유! 유는 동물로는 닭입니다. 닭이 어떻게 도화살에 배속이 되었는가… 정설은 '유'가 방위상 정서방에 위치하기 때문입니다. 앞서 설명한 신申이 천간의 경금과 비슷하다면 유는 천간의 신금辛金과 비슷합니다. 그래서 날카롭고 뾰족하고 반짝거리는 금속이나 보석을 상징합니다. 사주에 유가 나란히 붙어 있으면 '유유 병존'이라고 해서 사람의 생명을 다루는 일이나 끼를 발휘하는 직업을 가지면 좋다고 합니다. 제가 아는 분 중에 재성 자리에 유금이 병존되어 있는 분이 있는데요, 실제로 ('사람의 생명'과 관련된) 의학 서적과 논문 에이전시를 운영하십니다. 이분 사주에는 인성이 없는데요. 그래서 사주상담을 받았을 때 공부가 모자라서 의사가 되지 못하고 지금 하는 일을 하게 되었다는 이야기를 들으셨다고 하네요. 어쨌든 '사람의 생명'이라고 해서 다 의사나 간호사가, '끼'라고 해서 다 연예인이 되는 것은 아니라는 것!

11) 술戌

신금, 유금을 거쳐 가을이 끝났습니다. 이제는 계절이 바뀌기 위한 토의 기운이 필요한 때! 겨울을 대비하고 이듬해 봄을 준비하는 시기인 술월戌月에 사람들은 누에를 쳐서 옷을 만들고 동물들은 겨울잠을 자러 땅속으로 들어갑니다. 또 하루 중 술시戌時(19:30~21:30)는 하루를 마치고 잠자리에 들어야 하는 시간이고요. 앞서 말했듯이 술은 오행으로는 토에 해당되고, 토는 오상五常에서 신信에 해당합니다. 동물로는 개를 뜻하는 술은 신信이라는 토의 속성을 그대로 보여 주는 듯합니다. 자신이 좋아하고 믿는 사람에게는 충성을 다하지만 낯선 사람이나 위험하다고 판단되는 사람에게는 한없이 적대적인 것이 또 개라는 동물인데요, 마찬가지로 '술'이 있는 사람은 자신이 좋아하지 않는 사람에 대해서는 냉정하고 못되게 군다고 합니다.

12) 해亥

'해'는 앞에서 잠깐 말씀드렸던 것처럼 역마살에 배속됩니다. 돼지가 그렇게 활동성이 큰 동물이었던가 싶기는 한데 요즘 도심 안까지 진출(?)하는 멧돼지를 보면 역마살이 맞는 것 같기도 합니다. 해월亥月은 음력 10월을 가리키는데 옛날에는 상달上月이라고도 했습니다. 상달이라고 하니 뭔가 기억이 좀 나시나요? 고대국가의 제천행사 이름인데 이런 행사들이 해월에 행해졌다는 겁니다. 왜냐하면 해월은 일 년 농사를 마무리해서 햇곡식과 과일을 수확하는 때였거든요. 먹을 것이 풍족한 이때를 그래서 '상'달이라고 한 것이 아닌가 싶네요. 그리고 이렇게 먹거리가 풍족한 때(해월)에 하필 돼지가 가입(?)되어 있는 것 역시 뭔가 의미심장하지요? '해'는 오행상 수에 속합니다. 특히 차가운 바닷물이나 강물을 상징하는데요. 해를 가진 사람은 수기운이 충만해 영적 능력도 뛰어나고 물이 자유자재로 흐르는 것과 마찬가지로 자유로운 사유를 한다고 합니다.

지지 열두 개, 참 쉽죠? 별것 아닌 것처럼 보입니다. 하지만 이 열두 개의 지지가 우리 팔자(엄밀하게는 팔자 중 네자)를 만들어 낼 수 있는 경우의 수는 무려 20,736가지! 천간까지 합쳐 계산해 보면 팔자가 만들어지는 경우는 518,400가지! 1/518,400의 팔자를 가진 우리의 운명을 탐구할 수 있는 사람은 우리 자신뿐입니다. 지금 시작하세요! Right now!

인성과다형 울목의 해빙(解氷) 유랑기

김 해 완 ○

남산강학원+감이당 연구실에 처음 갔을 때 나는 아직 십대였다. 그때 명리학 공부를 하시던 한 선생님이 내 생년월일시를 묻더니 사주팔자를 해석해 주셨다. 좀 의아했다. 그러니까 앞으로 내 인생은 결정되어 있다는 말인가? 인생의 스텝을 밟아 간다는 것은 결국 시기마다 '복사기 버튼'을 누르는 일이고,

○ **김해완** 십대 때 남산강학원+감이당 연구실에서 인문학 공부와 공동체 생활을 시작했다. 선배들 및 친구들과 읽는 법, 쓰는 법, 같이 사는 법을 익혔다. 2014년, 연구실 MVQ 프로그램을 통해 뉴욕에 가서 3년 동안 세상 공부를 했고, 중남미문학에 빠져 갔던 쿠바에서 엉뚱하게 쿠바의학에 매료되어 의학도가 되었다. 코로나19 팬데믹 이후 스페인 바르셀로나로 근거지를 옮겨 의학 공부를 계속하고 있다. 『뉴욕과 지성』, 『돈키호테, 끝없는 생명의 이야기』 등을 썼다.

'나'라는 존재의 '밑그림'은 결코 바뀌지 않는 것일까?

그 후 나는 십대에서 이십대를 거쳐 삼십대가 되었다. 그 동안 내 청년기가 어떻게 펼쳐졌는지를 떠올려 보면, 음… '복사기 논리'는 틀리지 않았다. 단지 내가 두 가지 사실을 간과했을 뿐이다. 하나는 존재의 밑그림을 바꾸는 것은 고사하고 그게 어떻게 생겼는지 아는 것조차 힘들다는 것이고, 또 하나는 삶에서 매 시기를 넘어가는 과정은 복사기 버튼을 누르는 것보다 더 스펙터클하다는 것이다.

내 사주를 소개해 보겠다. 나는 인성과다형 을목이다. 을목이라 함은 사주팔자의 여덟 글자 중에서 자기 자신을 대표하는 글자인 일간이 그렇다는 뜻이다. 목기이자 음기인 을목은 물상으로 풀, 꽃, 넝쿨을 뜻한다. 여타의 '을목인'乙木人처럼 나 역시 성격이 부드럽지만 고집이 세고 포기를 싫어한다.

을목의 기운은 유연하고 끈질긴 생존력을 필요로 하는 상황에서는 강점이 된다. 이는 내가 해외생활을 하는 동안 유감없이 발휘되었다. 스물두 살 때 나는 '남산강학원+감이당'의 청년 지원 프로그램으로 뉴욕에 가게 되었다. 그곳에서 삼 년 반을 지낸 후에는 하고 싶은 공부를 위해서 쿠바로 유학을 떠났고, 또 다시 삼 년 반이 흐른 후 팬데믹 때문에 쿠바의 생활 사정이 악화되자 그곳을 떠났다. 그 후로는 스페인으로 옮겨 학업을 계속하고 있다.

남들은 묻는다. 어떻게 이 모든 변화를 감당해 내면서 공부를 멈추지 않을 수 있었느냐? 그런데 나는 특별히 애를 쓴 기억이 없다. 유랑 생활이 힘들지 않았던 것은 아니지만, 생활을 간소화하고 이웃들과 최대한 잘 지내며 공부에 집중했더니 어느 곳에서든 하루하루가 흘러갔다. 몸을 낮추고 생존을 중시하며 경직되지 않는 을목의 성향이 잘 들어맞은 경우다.

을목의 기운이 늘 좋을 수만은 없다. 관계에 의존하려는 약한 성향, 미시적인 문제에 매여 전체 그림을 보지 못하는 결점, 상황을 정면 돌파 하지 않고 에둘러 가는 습관이 나에게도 있었다. 전반적으로 봤을 때 나는 인간관계에서 스스로 힘을 갖지 못하는 미숙한 사람이었다. 게다가 나는 내 관심사에 푹 빠져 수많은 생각들을 홀로 유영하는 경향까지 있었다. 결국 나는 주변 사람들이 신경 써서 끼워 줘야 하는, 좀 눈치 없고 모자란 친구가 되었다(내게는 믿음이 하나 있다. 나와 오랫동안 친구해 주는 사람은 성품이 매우 좋다는 믿음!).

나의 미숙함에는 일간뿐만 아니라 다른 글자들도 일조했다. 내 사주는 오행을 다 갖췄음에도 불균형하다. 수 기운이 지나치게 강성하기 때문이다. 태어난 계절이자 가장 센 기운을 뜻하는 월지가 나에게는 자수다. 게다가 원국에 수 기운이 자수 하나만 있는 것도 아니다. 욕망(천간)의 층위에 드러난 임수와 계수가 현실(지지)의 자수에 뿌리를 내리며 수 기운의 세를 공고히 한다. 또 자수 옆에 있는 글자는 축토인데, 내 원국에서 유일한 토 기운이지만 하필 성질이 축축하고 차갑다. 얼어붙어 있는 동토冬土다. 추운 땅의 축토가 추운 샘물의 자수와 만나면 '자축합수'를 이뤄 수 기운이 전체를 지배하게 된다.

수는 목을 생한다. 그래서 목에게 수는 '인성'이다. 인성은 '나'를 길러 주고 채워 주는 힘으로, 어머니, 자격증, 생각, 공부 등을 뜻한다. 그런데 인성이 지나치게 많은 경우, 풀은 뿌리를 내리지 못하고 물 위를 둥둥 떠다니는 부목浮木이 된다.

내 삶은 부목의 특징을 두루 갖췄다. 어렸을 때부터 어머니와 할머니의 보살핌 속에서 자랐고, 어려움에 처할 때마다 조언을 주시는 좋은 선생님들이 주위에 있었다. 독서와 공부는 항상 좋아했다. 상상력을 넓혀 주거나 지적 자극을 주는 장場을 만나면 열심히 뛰어들었다. 덕분에 나는 지금까지 네 개의 국가에서 공부해 보았고, 공부의 세계를 철학에서 의학까지 종횡무진 돌아다녔으며, 일찌감치 글쓰기를 익히고 책도 쓰는 행운을 누렸다.

문제는 이런 행동력이 공부의 영역만 벗어나면 급격히 떨어진다는 것이다. 내 사주에 구석에 박혀서 고립된 글자가 두 개 있다. 생활의 즐거움을 누리는 '식상'의 오화, 또 공적 관계에서 책임을 지는 '관성'의 유금이다. 이들은 내 삶에서 존재감이 미미했다. 혹은 잘 안 풀리는 쪽으로만 존재감을 발휘했다!

내가 가는 식당은 문을 닫거나 음식이 맛없다. 속으로 하고 있는 생각은 많지만 내게는 이를 풀어 낼 말재주가 없다. 손재주까지 없어서 물건을 잃어버리거나 망가뜨리는 일이 잦다. 공적인 직책을 맡으면 인정받았다는 기쁨보다는 책임에 대한 부담이 먼저 온다. 주위 사람들은 이런 나를 보다가 답답해진 나머지 나를 돕겠다고 달려든다. 정말로 나는 사람들이 펴 주는 '물'(도움) 위에서 사는 '풀'이었던 셈이다.

상상력을 발휘하여 내 팔자의 밑그림을 그려 보자. 때는 한겨울(자수), 날씨는 흐리다(임수와 계수). 장소는 작은 돌(유금)이 박힌 얼어붙은 땅(축토)이다. 이곳에 풀들(을목과 갑목)이 삐죽 나와 있다. 그래도 시간은 한낮(오화)인지라, 한 줄기 햇빛 아래에서 얼어붙은 풀이 살아 보려고 안간힘을 쓰는 중이다. 이 장면은 춥고, 정적이고, 심심해 보인다.

그런데 내 삶이 정말 그러했을까? 춥고, 정적이고, 심심했을까? 십대의 내가 지금의 나에게 물어본다면 나는 아니라고 답할 것이다. 세상은 내 팔자보다 넓다. 그리고 이 세상에서 불균형한 존재가 균형을 이룰 수 있는 방법은 하나뿐이다. 타자와 연결되는 것이다. 이 연결을 원하고 실천하는 것은 나의 몫이지만, 그 후에는 그 사람이 내 팔자를 바꿔 준다.

나는 이를 직접 경험해 보았다. 외국을 떠돌던 중, 내가 나의 부족한 말재주를 인정하고 대신 남의 이야기에 더 귀 기울이기로 했던 순간이 있었다. 그러자 내가 길 위에서 마주친 사람들의 이야기가 대신 나의 '식상'이 되었다. 저들의 이야기를 나의 이야기로 받아들이자, 세상의 수많은 삶들은 관념의 바다를 부유하던 내 정신이 뿌리내릴 수 있는 현실이 되어 주었다. 공부 장소를 옮길 때마다 겪어야 했던 시련도 마찬가지였다. 그것은 내 팔자가 잃어버린 '관성'이었다. 누구나 알아주는 고생은 아니었지만, 사회에서 공적인 책임을 지고 살 때 겪어야 할 고생이 이보다 덜하지는 않을 거라고 생각하자 견딜 만했다. 친구들은 내가 버틴 시간을 인정해 주었고, 상황을 견디는 뿌듯함을 알게 해주었다.

마지막으로 나의 넘치는 인성으로 배웠던 글쓰기는 여행의 방향을 잡아 주는 돛이 되었다. 늘 글을 쓰고 있었기에 행복한 경험과 괴로운 경험 모두를 낭비하지 않을 수 있었다. 그러자 익숙한 습관으로 얼어붙어 있던 내면에도 외부 세계를 받아들일 여백이 생겼다. 이제 나는 스스로의 불균형을 없애지는 못해도, 능동적이고 기꺼운 마음으로 사람들과 어울릴 수 있는 '균형 감각'은 얼추 갖추게 되었다. 비유하자면 나의 청년기는 겨울 풀이 해빙되어 가는 여정이었다.

모든 존재, 모든 팔자는 시공간 속에 놓인다. 사주의 원국만큼 중요한 것은 그 원국이 환경과 맺는 관계다. 나의 강점과 약점 모두 세상을 만나는 길이 된다. 그렇다면 밑그림이 변하지 않는다는 게 무슨 문제이겠는가? 그 위로 중첩되는 다른 사람들, 다른 그림들이 무한히 많은데 말이다. 내 사주가 평생 동일하다면 나 역시 스스로를 평생 해빙하며 살아가리라. 부목의 해빙 유랑기는 앞으로도 계속되리라!

네번째 실전시간

경신일주,
홀로 나아가기보다 관계 속에서 조화를 배우다

강민주[○]

나는 올해부터 연구실에 상주하며 공부하기 시작했다. 28세면 지금쯤은 번듯한 직장에 들어가 돈을 벌기 시작할 때가 아닌가. 주변 친구들은 벌써 남자친구와 진지하게 결혼을 이야기하고 있고, '내 집 마련'을 위해 저축과 재테크를 시작하고 있다. 그런데 나에게 결혼과 재테크는 너무도 먼 이야기다.

몇 년간 준비하던 임용고시는 재작년에 진절머리를 내며

○ **강민주** 임용고시 공부를 하다 그만 두고 올해(2022년) '남산강학원 + 감이당' 연구실에 왔다. 인문학 공부와 공동체 생활을 하며 삶의 기술들을 배워 가고 있다. 자본주의의 유년기를 공부하며 인문학 공부의 즐거움을 알아 가고 있다.

접었다. 새로운 인생을 살아 보겠다며 다른 길을 모색하고 있다. 제주로 튀었다가 이 답답한 마음을 공부로 뚫어 보자는 생각이 들어 올해 연구실에 오게 되었다.

공부를 하며 사주를 접하게 되었다. 사주라고 하면 '정해진 운명에 수동적으로 따라가는 거 아니야?'라는 생각이 있었고 그래서 사주를 보러 가거나 관심을 가져 본 적이 없다. 하지만 사주를 공부하고 나니 이럴 수가! MBTI보다 더 정교하고 재미있다. 그리고 신기하게도 사주를 공부하자 내가 겪은 일들이, 나의 욕망과 번뇌가 괜히 일어난 것이 아니었다는 생각이 든다. 제주에 간 일도, 어릴 적 쌈박질을 하고 다녔던 일도 설명이 된다. 소오름! 그럼 사주 초짜가 사주를 통해 어떻게 삶의 지도를 그리기 시작했을까?

나는 일간이 경금庚金, 일지가 신금申金이다. 경금과 신금 모두 계절적으로는 가을이 시작할 때로 여름의 뜨거웠던 열기를 거두며 양기가 음기로 바뀌는 시기이다. 사람의 인생으로 보면 성장하던 것들이 성숙으로 전환할 때인 것이다.

일간과 일지가 모두 양의 기운을 지닌 금의 특성으로 이루어져 있다. 그만큼 양금陽金의 특성이 강해진다는 의미이다. 천간과 지지가 통해 있으니 내 마음이 향하는 방향으로 현실을 만들어 간다는 의미이기도 하다. 그런데 내가 중심이 되고, 내가 하고자 하는 것이 중요하다 보니 주변을 잘 보지 못하기도 한다. 때문에 가을바람이 쌩쌩 불면 춥듯 때로는 주변 사람들의 마음을 춥게 만들기도 하는 것 같다.

어렸을 때부터 주변에 친구들이 많았지만 혼자 있는 시간을 좋아했다. 친구들과 함께 있을 때는 이리저리 날쌔게 다니는 원숭이申마냥 천진난만했다. 그러다가도 혼자 있을 때면 존재적으로 무거워졌다고 해야 하나. 혼자 있는 시간에는 영화를 보러 가거나 세상에 대한 단상들을 다이어리에 적곤 했다. 중학교 때부터 자주 가던 단골 카페가 있었고 영화관 멤버십이 VIP 등급이었을 정도였으니까 말이다. 고독했기 때문에 그랬다기보다 정말 고독을 즐겼던 것 같다.^^;

지금 보니 자신만의 세계를 구획하고 구조화하려는 금의 특성이었던 것 같다. 어렸을 때도, 연구실에서 공동체 생활을 하고 있는 지금도 그런 특성을 보인다. 같이 공부하는 친구들과 재밌게 어울리다가도 옥상으로, 남산으로 홀로 시간을 보내러 간다. 관계가 힘들어서가 아니다. 관계 속에 있을 때는 천진난만하고 활기차게 어울린다. 그런데도 자꾸 혼자 있고 싶어 하는 이 마음은 뭘까, 스멀스멀 올라오는 고독함은 뭘까 하는 생각이 들기도 한다. 어렸을 때부터 보이던 이중적인 모습이 유별나다고 생각하기도 했다. 그런데 일간과 지지의 특성들을 알고 나니 유별나고 이상한 게 아니라 내가 그런 특성을 지닌 사람이구나 싶었다.

하지만 타인과 공유하고 싶지 않은 '나만의 세계'를 구축하겠다는 것은 타인과의 관계에 선을 긋는 것일 수도 있겠다는 생각이 든다. 내 모습의 일부를 보여 주지만 다른 면은 노 터치!라고 신호를 보내는 것이다. 그래서 스스로 만들어 낸 나와 타자 사이의 공간만큼 고독함이 그 공간을 차지하고 있지는 않았을까. 혼자의 세계에서 성찰과 신념의 시간을 보낼지, 망상과 아집의 시간으로 보낼지는 미지수다. 하지만 분명한 것은 공동체에 와서 공부하는 친구들과 깊은 관계를 맺는 만큼 답답했던 마음들이 다듬어지는 쇠처럼 존재적으로 더 명확해지고 시원해지는 느낌이 든다.

금의 성숙함은 청년보다 중년, 혹은 노년의 기운이다. 인생을 어느 정도 겪어 본 중년과 노년의 기운으로 또래에 비해 삶에 대해서 일찍이 깨달음을 얻게 된 것 같다. 그래서일까. 경금은 좋은 지시등의 역할을 한다고 한다. 상황이 어떻게 돌아가는지, 무엇이 문제이고 어떻게 해야 하는지를 자연스럽게 안다는 말이다. 때문에 친구들과 이야기하다 보면 그 친구가 겪는 어려움이 무엇이고 어떻게 하면 좋을지, 혹은 그 친구가 잘하는 게 무엇이고 무엇 때문에 관계에서 어려움을 겪는지 등을 잘 파악하곤 했다.

연구실에서 세미나를 할 때면 친구들의 글을 함께 읽는다. 그런데 신기하게도 글을 집중해서 읽다 보면 이 친구가 무엇을 말하려고 하는데 어디를 더 써 보면 좋겠다라든지, 어느 부분에서 앞뒤 맥락이 잘 이어지지 않는다든지 등이 보인다. 그런데 때로는 글만 보이고 사람이 안 보일 때가 있다. 이론적이고 원리적으로 글에 접근하다 보면 상대방이 어떤 마음으로 무엇을 말하고자 하는지를 보지 못하기도 한다. 그럴 때면 비판적인 시선으로 글을 평가하게 된다. 서로의 글을 읽고 이야기를 나누는 이유는 책과 공부하는 친구들을 한 발 더 이해하기 위해서이다. 그리고 그의 공부가 더 나아갔으면 하는 마음 위에서 함께 이야기를 나누는 것이다.

그런데 그 사람이 하고자 하는 말을 이해하려는 마음을 내팽개치고 글만 보고 피드백을 준다는 것은 '나 잘났소!'라고 말하는 거 아닐까? 상대방이 뭐가 문제고 어디서 고쳐야 하는지 마치 전지적 시점에서 판단하는 것이기 때문이다.

불현듯 내가 글을 보고 있는 시선이 나 자신과 타인을 보는 시선과 다르지 않다는 생각이 들었다. 상대방의 마음이 어떻든 그의 말이나 행동을 원리적이고 논리적으로 따지고 들어 옳고 그름을 판단한다. 큰 바위처럼 우뚝 서려는 마음으로 관계를 맺는다면 결국 자기 잘난 맛에 살게 될 뿐이다. 그러다가는 주변과 조화롭게 관계 맺는 법을 잃게 될 것이다. 사람들 사이에서 공부하고 관계 맺는 법, 소통을 통해 유연함을 배우는 것이야말로 단단해져서 쉽게 깨질 수도 있는 금의 존재를 살릴 수 있는 길이라는 생각이 든다.

금의 성향은 내가 무언가를 결정할 때도 두드러지는 것 같다. 나는 어떤 결정을 내릴 때 주로 혼자 생각하고 혼자 답을 내리는 편이다. 그러고는 상대방에게 결과를 통보하듯이 말한다. 심지어 상대방이 연관되어 있는 경우에도 말이다. 혼자서 결정하게 되는 데는 '내 인생 내가 사는데 무슨 상관이야'라거나 '내 판단이나 감각을 믿겠다'는 마음이 깔려 있다. 그 말은 내가 하고자 하는 것이 중요하기 때문에 주변의 관계는 애초에 고려 대상이 아닌 것이다. 주체적이고 독립적으로 보이기도 하지만 주체적이다 못해 독단적으로 보이기도 한다. 그렇게 매번 혼자 결정하고 통보하는 식으로 관계를 맺으니 때로 부모님이나 친구들이 서운해하고 당황하기도 한다.

하지만 나는 관계 속에서 살아가지 않는가. 내 인생에는 나 혼자 있는 것이 아니다. 혼자 살아간다면 외톨이인 것이다. 내가 맺고 있는 관계 덕분에 지금의 내가 있는 것 아닐까? 그런데 그 관계를 배경으로 만들고 나 혼자 잘난 맛에 살아갈 수 있을까?

독단적으로 결정을 내렸을 때를 생각해 보면 아쉬움이 남은 적이 많았던 것 같다. 한번 해야겠다고 마음을 먹으면 당장 그 일에 착수하는 경향 때문이다. 남들이 보기에는 행동력이 강한 사람처럼 보일 수 있다. 하지만 뒤돌아보면 너무 조급했다고 해야 하나. 너무 빨리 결정하거나 너무 빨리 그만둔 건 아닌지 하는 후회가 남는 적이 많다.

일지 신금이 지닌 역마의 기운과 내 세계를 구축하고 싶다는 욕망이 자꾸 다른 곳으로 시선을 돌리게 하는 것 같다. 그리고 시선이 돌아가는 순간 그곳을 향해 움직이지 않으면 좀이 쑤신다. 엉덩이가 들썩들썩하고 무언가 하고 싶다는 욕망이 올라오면 기존에 하고 있던 것들은 뒷전이 된다. 때문에 하나를 진득하게 하지 못한다. 재주는 많은 팔방미인이지만 뭐 하나 제대로 잘 하는 게 없다는 느낌이 든달까.

경금과 신금이 지닌 금의 특성은 모두 결실을 맺는다는 것을 의미한다. 그리고 결실을 볼 수 있는 에너지를 이미 가지고 있다는 뜻이기도 하다. 하지만 봄과 여름의 시간을 견디지 못하면, 열매가 익을 충분한 시간을 인내하지 못하면 결실은 없다. 결과를 향해 바로 뛰쳐 나가는 것이 아니라 한 땀 한 땀 날실과 씨실을 직조해 나가는 인내가 필요하다. 운명적인 타이밍을 바라는 것이 아니라 시절의 흐름 속에서 머물 수 있는 지혜가 필요하다. 그때 그때 올라오는 욕망에 끄달리지 않는 힘이야말로 지금 내게 필요한 수련이 아닐까 싶다.

사주를 이제 막 배우는 초짜지만 일주만 가지고 이렇게 많은 것을 이야기할 수 있다니 놀랍다. 나 또한 자연의 일부로 자연의 운동성을 가지고 있다는 것을 간과하고 지내 왔다. 주체적으로 산다는 것은 내가 맺고 있는 관계들을 무시한 채 혼자 어떻게 살아갈지를 고민하는 것이 아니다. 주체적으로 산다는 것은 파도가 넘실대는 삶의 리듬과 자연의 운동성 위에서 어떤 태도를 취할 것인지를 능동적으로 조율하는 힘이 아닐까. 사주를 만나 무엇을 하면 잘 먹고 잘살지가 아니라 사건을 어떤 태도와 리듬으로 겪을지를 고민해 보게 되었다.

『나의 운명 사용설명서』
출간 10주년 기념 운명토크

『나의 운명 사용설명서』(애칭 '나운설')가 나온 지 10년! 사주명리학을 인문학적으로 재해석하여 삶의 현장에서 적극 활용하고자 했던 그때의 초발심, 그때의 간절함, 그때의 설렘을 다시 길어 올려 시절인연에 맞게 변주하는 시간, 『나의 운명 사용설명서』와 함께하는 운명토크!

2022년 1월 감이당에서 고미숙 선생님의 강의와 오창희 선생님의 사회로 진행되었던 운명토크를 지금 영상으로 만나 보세요!